Georg Clasen-Schulz
Herrn Meyer's braune Schnürsenkel

**Dieses Buch ist erschienen,
weil meine Enkelkinder mich stets ermunterten,
meine Erinnerungen zu veröffentlichen. –**

**Für die kritische Durchsicht des Manuskriptes
danke ich insbesondere
meinen Enkeltöchtern
Claudia Clasen-Schulz und Gesa Junghanns
sowie
Barbara Kittner
und meinem Freund
Horst Lang-Heinrich.**

Georg Clasen-Schulz

Herrn Meyer's braune Schnürsenkel

Kindheits- und Jugenderinnerungen 1920 --1950

2., neu bearbeitete Auflage 2006

Haag + Herchen

Das Umschlagfoto zeigt das Elternhaus des Autors
(80ster Geburtstag seiner Mutter)

Bibliografische Information Der Deutschen Bibliothek
Die Deutsche Bibliothek verzeichnet diese Publikation in
der Deutschen Nationalbibliografie; detaillierte bibliografische
Angaben sind im Internet über http://dnb.ddb.de abrufbar.

ISBN 3-89846-400-8
2., neu bearbeitete Auflage 2006

Produktion: Herchen + Herchen & Co. Medien KG,
Frankfurt am Main
Satz: KB
Herstellung: dp
Printed in Germany

Verlagsnummer 3400

Inhalt

Vorwort

Warum Kindheits-, Jugenderinnerungen – Erinnerungen an Zeiten, die längst verstrichen sind?

Ich befinde mich an einem Kreuzungspunkt zwischen Vorfahren und Nachfahren. Meine Vorfahren und meine Enkel beeinflussen mein Dasein und geben mir Kraft und Zuversicht, an das Ewige Leben zu glauben. Dieser Glaube ist Bestandteil meines Denkens und Handelns.

Durch meine Enkelkinder angeregt, sah ich mich ermuntert, meinen Lebensweg, der in eine weltpolitisch sehr bewegte Periode fiel, zu schildern. Ich erlebte diese Zeit auf einem kleinen Dorf in der Lüneburger Heide und berichte über meine Schulzeit, meine Tätigkeit in der Hitlerjugend sowie über weitere Ereignisse des Landlebens in den 20er und 30er Jahren. Eingebunden ist eine Auseinandersetzung mit den Religonen und Weltanschauungen. Meine Soldatenzeit nimmt in meinem Buch großen Raum ein, ebenfalls die Nachkriegszeit und meine Berufsausbildung.

Veranlasst durch die Forderung im Dritten Reich, dass möglichst alle Staatsbediensteten einen Ahnennachweis, zurück bis zu den Großeltern – aus »rassischen«, religionsbedingten Gründen – führen sollten, bekam ich aus völlig unpolitischen, rein persönlichen Gründen Interesse für die Ahnenforschung. Über einige unserer Vorfahren hatte mein Vater bereits Aufzeichnungen gemacht.

In Adelsfamilien ist es bekanntlich seit Jahrhunderten selbstverständlich, detaillierte Aufzeichnungen über die Familiengeschichte zu erstellen, für mich eine Anregung, ähnliches zu versuchen; auch unter dem Aspekt, Vergangenheit und Gegenwart zu verknüpfen.

Das Licht der Welt

In Göddenstedt im Landkreis Uelzen, gelegen in der Lüneburger Heide, erblickte ich, Georg Wilhelm Schulz, am 22. März 1920, gegen 18.00 Uhr am späten Nachmittag das Licht der Welt.

Das Dorf Göddenstedt hatte zu dieser Zeit etwas 145 Einwohner mit 15 Haus- und Grundeigentümern, einschließlich des Gutes Graf Grote. Es führten sieben Bauern- und Landwirte-Familien den Namen »Schulz« oder »Schulze«, ohne miteinander verwandt zu sein. Außerdem trug noch eine Landarbeiterfamilie den gleichen Namen. Um ständige Verwechslungen auszuschließen, setzte man im täglichen Umgang diesem Familien-Namen noch den Namen des Voreigentümers des landwirtschaftlichen Besitzes voran. Somit hieß unsere Familie, im täglichen Umgang in der Region des Kirchspiels Rosche, stets »Clasen-Schulz«, da mein Großvater Clasen hieß. Andere Namen waren »Eggers-Schulz« (eigentlich Adolf Schulze) »Püffel-Schulz«, aber auch Heinrich Schulz, da auf diesem Hof kein Voreigentümer anderen Namens bekannt war.

Im März 1963 übernahm ich für meine Familie mit meinen Kindern Martina und Georg den Namen Clasen-Schulz als amtlichen Familiennamen. Es kostete mich 200,00 DM, die an die Behörde für Inneres der Freien und Hansestadt Hamburg zu entrichten waren.

Als Kind war ich sehr schwächlich und litt außerdem an Drüsenschwellungen. Ich wurde, schon vom Säuglingsalter an, über Jahre wöchentlich einmal in rötlichem Salzwasser gebadet, um meinen Körper zu stärken und Drüsenfehlfunktionen abzubauen. Ich erinnere mich, dass ich in der Futterküche in einer etwa 1,80 Meter langen und rund 80 Zentimeter breiten transportablen Zinkbadewanne gebadet wurde. Diese zweite Küche, die unmittelbar neben der normalen Küche lag, diente dazu, den zu versorgenden Haustieren das Futter vorzubereiten. Außerdem befand sich hier ein großer, steinerner Backofen, in dem alle 14 Tage Brot und Blechplatten-Kuchen, Butter- oder Streußelkuchen gebacken wurden.

Als mit dem Frühjahr 1923 mein Vater an einer offenen Lungentuberkulose erkrankte, wurde es für meine Mutter Emma und meine Großeltern sehr schwer, die anstehende Arbeit in der Landwirtschaft alleine zu bewältigen. Die Krankheit meines Vaters wurde nach einem Blutsturz bei der schweren Feldarbeit erkannt und war eine Folge des Frontdienstes im Ersten Weltkrieg. Unser Hausarzt, Dr. Dörry aus Roche, sah als behandelnder Arzt keine Überlebenschancen mehr und deutete es meiner Mutter an. In ihrer Verzweiflung konsultierte sie umgehend den Arzt der Homöopathie Dr. Schneppegrell in Uelzen. Dieser kam sofort in einem mit einem Pferd bespannten Kutschenwagen zu uns nach Göddenstedt. Er verwarf die Behandlungsmethode seines Kollegen und verordnete homöopathische Medikamente.

Ich erinnere mich noch, dass mein Vater am Stock ging und immer sehr deprimiert war, wie mir auch meine Mutter später erzählte. Neben Vaters Krankheit spielte in diesen Tagen auch noch die »galoppierende« Inflation mit der Geldentwertung des zur Alterssicherung mühsam ersparten Bankguthabens eine entscheidene psychische und wirtschaftliche Rolle. Infolge der Inflation fiel im November 1923 der Wert der Reichsmark auf den billionsten Teil ihres früheren Wertes. Eine Billion Reichsmark entsprachen einer Goldmark. 2.790 Goldmark entsprachen 1 kg. Feingold.
Apropos Goldmark: Mein Vater hatte, in seiner Jugend zur Sparsamkeit erzogen, vor dem Krieg Goldmarkstücke im Werte von je 10 und 20 Goldmark gesammelt und in Pappkartons aufbewahrt. Diese Goldstücke werden heute bis 120,00 Euro gehandelt. Er erzählte mir, dass es mehrere hundert Stücke gewesen seien, also an die drei bis fünf Tausend Goldmark.

Aufgrund des im Ersten Weltkrieg so bekannten und eindringlichen Slogans: »Gold gab ich für Eisen!« hatte seine Mutter die Goldmünzensammlung ihrem Vaterland, dem Kaiserreich unter Wilhelm II., zur Verfügung gestellt. Wie meine Eltern mir bestätigten, war es damals selbstverständlich, aus einem großen Patriotismus und einem sich selbst erhebenden Nationalgefühl heraus, mit diesen Wertsachen dem Vaterland aus der Not zu helfen. Auch andere Wertgegenstände wie Zinn und sonstige Edelmetalle wurden »geopfert«.

Als mein Vater gegen Ende des Ersten Weltkrieges nach seiner schweren Oberschenkel-Verwundung und einem längeren Aufenthalt in einem Lazarett in Bonn als Vize-Feldwebel auf Urlaub bei seinen Eltern in unserem Nachbardorf Nateln weilte, eröffnete ihm seine Mutter eines Tages, dass sie dem patriotischen Aufruf der Reichsregierung gefolgt sei.

Einzuflechten wäre noch, dass mir meine Großmutter des Öfteren erzählte, wie die Soldaten, die zum Schutze des Vaterlandes 1914 in den

Krieg zogen, von der Bevölkerung mit Begeisterung bis zu den Bahnhöfen begleitet und mit Blumensträußen beworfen wurden.

Unter diesen Erinnerungen, in Verbindung mit dem verlorenen Krieg, der Goldmarkabgabe seiner Mutter und der fortschreitenden Inflation, litt mein Vater infolge seiner Krankheit ganz besonders.

Wegen seiner angeschlagenen Gesundheit musste er sich in den 20er Jahren sehr schonen und die schwere Arbeit in der Landwirtschaft meiden. Sie wurde von meinem Großvater übernommen. Für mich ergaben sich genügend Zeit und Gelegenheiten, intensive Gespräche mit meinem Vater führen zu können.

Nach der Genesung von seiner schweren Krankheit im Jahre 1925 führte mein Vater ein zufriedenes, ausgeglichenes, aber nikotinfreies Leben. Er legte sich Ende der 20er Jahre eine Hausapotheke mit fünfundzwanzig der wichtigsten homöopathischen Heilmittel zu. Diese Hausapotheke war eine Art »Nothilfe« für kleinere Krankheiten und stand stets zur Verfügung. Mein Vater überlebte nicht nur die 20er Jahre sondern auch den Zweiten Weltkrieg und starb 84-jährig am 6. Februar 1970.

Viele Begebenheiten aus meiner Kindheit sind mir gut im Gedächtnis geblieben. Sie regten mich an, meine Erinnerungen für meine Enkelkinder festzuhalten.

Meine erste Erinnerung geht etwa in die Zeit meines dritten Lebensjahres zurück. Unser Lehrer Meyer nahm mich damals auf den Arm, und ich entdeckte aus meiner Vogelperspektive heraus seine braunen Halbschuhe, und diese braunen Halbschuhe hatten braune Schnürsenkel! Ich war sehr erstaunt, denn das hatte ich noch nie gesehen. Bei meinen Eltern und Großeltern kannte ich bis dahin nur schwarze Schuhe mit schwarzen Schnürsenkeln.

Die Wurzeln in meiner Heimat Göddenstedt

Als sich mein Großvater während der guten wirtschaftlichen Lage in den 90er Jahren des 20. Jahrhunderts zur Gründung einer neuen Existenz in Göddenstedt ansiedelte, wurde auf dem Nachbargrundstück eine Volksschule gebaut.

Nach der Gründung des Zweiten Deutschen Reiches – als kleindeutscher Lösung – und der Proklamation Wilhelms I. zum Deutschen Kaiser durch Bismarck am 18. Januar 1871 im Spiegelsaal von Versailles, begann in Deutschland etwa ab 1885 in allen Wirtschaftszweigen ein enormer Aufschwung.

Die Ursache des vorangegangenen, gewonnenen Krieges war die Kriegserklärung Napoleons III. an Preußen. Den äußeren Anlass gab der Streit um die spanische Thronfolge. Napoleon I. hatte bereits im Jahre 1806 das Heilige Römische Reich Deutscher Nation vernichtet, aufgelöst und am 6. August 1806 den Habsburger Franz II. gezwungen, auf die römisch-deutsche Kaiserwürde zu verzichten. Schon vorher durfte sich der Österreicher als erster Kaiser Franz I. nennen. Napoleon heiratete 1810 dessen Tochter Marie Louise und trennte sich von seiner Frau Josephine, weil die Ehe kinderlos geblieben war.

Nach dem Sturz der Militärdiktatur Napoleons I., der Neuordnung Europas durch den Wiener Kongress im Jahre 1814/15 und der Gründung des Deutschen Bundes aus den 39 deutschen Einzelstaaten unter Vorsitz Österreichs wurde jedoch das Habsburger Kaisertum nicht erneuert.

Die christlich-vaterländische Begeisterung der Freiheitskriege (1813/15) gab im gesamten deutschsprachigen Kulturkreis den Anstoß zur burschenschaftlichen Bewegung, die 1815 von Jena ausging. Die Burschenschaften wollten ursprünglich die Gesamtheit der Studenten in sich vereinigen, wurden jedoch wegen ihrer nationalen und freiheitlichen Bestrebungen seit 1819 von konservativen Regierungen verfolgt (z.B. erhielt Fritz Reuter Festungshaft). Seit 1815 wurden durch die Burschenschaft die Farben Schwarz-Rot-Gold gemäß den Waffenröcken der 'Lützower' zum Sinnbild des deutschen Einheitswillens und bei der Revolution 1848 mit dem Wartburgfest als Flagge gezeigt. Bereits auf dem Hambacher Fest Ende Mai

1832 galten die Farben Schwarz-Rot-Gold als Sinnbild für die Einheit und Freiheit in Deutschland. Es war der Höhepunkt dieser Volksbewegung, die jedoch den Deutschen Bundestag zur völligen Unterdrückung der Presse- und Versammlungsfreiheit veranlasste. Das Tragen von schwarz-rot-goldenen Abzeichen wurde unter Strafe gestellt.

Unter diesen Farben Schwarz-Rot-Gold wurde vom Deutschen Bundestag aber am 14. Juli 1848 ein Gesetz erlassen, das den Aufbau der ersten deutschen Marinestreitkräfte, als Schutz gegen Dänemark, möglich machte. Es war bis zum Ersten Weltkrieg die einzige reichsübergreifende Streitmacht. Das Heer gliederte sich zu der Zeit noch in königlich preußische, königlich bayerische und andere Streitkräfte auf.

Als Student bin ich 1947 in Aachen Mitglied der Burschenschaft »Teutonia« geworden und gehöre bis heute noch der Vereinigung Alter Burschenschaftler Hamburg (VAB) an. Wir treffen uns regelmäßig einmal im Monat. Gesprächsthemen gibt es genug, zumal einige Mitglieder noch voll im Berufsleben stehen, so dass wirtschaftliche und politische Diskussionen nicht zu kurz kommen.

Bei der 150-Jahr-Feier im Jahr 1998 in Frankfurt am Main, als Gedenktage an die deutsche Revolution 1848 und die Tagung in der Paulskirche stattfanden, waren jedoch die Burschenschaftler als offizielle Gäste nicht erwünscht. Sie werden heute als zu weit »rechts« stehend eingestuft, zumal es auch in Österreich und in der Schweiz burschenschaftliche Organisationen gibt – genau wie vor 150 Jahren.

Entsprechende Funktionen, die bei großen Veranstaltungen dieser Art erforderlich werden, wurden somit nicht von Burschenschaften der Universitäten und Hochschulen wahrgenommen, sondern von Schützenvereinen.

Napoleon I. und Napoleon III. haben als französische Kaiser durch ihre kriegerischen Aktivitäten in Europa auf die Entwicklung der deutschen Geschichte, in Verbindung mit ihren vielen Fürstentümern und Königreichen, einen erheblichen Einfluss ausgeübt.

*

Wie schon erwähnt, sollte im Zuge der positiven wirtschaftlichen Entwicklung auch Göddenstedt eine Volksschule bekommen. Der Bauer Eggers (vielleicht hieß er auch noch Tiehn!) stellte der neu zu gründenden Schulgemeinde Mitte der 90er Jahre des 19. Jahrhunderts am Ortsausgang, an der Straße nach Teyendorf, ein Grundstück zur Verfügung.

Als mein Großvater, Georg Clasen, der mit seiner Familie im Nachbardorf Teyendorf wohnte, davon erfuhr, sprach er sofort den Bauern an und erwarb ein Nachbargrundstück, das an das Schulgelände angrenzte.

Mein Großvater, Georg Friedrich Jürgen Clasen, wurde am 8. November 1860 in Rosche geboren und gründete später im Nachbarort Teyendorf mit seiner Frau Elisabeth die Familie. Meine Mutter wurde hier am 19. Mai 1883 als jüngste von drei Töchtern geboren. Mein Großvater hatte ein kleines Haus von dem Bauern Lüske gemietet. Eine Tochter des Bauern, gleichaltrig mit meiner Mutter, hatte inzwischen einen Stiefvater namens von der Ohe und heiratete später einen Mann namens Wilhelm Schulze aus Bankewitz. Das Dorf lag innerhalb der größeren Nachbarschaft. Mit dem Sohn Wilhelm Schulze ging ich später in Uelzen auf dem Reform-Realgymnasium in die gleiche Klasse. Mein Vetter, der auch in Teyendorf wohnte, trägt den Namen Wilhelm Schulz. Verwechslungen sind also schon leicht möglich!

Für sein Bauvorhaben brauchte mein Großvater Geld, das er sich bei der Sparkasse in Uelzen besorgen wollte. Auf dem Weg dorthin legte er auf halbem Weg in einer Rätzlinger Dorfgaststätte eine Mittagspause ein. Hier traf er Bauern, denen er sein Anliegen kundtat. Da die Ortsansässigen gerade vor einiger Zeit dort eine Spar- und Darlehenskasse gegründet hatten, überredeten sie ihn, sich den Weg nach Uelzen zu ersparen. Sie veranlassten, dass er den gewünschten Kredit ohne große Formalitäten an Ort und Stelle erhielt. So einfach war es anscheinend in den Jahren 1896/97, an Geld zu kommen.

Die nach dem wirtschaftlichen Aufschwung des Kaiserreiches um 1900 und später in den Randbereichen der Dörfer neu gegründeten landwirtschaftlichen Existenzen nannte man Anbauer.

Mein neuer Lebensabschnitt

Ab Ostern 1926 besuchte ich in Göddenstedt die Volksschule, die sich in direkter Nachbarschaft zu unserem Haus befand. Mein erster Lehrer, der zwei Jahre zuvor Lehrer Meyer, mit den braunen Schnürsenkeln und den braunen Halbschuhen, ablöste, hieß Tamke. Lehrer Tamke hatte man aus uns nicht ersichtlichen Gründen nur für ein paar Jahre an die kleine Volksschule nach Göddenstedt geholt; er ist 1927 durch Lehrer August Heers ersetzt worden.

Da in unserem Dorf, wie vorwiegend in dem gesamten Kirchspiel Rosche, nur Plattdeutsch gesprochen wurde, war für mich die erste »Fremdsprache« das Hochdeutsch.

Meine Schule war eine einklassige Volksschule mit acht Jahrgängen und ca. zwanzig Schülern. Ich saß vorne in der ersten Reihe, zusammen mit meinem Vetter Wilhelm aus Teyendorf und Hildegard Schulz aus unserem Dorf.

In der letzten Reihe saß Hermine Hamborg, eine Nachbarin von uns, die etwa drei Jahre älter war als ich, sowie ihre Freundin Anni Kammann, heute Harms, aus Teyendorf. Hermine ist mir deswegen noch sehr gut in Erinnerung, weil ich vor kurzem ein Foto aus dem Jahre 1938 fand, auf dem sie auf meinem Motorrad sitzt. Es ist das einzige Foto von meinem Motorrad!

Im Unterricht war praktisch nur eine Zweiteilung möglich. So hörten die jungen Schüler auch das, was an Unterrichtsstoff für die älteren Jahrgänge bestimmt war. Allerdings wurden teilweise jüngere und ältere Schüler zu unterschiedlichen Zeiten unterrichtet. Einen Nachmittagsunterricht gab es in unserer Schule nicht.

Als Einzelkind hatte ich zum Spielen stets einen Hund oder eine Katze zur Seite. Rassisch waren die Hunde jeweils der Gruppe der Schäferhunde zuzuordnen, als »Promenadenmischung« versteht sich! Ihre Namen waren Molli oder Senta. Sie verstanden sich mit unseren Katzen und fraßen gemeinsam aus einem Napf die Speisereste von unserem Essen, das Schweinefutter oder die Magermilch; manchmal allerdings verdrängte der Hund die Katze mit der Schnauze vom Napf.

Ich spielte begeistert mit meinem »Stabilbau-Kasten«, den ich mit entsprechenden Ergänzungen mehrmals vom Weihnachtsmann bekam. Das Spielzug bestand aus verschiedenen langen Metall-Leisten mit Löchern, aus Schrauben, Schraubenstangen, Rädern, Elektromotor usw. Aus diesen Teilen konnte man kleine Wagen, Windmühlen, Häuser oder ähnliches basteln.

Der »Weihnachtsmann« erschien an Heiligabend immer, wenn ich »zufällig« nicht im Hause war. Kam ich mit meinen Eltern und Großeltern von der Christmette nach Hause zurück, lag stets etwas an, das ich noch schnell zum Nachbarn bringen musste. Bis zu meiner Rückkehr hatte der Weihnachtsmann meine Abwesenheit benutzt, um den Weihnachtsbaum und die Geschenke zu bringen. In jedem Jahr war ich wieder aufs Neue ärgerlich, dass ich ihn verpasst hatte.

Die Weihnachtsvorbereitungen fanden Tage vorher in der »Guten Stube« statt. Diese Stube lag, von der Diele getrennt, dem Wohnzimmer gegenüber und blieb die Tage vor Weihnachten verschlossen. Die Weihnachtsüberraschungen waren somit über Jahre gegeben.

Die Weihnachtsgans war als Festtagsessen obligatorisch und selbstverständlich aus eigener Züchtung. In den späteren Jahren nahm mein Vater des Öfteren am Weihnachts-Preis-Skat in der Dorfgaststätte teil; so kam an den Feiertagen oft ein Hasenbraten oder Rehrücken auf den Tisch. Dieses Wild stammte von der Jagd des Grafen Grote, ebenfalls ein Skatspieler.

Im Winter wurde nach dem Neujahrstag – wenn der Weihnachtsbaum wieder »entkleidet« war – das Wohnzimmer fast ausgeräumt und für ein paar Wochen ein großer Webstuhl aufgestellt, an dem sich meine Mutter beschäftigte. Noch heute benutzen wir Tischdecken und Handtücher, die sie in diesen Jahren webte. Wenn in meiner Kindheit Besuch kam, spielte sich alles in der sogenannten »Guten Stube« ab.

Mitte der 20er Jahre baute mein Vater in der Scheune einen Keller ein. Über dem Keller entstand ein neuer Raum, der als Standplatz für den Webstuhl diente. So stand er meiner Mutter das ganze Jahr zur Verfügung, und die Familie brauchte sich im Winter nicht mehr räumlich einzuschränken.

Meine Eltern bearbeiteten und hechelten im Herbst den selbstgeernteten Flachs in der Scheune, d.h. auf einem ca. zwei Meter langen, kammartigen Werkzeug wurden durch das Schwingen des Flachses die Aufteilung der Fasern bewirkt und die Stängelteile ausgeschieden. Die Docken (Bündel aus Flachsfasern) wurden später mit Hilfe des Spinnrades von meiner Mutter zu Fäden versponnen.

Einige Jahre später lohnte der Flachsanbau und das Weben der eigenen Wäsche nicht mehr. Den Webstuhlraum verwendete man anderweitig als Lagerraum.

Da Göddenstedt bereits seit 1914 an eine Überland-Stromversorgung angeschlossen worden war, war das Ende der Petroleumlampe gegeben. Sie besaß von jetzt an nur noch bei Notfällen eine Bedeutung.

Etwa 100 Meter von unserem Haus entfernt wurde eine Umspannstation gebaut, die bis heute in Betrieb ist. Die ankommende Stromspannung wird hier auf 220 Volt reduziert. Der Strompreis betrug damals 0,45 Reichsmark je Kilowattstunde.

Mein Vater kaufte einen fahrbaren, auf einem Tisch montierten Elektromotor zum Antrieb von landwirtschaftlichen Maschinen und Geräten wie Dreschmaschine und Schrotmühle.

Um 1930 wurde der Webstuhl in der Scheune für immer abgebaut und verschwand aus meinem Blickfeld. In dem ehemaligen Webstuhlraum ließ mein Vater eine Schrotmühle aufstellen, die mit Hilfe eines Treibriemens von dem Elektromotor angetrieben wurde. Somit brauchten meine Eltern jetzt nicht mehr mit dem Futtergetreide zu der Göddenstedter Mühle zu fahren, um für das Vieh dort Schrot mahlen zu lassen. Schrot ist ein gutes Viehfutter für Schweine. Die Fahrten zur Mühle wurden jedoch erforderlich, wenn Brotgetreide oder Weizen gemahlen werden musste.

Bezüglich der Versorgung der umliegenden Dörfer mit Mehl genoß die Familie Meine, als Betreiber der Mühle, einen guten Ruf.

Zu besonderen Anlässen aber war das Weizenmehl von der Mühle nicht weiß genug ausgemahlen. Dann wurde in Rosche beim Bäcker das weiße Weizenmehl Type 405 eingekauft. Als ich später sicher im Radfahren war, musste ich diese Einkäufe beim Bäcker in Rosche erledigen.

Oft erhielt ich von meinem Großvater zusätzlich den Auftrag, aus einem Spirituosengeschäft in Rosche eine Flasche Nordhäuser Korn für 2,90 Reichsmark mitzubringen. Dieser Flasche entnahm er an jedem Tag einen oder auch zwei Schluck. Er bezahlte sie von seiner Rente von monatlich 29,80 Reichsmark. Dieses Geld hatten meine Großeltern als sogenanntes Taschengeld zur Verfügung.

Der Elektromotor diente auch zum Antrieb unserer Dreschmaschine, die mein Vater gebraucht vom Bauern Rawohl-Schulze erworben hatte. Mit dieser Maschine wurden Roggen, Hafer und Weizen gedroschen, nachdem das Dreschen mit dem Flegel nicht mehr zeitgemäß war. Der Flegel bestand aus einem ca. 1,6 Meter langen Stiel, an dem an einem Ende ein etwa 40 Zentimeter langer Klöppel mit Lederriemen befestigt war. So konnte man die Getreidekörner aus den auf dem Boden liegenden Ähren schlagen.

Selbstverständlich fand im Winter ein Schlachtfest bei uns statt. Das »Opfer« war meistens ein Schwein, seltener ein Kalb. Wenn ein Rind geschlachtet wurde, teilte man es wegen der anfallenden Mengen an Fleisch meistens mit einem Nachbarn. Das für die Selbstschlachtung ausgewählte Schwein behandelte man bei der Fütterung anders als diejenigen, die zum Verkauf anstanden

Wegen der eventuell negativen Geschmacksbeeinflussung wurde es nicht mit Fischmehl gefüttert. Das Gewicht des Schlachtschweins lag im Allgemeinen bei mindestens einhundertzwanzig Kilogramm. Morgens gegen 7.00 Uhr kam, wie vorher vereinbart, der Hausschlachter und die Arbeit begann.

Das Schwein wurde aus dem Stall geholt, erhielt eine Betäubungsspritze und bekam mit einem Bolzenschussapparat, geladen mit einer Spezialpatrone, einen Schlag vor die Stirn. Das Tier war auf der Stelle tot. Ich wandte mich stets aus Abscheu sofort ab. Alles lief routinemäßig ab, so dass die Arbeiten am Abend abgeschlossen waren.

Das Schönste am Schlachtfest war das Essen zwischendurch. Vorweg gab es eine frische Brühsuppe. Mein Großvater war gelernter Hausschlachter. Er hatte sich in den letzten Jahren von dieser Arbeit vollkommen zurückgezogen, weil er meinte, nicht mehr die erforderlichen Geschmacksempfindungen zu besitzen.

Zum Verschließen der für das eingemachte Fleisch bestimmten Blechdosen besaßen wir eine Schließmaschine mit Handkurbel.

Sehr gut erinnere ich mich noch daran, dass die Frauen des Dorfes, selbstverständlich auch meine Mutter, mit der auf einem Rubbelbrett in einem Bottich vorweg gewaschenen Wäsche auf einer Karre an die Wipperau fuhren. Die Wipperau ist ein kleiner Bach, der in die Ilmenau fließt, die dann später in die Elbe mündet. In diesem weichen Bachwasser wurde die mit Kernseife gewaschene Wäsche nachgespült. Für diesen Arbeitsvorgang waren, parallel zu dem Bachlauf oberhalb des normalen Wasserspiegels, eine etwa 4 Meter lange Fußbank und ein etwa ebenso langer Tisch als Ablage aufgestellt worden. Die Wäsche wurde anschließend auf unserem Hof auf der Leine getrocknet oder auf dem Rasen des an der anderen Straßenseite gelegenen Grundstücks auf abgegrenzten Flächen ausgelegt und gebleicht.

Dieses Grundstück hatten meine Eltern von der Gemeinde gepachtet. Es diente im Allgemeinen als Auslauf für unsere Hühner und Gänse.

Wegen der dort vorhandenen stärkeren Luftbewegung und dem damit verbundenen schnellen Trocknen der Wäsche zog meine Großmutter häufig auch Wäscheleinen zwischen den Bäumen auf. Bei schönem Wetter blieb die Wäsche über Nacht hängen, wie es auf dem Lande allgemein üblich war.

Eines Morgens stellten meine Eltern einmal mit Schrecken fest, dass die gesamte Wäsche verschwunden war.

Über Nacht war ein Treck von Zigeunern mit Wohnwagen, von Pferden gezogen, durch Göddenstedt gewandert. Es war alles »abgeräumt« worden. Der Verlust der gestohlenen Wäsche beschäftigte die betroffenen Dorfbewohner noch lange. Es wurden oft mit unseren Nachbarn Diskussionen über die Mentalität dieses Wandervolkes geführt.

Heute versucht man, dieses nicht seßhaft werdende Wandervolk nach Sprachdialekten in zwei Rassen aufzuteilen, in Sinti und Roma. Von diesen Menschen leben in Deutschland zur Zeit etwa eine halbe Million. Meines Erachtens sind sie auf Grund von sprachlichen, religiösen und kulturellen Barrieren und wegen ihrer patrilineal aufgebauten Großfamilien in Deutschland und auch in den anderen Ländern Europas nicht integrationsfähig.

Die Behandlung der Wäsche änderte sich, als eines Tages entsprechende Waschmittel auf dem Markt kamen. Meine Mutter spannte dann nur noch quer über dem Hof die Leinen, um die Wäsche hier zum Trocknen aufzuhängen.

Wie auf dem Lande üblich, verrichtete man seine Morgen-Toilette in der Wohnküche. Hier wusch man sich, putzte die Zähne usw. Zum Baden stand bei uns in der Futter-(Wasch-)Küche eine Zinkwanne zur Verfügung. Das Badewasser wurde im Kessel erwärmt und dann mit einem Eimer in die Badewanne gefüllt. Ein Bodenablauf zum Entleeren war ebenfalls vorhanden.

Ich sehe meine Großmutter oft damit beschäftigt, auf dem Herd in einer Pfanne, über der ein Gestell mit einer oben befestigten Kurbel zum

Rühren und auf der Pfannenebene ein Stahlflügel angeordnet war, um bestimmte Lebensmittel zu rösten. Insbesondere bearbeitete sie die kleingeschnittenen Wurzeln der Zichorie, die dann als Ersatz und Zusatz zum Kaffee verwendet wurden. Die Zichorie, heute als Chicorée auf dem Markt, wurde bei uns im Garten angebaut und die Blätter verfüttert, da sie als Salat ungebleicht zu bitter schmeckten. Auch Rohkaffee oder Getreidekörner wurden von meiner Großmutter geröstet, um daraus ein entsprechendes tägliches Getränk herzustellen.

Kaffee war verhältnismäßig teuer. Mit der Röstung von Gerste, Roggen, Malz, Zichorie usw. stellte man ein Getränk her, das auf Dauer bekömmlicher und auch billiger war. Mit Kaffeebohnen ging man sehr sparsam um. Erwartete man Besuch, wurden sie eventuell pro Tasse abgezählt, gemahlen und zum Ersatzkaffee gegeben. Die Dosierung des gemahlenen Kaffees oder Ersatzkaffees erfolgte mit dem Hohlmaß Lot.

Als preiswerte Fertigprodukte wie Kathreiners Malzkaffee usw. auf den Markt kamen, lohnten sich der Selbstanbau von Zichorie und das Rösten nicht mehr. Meine Großmutter war somit von dieser Hausarbeit entbunden.

Sehr lustig fand ich es, wenn meine Großmutter von ihrem Eineinhalb-Schläfer-Bett sprach. Heute würde man sagen, es war ein französisches Bett. Meine Eltern besaßen ein Zwei-Schläfer-Bett.

Auf dem gepachteten Grundstück gegenüber unserem Haus an der anderen Seite der Dorfstraße befand sich ein Feuerlöschteich. Das Grundstück war, einschließlich eines noch heute vorhandenen großen Bestandes an Eichen, ein guter Auslauf für unser Kleinvieh, welches den Teich auch zum Baden nutzte. In dem Teich fanden viele Frösche ihr Zuhause. An milden Sommertagen veranstalteten sie abends, wenn es dunkel zu werden begann, ein unüberhörbares »Konzert«. Wir waren daran gewöhnt.

Wenn ich mittags aus der Schule kam, hütete mein Großvater häufig auf diesem grünen Grasfeld unter den Eichen Kälber oder unsere Sau mit ihren frisch geworfenen Ferkeln.

Der ab 1934 allmählich einsetzende Wohlstand ermöglichte es, dass man von der Saat- und Absatz-Genossenschaft Rosche, bei der mein Vater Mitglied war, sowohl Viehfutter als auch Mineraldünger günstig einkaufen konnte. Somit gab mein Großvater das Viehhüten auf.

Auf diesem Grundstück waren für die Schulkinder auch Turngeräte, z.B. ein Hochreck und ein Barren, aufgestellt worden, an denen ich des Öfteren meine sportlichen Fähigkeiten ausprobierte.

Anfang der 50er Jahre schüttete man den Feuerlöschteich zu, um dem Lehrer der Volksschule einen Bauplatz für ein Eigenheim zur Verfügung zu stellen. Heute gibt es die Volksschule nicht mehr. Alle Kinder aus Göddenstedt werden in Rosche eingeschult und mit Schulbussen dorthin befördert.

Ich erinnere mich, dass meine Großmutter von Zeit zu Zeit sowohl den Küchentisch, als auch den Holzfußboden in der Küche mit feinem weißen Sand blitzsauber schrubbte. Später ließ mein Vater in der Küche einen Terrazzofußboden legen; etwa zehn Jahren später wurde er mit Fliesen neu belegt.

Ein so schöner, gefliester Fußboden war seinerzeit Anlass dafür, dass meine Mutter bei einem Vertreter ohne Wissen meines Vaters einen Grudeofen (Herd zur Verwendung von verschwelter Braunkohle unterhalb der Kochplatte) zum Kochen und Backen orderte, der ihr durch Gespräche mit meinem Vater bereits bekannt war. Ich kann mich deshalb daran erinnern, weil es einen großen Krach gegeben hatte. Das Gerät war sicher nicht billig gewesen. Meine Eltern kabbelten sich unentwegt, natürlich auf platt! Auf dem Lande sprach man nur plattdeutsch. Nur die tägliche Zeitung und die Bücher kündeten davon, dass es auch eine hochdeutsche Sprache gab; sie wurde von meinen Eltern aber nur mit dem Lehrer gesprochen.

Aus der nachbarschaftlichen Beziehung ergab sich, dass mein Vater und Lehrer Heers fast jeden Sonntag Nachmittag mit noch anderen Dorfbewohnern in der Dorfwirtschaft Skat spielten. Tags darauf diskutierten die beiden oft bei uns im Vorgarten über die Spiele und die Fehler, die von den einzelnen Spielern gemacht worden waren. Mein Großvater spielte in der Gastwirtschaft mit den Gleichaltrigen aus dem Dorf »66«.

Sicherlich wurde auch häufig mit meinem Lehrer über meine schulischen Leistungen gesprochen. Er schlug meinen Eltern vor, mich später auf eine weiterführende Schule nach Uelzen zu schicken. Meinen Eltern schienen aber zunächst die Kosten zu hoch zu sein.

Die Fahrtkosten mit 29,90 Reichsmark im Monat sowie das Schulgeld mit 20,00 Reichsmark für auswärtige Schüler in der Mittelschule und mit 40,00 Reichsmark für den Besuch des Reform-Realgymnasiums monatlich, dazu Schulbücher und Kleidung, waren für meine Eltern damals fast unerschwinglich.

Hierzu ist als Vergleich anzuführen, dass das Monatseinkommen eines Facharbeiters in der Stadt bei einem Zwölf-Stunden-Tag zwischen 220,00 und 260,00 Reichsmark lag.

Auch der Anfahrtsweg bis zur Bushaltestelle in Rosche, der rund vier Kilometer betrug, würde sich im Winter für mich als gesundheitlich sehr problematisch erweisen. Meine schwächliche Konstitution und Anfälligkeit für Krankheiten war ein Hindernis für einen auswärtigen Schulbesuch. Ich wurde, auch wegen der fast überwundenen Krankheit meines Vaters, von den zuständigen Institutionen zur Stärkung meiner Gesundheit dreimal für mehrere Wochen in verschiedene Kinderheime verschickt. Zur Diskussion stand zunächst der Harz.

Einige Jahre vorher verbrachte mein Vater mehrere Wochen zur Genesung von seiner Tuberkulose im Harz. Er wohnte in der Nähe von Goslar und erzählte oft von dem südlich gelegenen Rammelsberg, wo seit Hunderten von Jahren Erze gefördert wurden.

Bereits im Jahre 968 entdeckte man dort Silberadern. Silber ist stets ein sehr begehrtes Metall gewesen und wurde hier bis zu der Stillegung im Jahre 1988 abgebaut. Mit seiner tausendjährigen Bergbaugeschichte ist Rammelsberg das älteste Bergwerk der Welt. Neben Silber waren auch Blei, Zink, Kupfer und Gold gefördert worden. Im Durchschnitt enthielt eine Tonne Erz etwa ein Gramm Gold.

Goslar ist mit seiner Kaiserpfalz, der mittelalterlichen Residenz deutscher Kaiser, eine sehr interessante Stadt. Vor einigen Jahren wurde Goslar zum Weltkulturerbe ernannt.

Meinen ersten Aufenthalt im Kinderheim verlebte ich im Februar 1927 ebenfalls im Harz, in Elend. Ich konnte kaum glauben, dass ein Ort diesen Namen trägt. Wir hatten viel Spaß mit unseren Schlitten auf der Rodelbahn zwischen Elend und Schierke.

Im August 1929 verbrachte ich sechs Wochen in Zinnowitz auf Rügen. Unser Kinderheim lag in einem Kiefernwald in Strandnähe, unmittelbar hinter den Dünen. Ich erinnere mich, wie glücklich mich das Baden und das Spielen am Strand machte.

Zwei Jahre später, im August 1931, schickte man mich sechs Wochen auf die Nordseeinsel Borkum. Unser Erholungsheim lag mehrere hundert Meter von dem schönen Strand mit den hohen Dünen entfernt. Das Baden wurde uns wegen des hohen Wellenganges leider nur zeitweise erlaubt.

Damals drehte der bekannte Kunstflieger Ernst Udet, der sehr erfolgreiche Jagdflieger aus dem Ersten Weltkrieg, mit seinem knallroten Doppeldecker-Flugzeug seine Loopings über dem Strand. Wir waren fasziniert von den am Himmel vorgeführten Kunstflügen, dem Sturzflug, dem Abfangen des Flugzeuges und dem anschließenden Dahinrasen dicht über unsere Köpfe hinweg. Udet hat im Jahre 1935, nach der Einführung der allgemeinen Wehrpflicht, seine Pilotenkanzel mit dem Schreibtisch im Reichsluftfahrtministerium in Berlin eingetauscht und wurde von Hermann Göring zum Generalluftzeugmeister ernannt.

Unter seiner Regie wurden die im Zweiten Weltkrieg im Erdkampf so gefürchteten »STUKAS« (Sturzkampfflugzeuge) entwickelt. Wegen unüberwindlicher Differenzen mit seinem Chef, Hermann Göring, bezüglich der Luftkriegsrüstung und Luftkriegsführung und der Niederlage in der Luftschlacht um England, sprach Udet immer mehr dem Alkohol und sonstigen Drogen zu und erschoss sich im November 1941. Er erhielt ein Staatsbegräbnis.

Nach dem Zweiten Weltkrieg wurde ihm mit dem Theaterstück und dem Film »Des Teufels General« als General Harras noch nachträglich ein Denkmal. gesetzt. Der bekannte Schauspieler Curt Jürgens stellte den General Harras im Film dar.

Mein zweites Jahrzehnt – Die 30er Jahre

Um 1931 – ich war etwa elf Jahre alt – nahm mich meine Mutter zu meinem ersten »Kino«-Besuch mit. Im Tanzsaal der Gastwirtschaft in Göddenstedt wurde ein Filmabend für die Dorfbewohner veranstaltet. Es wurde ein Stummfilm in Schwarz-Weiß gezeigt. Die ersten theaterfähigen Tonfilme gab es in Deutschland ab Ende 1929 in den Städten zu sehen, aber noch nicht auf dem Dorf. Das nächste Kino befand sich in Uelzen, etwa 18 Kilometer von Göddenstedt entfernt.

Der Stummfilm ist mir bis heute in Erinnerung. Die musikalische Begleitung des Filmes erfolgte durch einen Klavierspieler, der zwischendurch auch Filmszenen kurz erläuterte, soweit nicht zwischen den einzelnen Szenen Texte eingeblendet worden waren.

Besonders sind mir Szenen in Erinnerung geblieben, in denen Studenten bei fröhlichen Begebenheiten ihre Mützen schwenkten und Feste feierten. In meiner Begeisterung beschloss ich spontan, Student werden zu wollen und teilte es sofort meiner Mutter mit.

Gespräche meiner Eltern mit unserem Kolonialwarenhändler Hermann Meyer aus Wellendorf, der Göddenstedt wöchentlich einmal per Pferd und Wagen mit dem Nötigsten an Lebensmitteln versorgte, ergaben, dass mich meine Eltern für Ostern 1932 in Suhlendorf auf der vierklassigen Hindenburg-Schule anmeldeten. Der Sohn unseres Kolonialwarenhändlers besuchte dort bereits die Quinta. Die Hindenburg-Schule war eine Privatschule im Verbund mit der Volksschule. Das Schulgeld betrug 30,00 Reichsmark pro Monat und war an jedem Ersten eines Monats in bar zu entrichten. Diese Schule, die meinen Eltern auch von Lehrer Heers empfohlen wurde, bereitete mit den Klassen Sexta – 5. Klasse, erstes Schuljahr an deutschen höheren Schulen – in Österreich: sechstes Schuljahr, daher Sexta – bis Untertertia (8.) auf das Realgymnasium in Uelzen vor.

Da ich nicht mit zehn Jahren, sondern erst mit dem zwölften Lebensjahr auf dieser Schule aufgenommen wurde, übersprang ich die Sexta und begann somit in der Quinta, der 6. Klasse, die auch der Sohn unseres Lebensmittelhändlers besuchte.

Ein Schulbesuch in Uelzen war zu dieser Zeit für meine Eltern, wie bereits erläutert, nicht zu finanzieren.

Jeden Tag hatte ich mit dem Fahrrad zweimal rund sechs Kilometer Schulweg (Göddenstedt – Göddenstedter Mühle – Nestau – Suhlendorf) bei Wind und Wetter zurückzulegen. Im Winter bestanden meine Eltern darauf, dass ich wegen der Kälte stets Knickerbocker zu tragen hatte, die ich nicht besonders liebte. Ein öffentliches Verkehrsmittel gab es nicht. Sicherlich wurde meiner schlechten körperlichen Konstitution durch das tägliche Radfahren in frischer Luft ein guter Dienst erwiesen, denn ich erfreute mich einer guten Gesundheit.

Diese Schule war eine zweiklassige Privatschule, integriert in die Volksschule zu Suhlendorf als »Gehobene Abteilung«.

Die einzelnen Klassen-Jahrgänge bestanden aus vier bis sechs Schülern. Betreut wurden wir von drei Lehrern, dem Schulleiter Herrn Schröder für Mathematik und Physik, Fräulein Fischer für Deutsch, Fremdsprachen und Religion und Herrn Königkrämer für Geschichte und Sport. Eine übergreifende vereinheitlichende fremdsprachliche Regelung, mit Englisch als erster Fremdsprache auf der Oberschule zu beginnen, galt damals im Deutschen Reich erst ab 1937.

Ich begann, durch das Überspringen der Sexta, mit dem Französischen, während für die Klassenkameraden diese als zweite Fremdsprache im Plan stand.

Im späteren schulischen Ablauf erwies sich das für mich als nachteilig, weil meine späteren Klassenkameraden in Uelzen mit dem Englischen begonnen hatten.

Gleichaltrige Kinder zum Spielen gab es in unserer Nachbarschaft nicht. Der älteste Sohn unseres Nachbarn Heers, Günter Heers, war etwa sechs Jahre jünger als ich. Ich hielt mich somit fast immer zu Hause auf. Meine Großmutter las nachmittags regelmäßig meinem Großvater aus der »Allgemeinen Zeitung der Lüneburger Heide« die neuesten Nachrichten vor. Dazu stellte ich manchmal Fragen, zum Beispiel wenn die Rede davon war, dass nachts des Öfteren in den Wäldern zwischen Növenthien und Bergen (heute B 71) von Räubern Seile über die Straße gespannt und dann Lastwagen ausgeraubt und Menschen misshandelt wurden. Diese Straße musste ich auf meinem Schulweg nach Suhlendorf täglich überqueren! Von dort betrug die Tatort-Entfernung etwa sechs Kilometer. Ab dem Jahr 1933 wurden solche Überfälle nicht mehr vermerkt.

Ich weiß noch von Berichten über Demonstrationen im Ruhrgebiet oder

Berlin, bei denen Direktoren von Firmen gefesselt in Schweinebuchten auf Fahrzeugen von den Arbeitern mit verhöhnenden Parolen durch die Straßen der Städte gefahren wurden. Ferner wurde oft von Straßenkämpfen in diesen Städten berichtet.

Diese vorwiegend in den 20er Jahren stattfindenden revolutionsartigen Krawalle verunsicherten die Bevölkerung in hohem Maße, wie ich aus Unterhaltungen meiner Eltern mit unserem Nachbarn entnehmen konnte.

Die bürgerkriegsähnlichen Zustände entstanden vorwiegend durch Auseinandersetzungen zwischen den militanten Organisationen der politischen Parteien, die damals zu dem politischen Bild in Deutschland gehörten.

Die Weimarer Reichsverfassung vom 11.August 1919 der demokratisch-parlamentarischen und föderativen Republik wurde von einer starken Opposition von links und rechts begleitet. Die Verfassung ließ einen Freiraum für die Bildung der Kampfbünde, die oft den politischen Parteien zugeordnet waren oder ihnen nahe standen.

Zu nennen sind hier zum Beispiel der sehr linksradikale kommunistische Spartakusbund und die SA, die Sturm-Abteilung der NSDAP (Nationalsozialistische Deutsche Arbeiter-Partei) sowie der Stahlhelm als Bund der Frontsoldaten (Deutschnationale), die Falken der Sozialistischen Arbeiterjugend und andere militärische Gruppierungen.

Wegen der hohen Arbeitslosigkeit von über sechs Millionen Menschen war die Not in Deutschland sehr groß. Von der minimalen finanziellen Unterstützung für die Arbeitslosen und ihre Familien konnte man kaum leben. Ein landläufiger Ausspruch besagte, das Geld sei zum Leben zu wenig und zum Sterben zu viel.

Die Unterhaltungen über den sonntäglichen Skat drehten sich zwischen meinem Vater und Lehrer Heers außerdem vorwiegend um die Politik.

Eine hitzige, in unserem Vorgarten stattfindende Diskussion im November 1932, der ich mit zwölfeinhalb Jahren zuhörte, ist mir lange im Gedächtnis geblieben. Beide lächelten süffisant; sie sprachen von der »freien Liebe?!«

Ich konnte mir darunter nichts vorstellen und bat später meinen Vater, mir den Sachverhalt zu erklären. Er erzählte mir umständlich etwas von Parteien und Wahlen. Monate später unterhielten wir uns wieder über politische Themen, unter anderem auch über die bei mir »verankerte« Erinnerung. Mir wurde dann bewusst, welche auslösenden Momente in der Unterhaltung im November 1932 zu diesem Thema geführt hatten. Diskutiert wurde über das Ergebnis der Reichstagswahlen vom 6. November.

Die Sozialdemokraten hatten bei 121 Abgeordneten zwölf ihrer Sitze von insgesamt 584 Reichtagsabgeordneten verloren. Die Nationalsozialisten (NSDAP) verloren gegenüber den vorangegangenen Wahlen (21. Juli 1932), sogar 34 Sitze, und zogen nunmehr mit 196 Abgeordneten (also 33,2% Stimmenanteil) in den Reichstag ein.

Da die Kommunisten seit 1920 bei allen Wahlen kontinuierlich Stimmengewinne erzielt hatten, schien es wohl an der Zeit zu sein, sich mit dem »Kommunistischen Manifest« von 1848 auseinander zu setzen. Darin heißt es u.a. im Abschnitt II: »... Aufhebung der Familie!« Daher folgerichtig die Diskussion zwischen meinem Vater und dem Nachbarn Heers über die »freie Liebe«.

Durch die fehlenden gleichaltrigen Spielgefährten im Dorf lauschte ich oft bei den Gesprächen der Erwachsenen und war somit sehr früh »politisch orientiert«.

Damals wurde sicherlich der Grundstein für mein heutiges Interesse gelegt, das vorwiegend den politischen, religiösen und wirtschaftlichen Fragen gilt. Auch die sich daraus entwickelnden geschichtlichen Vorgänge fand ich stets sehr interessant.

Fast drei Monate später wurde, ohne neue Wahlen durchzuführen, anders entschieden, als sich bei den Tendenzen der vergangenen Wahlen abgezeichnet hatten.

Da das Parlament trotz mehrerer Wahlen im Jahre 1932 ständig beschlussunfähig blieb, wurde dem damaligen Reichspräsidenten von Hindenburg von dem noch im Amt befindlichen Reichskanzler von Schleicher empfohlen, als Alternative auf eine begrenzte Zeit eine Militärdiktatur einzusetzen, um möglichst schnell den wirtschaftlichen Abstieg mit der großen Arbeitslosigkeit zu beenden und die Pattsituation im Reichstag zu umgehen.

Eines Sonntags, mein Onkel, meine Tante sowie mein Vetter Adolf besuchten uns zum Nachmittagskaffee, unterhielten sich mein Vater und mein Onkel laut über den von unserer Tageszeitung dementierten Vorschlag von von Schleicher.

Mein gleichaltriger Vetter und ich stellten im Vorgarten fest, dass wir mit dem Wort »dementieren« nichts anfangen konnten. Mein Vater erklärte mir abends diesen Begriff. Hindenburg lehnte dieses Ansinnen ab, da es verfassungswidrig sei.

Auf Vorschlag der Deutschnationalen Volkspartei (DNVP) wurde Adolf Hitler durch Reichspräsident von Hindenburg am 30. Januar 1933 gemäß Verfassung zum Reichskanzler ernannt.

Nach der Ernennung schloss Reichspräsident von Hindenburg die Kabinettssitzung mit den Worten: »Und nun, meine Herren, mit Gott vorwärts!«

An diesem Abend des 30. Januar 1933 löste sich in Deutschland die jahrelange politische Verkrampfung in Jubel auf. Jeder hoffte, dass der desolate Zustand in Politik und Wirtschaft jetzt, mit Hilfe der neuen Regierungskoalition NSDAP/DNVP, ein Ende finden würde. Die neue Regierung war ein Kabinett der bisherigen nationalen Opposition, aber ihre Führung lag allein bei der NSDAP, obwohl nur zwei Minister Parteimitglieder der NSDAP waren und man Fachexperten bevorzugte.

Lange Kolonnen der SA in braunen Uniformen marschierten Lieder singend in Marschformationen mit Fackeln, Fahnen und Standarten durch das Brandenburger Tor in die Wilhelmstraße. Sie marschierten an Hindenburg und an Hitler vorbei.

Hindenburg, der sich in seiner Wohnung aufhielt, wurde somit nur symbolisch gegrüßt. Adolf Hitler stand mit seinen Freunden am Fenster des Reichskanzlerzimmers und winkte den singenden Kolonnen zu.

Diese Szenen des Marsches durch das Brandenburger Tor wurden immer wieder in den Kinos als Vorfilm gezeigt und gingen um die Welt. Sie galten als Auftakt und Symbol für die Machtübernahme Hitlers in Berlin und Deutschland.

In seiner ersten Rundfunkrede als Reichskanzler am 1. Februar 1933 an das deutsche Volk sprach Hitler über das »Trümmerfeld«, das »die Parteien des Marxismus und seiner Mitläufer« hinterlassen hätten. Er sagte ferner: »Nun, deutsches Volk, gib uns die Zeit von vier Jahren, und dann urteile und richte uns.«

Infolge der zahlreichen von den Kommunisten in Preußen veranstalteten Krawalle, auch mit Todesfolgen, unterzeichnete Hindenburg am gleichen Tage eine Notverordnung für Sicherheit von Volk und Staat, wonach ab sofort in Preußen Mitglieder der Organisationen der SA, SS und des Stahlhelms als Hilfspolizisten eingesetzt werden konnten.

In den Regierungen der deutschen Länder Braunschweig und Thüringen waren die Nationalsozialisten schon seit zwei Jahren vertreten. –

Bereits in der Zeit von 1930 bis 1932 machte der damalige Reichskanzler Dr. Brüning, wenn im Parlament keine Mehrheiten für erforderliche Beschlüsse zustande kamen, von seinem Notverordnungsrecht Gebrauch.

Zur Reduzierung der Staatsausgaben verfügte er über Einsparungen in den Verwaltungen mit Kürzungen der Beamtengehälter, über Steueränderungen, Einschränkungen der Pressefreiheit usw. Ferner befahl er die Auflösung »militärähnlicher« Organisationen, wie z.B. die der nationalsozialistischen Kampfverbände SA und SS und der Kommunisten. Feuerüberfälle und Straßenkämpfe mit der Polizei blieben aber trotzdem nicht aus, wie es der Blutsonntag vom 17. Juli 1932 in Hamburg zeigte. Eine kommunistische Mordstaffel tötete an diesem Tage 18 Menschen und verletzte 64 Passanten und an einem Umzug teilnehmende Nationalsozialisten. In den Monaten Juni und Juli 1932 gab es alleine in Preußen 203 von den Kommunisten inszenierte Terrorakte. Bei diesen und anderen Terrorvorfällen kamen 72 Personen ums Leben, 497 wurden schwer verletzt. –

Wie unsere Tageszeitung berichtete, fanden in den Monaten Februar und März 1933 in vielen Städten Deutschlands (u.a. in Berlin, Köln, Hamburg und Rostock) weiterhin Straßenkämpfe und Zusammenstöße unter Einsatz von Schußwaffen zwischen Trupps organisierter Kommunisten und den Organisationen der Nationalsozialisten statt. Auf beiden Seiten gab es Tote und Verletzte; die SA, SS und der Stahlhelm waren seit Februar wieder zugelassen worden.

Am 22. Februar 1933 berichtete die »Niedersächsische Tageszeitung« von einem Überfall von etwa 20 Kommunisten auf das nationalsozialistische Verkehrslokal »Adler-Hotel« in der Schanzenstraße in Hamburg. Eine Frau starb durch Revolverschüsse und drei weitere Personen wurden verletzt. Die Täter entkamen im Schutz der Dunkelheit.

Die politischen Auseinandersetzungen mit Waffengewalt, die sich häufig an Wochenenden abspielten, wurden mit großer Aufmerksamkeit auch im Ausland kritisch verfolgt. Man fand in der englischen Tageszeitung »The Times« einen Artikel über den »Nazi-Krieg gegen Kommunismus«. Auch unsere Zeitungen berichteten davon.

Den Höhepunkt bildete dann der Brand des Reichstages am 27. Februar 1933, wobei der Mittelbau total vernichtet wurde.

Bereits Tage vorher hatten Hilfspolizisten, zu denen seit kurzem in Preußen auch Angehörige der SA und des Stahlhelms gehörten, bei ihren Rundgängen festgestellt, dass einige Besucher eigenartige Pakete schleppten.

In dem Reichstagsbrandprozess gehörte zu den Angeklagten, neben dem niederländischen Kommunisten van der Lubbe, E. Torgler und andere, auch der bulgarische Kommunist Dimitrow, der 1925 wegen seiner Teilnahme an bewaffneten Aufständen und Sabotageakten in Sofia, von dort nach Berlin emigriert war. In seiner dreimonatigen Gefangenschaft lernte er so gut deutsch, dass er sich in dem Prozess von Sept. bis Okt. 1933 selbst verteidigte und freigesprochen wurde. Er ging über Moskau nach Bulgarien zurück und bekleidete dort von 1946 – 1949 das Amt des Ministerpräsidenten.

Den deutschen Besuchern wird in Sofia von der Stadtführung bei der Besichtigung von Kulturstätten auch das für Dimitrow erbaute und 1990 von den Bulgaren zerstörte Mausoleum gezeigt und dabei, wie wir es vor Jahrzehnten erlebt haben, diese Geschichte über Dimitrow erzählt.

Der geständige niederländische Kommunist van der Lubbe wurde zum Tode verurteilt und alle anderen Angeklagten freigesprochen.

Auch die bevorstehende Reichstagswahl am 5. März 1933 bot anscheinend von allen Seiten für bewaffnete Auseinandersetzungen genug Anlass.

Bei dieser Wahl erhielten die Nationalsozialisten 44,5 % der Stimmen und somit 288 Sitze. Die Sozialdemokraten bekamen als zweitstärkste Partei 120 Sitze im Reichstag und die DNVP als Koalitionspartner 53 Sitze.

Die Kommunisten waren mit 81 Sitzen vertreten, die Zentrumspartei mit 73 und u.a. die Bayerische Volkspartei mit 19 Sitzen.

Nach dem Wahlsieg der NSDAP und der DNVP (Deutschnationalen) fanden die Eröffnungsfeierlichkeiten für den neuen Reichstag in der Garnisionskirche zu Potsdam statt. Sie diente als Ersatz für das zerstörte Reichstagsgebäude in Berlin. Nach dem Reichspräsidenten von Hindenburg sprach der neue Reichskanzler Adolf Hitler über seine Zukunftsperspektiven.

Da die kommunistischen Organisationen durch Unruhestiftungen mit Todesfolgen die Bevölkerung laufend verunsicherten und ihr auch die Reichsbrandstiftung angelastet wurde, griff die Regierung auf die Weimarer Verfassung, Artikel 48, Abs 2, zur Wiederherstellung der öffentlichen Sicherheit und Ordnung zurück – dieser war auch Grundlage für die Brüning'schen Notverordnungen ab 1930 – und verbot die Kommunistische Partei. Rädelsführer und verdächtige Abgeordnete wurden inhaftiert.

Für diese offiziell in Schutzhaft genommenen politischen Gegner wurden Konzentrationslager eingerichtet. –

Die Idee, politische Gegner auf diese Weise auszuschalten, hatten 1901 bereits die Briten im Burenkrieg in Südafrika mit Erfolg verwirklicht.

Noch im Jahre 1933 wurden diese Lager (KZs, offiziell KL genannt) in Deutschland größtenteils wieder aufgelöst.

Nach wenigen Tagen konzipierte die neue Regierung das sogenannte Ermächtigungsgesetz, das praktisch als Ersatz für die fehlgeschlagenen Notverordnungs-Ermächtigungen vorgesehen war. Das Gesetz zur Behebung der Not von Volk und Reich hatte fünf Artikel, die alle erforderlichen und notwendigen Beschlussfassungen der Regierung erlaubten. Es war allerdings formal auf vier Jahre bis zum 1. April 1937 begrenzt. Die Weimarer Verfassung galt im Prinzip bis 1945!

Der Reichstag stimmte am 24. März 1933 mit 441 Abgeordneten der Zweier-Koalition aus NSDAP und Deutschnationalen sowie der Zentrumspartei, der Bayernpartei u.a. für dieses Gesetz. Von den 120 Abgeordneten der Sozialdemokraten stimmten 94 dagegen. Somit war die Regierungs-Koalition und damit Adolf Hitler mit uneingeschränkten Vollmachten ausgestattet worden und konnte als Diktator agieren.

Auch mit den Gegenstimmen der Kommunisten hätte man einen Stimmenanteil von mehr als Zweidrittel für das Ermächtigungsgesetz nicht verhindern können. Der Gegenstimmenanteil betrug 27%.

Bestimmte Artikel der Reichsverfassung wurden, mit Zustimmung des Reichsrates als Organ der deutschen Länder, außer Kraft gesetzt.

Ein weiteres Gesetz vom 30. Januar 1934 geht noch über diese Ermächtigungen hinaus, indem es die Reichsregierung schlechthin zum Verfassungsgesetzgeber bestellte.

Der Reichstag hatte nicht beachtet, dass mit der »Ermächtigung« die Zeitbegrenzung für die propagierten »Gebt mir vier Jahre Zeit« ausgehebelt werden konnte.

Unverständlich blieb auch, warum die Gewerkschaften, zusammen mit Teilen bestimmter Richtungsflügel der Sozialdemokraten, keinen Generalstreik ausgerufen haben. Anscheinend kannte niemand eine Lösung für den so desolaten Wirtschaftszustand des Reiches. Bei einer Gesamtbevölkerung von etwa 65 Millionen gab es sechs Millionen Arbeitslose, die hungernd durch die Straße zogen. Im Gegensatz zu heute konnte wegen der schlechten Wirtschaftslage und den hohen Reparationszahlungen infolge des Versailler Vertrages keine ausreichende finanzielle Hilfe an die Arbeitslosen erfolgen. Diese Verhältnisse begünstigten natürlich den Zulauf zur NSDAP.

Das demokratische Einsetzen eines Diktators auf unbestimmte Zeit bleibt ein einmaliger Vorgang in der Geschichte Europas!

Hitler hatte sein vorläufiges Ziel erreicht. Er bekundete früher bereits schon mit bemerkenswerter Offenheit seine revolutionären Absichten. Als Zeuge vor dem Reichsgericht in Leipzig sagte Hitler 1930: »Die Verfassung schreibt nur den Boden des Kampfes vor, nicht aber das Ziel.« Er nutzte geschickt alle Möglichkeiten legal aus, die die Weimarer Verfassung bot, und konnte fünf Jahre später triumphieren: »Ich habe die Demokratie durch ihren eigenen Wahnsinn besiegt.«

Für meinen Vater und unseren Nachbarn Heers ergaben diese politischen Ereignisse ständig neuen Gesprächsstoff. Auch mit anderen Nachbarn oder meinen Onkeln, die im Sommer gerne sonntags zu Besuch kamen, wurde entsprechend diskutiert.

Mein Vater kaufte sich im Sommer 1933 Hitlers Buch »Mein Kampf«. Es war bereits die 28. Auflage mit weit über 1,1 Millionen verkauften Exemplaren. Jahre später fiel mir dieses Buch in die Hände, versehen mit seinen Frage-, Ausrufungszeichen und Randbemerkungen.

Ich erinnere mich an Streitgespräche, die im Sommer 1933 in unserem Vorgarten mit dem Deputanten, Adolf Meyer Senior, vom Gut des Grafen Grote geführt worden sind. Meyer war im Dorf als eingefleischter Kommunist bekannt. Eine von seinen markanten Gesten war, den Zeigefinger senkrecht an die Stirn zu legen und zu dozieren: »Wilhelm, ich sage dir ....«, und dann folgten die entsprechenden politischen Thesen. Mit seinem Sohn Adolf Meyer Junior, ehemals Polizeibeamter in Hamburg, war ich bis zu seinem Tod im September 1995 befreundet. Diese Freundschaft begann in der Volksschule in Göddenstedt und überdauerte unsere gemeinsamen Aktivitäten in der Hitlerjugend sowie den Krieg, den er im Afrika-Korps und in amerikanischer Kriegsgefangenschaft überstand. Seine Frau Irmgard starb bereits im Jahre 1990.

Während ich im Sommer 1933 auf dem Hof an meinem Fahrrad bastelte, schlug mir mein Vater vor, in das Deutsche Jungvolk (DJ) einzutreten. Es war eine Unterorganisation der Hitler-Jugend (HJ), die bereits 1926 gegründet worden war. Mein Vater erwähnte die Möglichkeit, mit anderen Jugendlichen in Kontakt zu kommen, um gemeinsam etwas unternehmen zu können. Hier auf dem Dorf sei man völlig von der Welt abgeschnitten. Ich trat dem Jungvolk bei, um ein Jahr später in die Hitler-Jugend übernommen zu werden. Für die Mädchen gab es in der Hitler-Jugend als Unterorganisation den Bund Deutscher Mädel (BDM), mit der Untergliederung der Jungmädel (JM), in der die Mädchen bis zum 14. Lebensjahr organisiert waren.

*

Vor meiner 1934 in der Kirche in Rosche stattfindenden Konfirmation nahm ich dort einmal wöchentlich am Konfirmandenunterricht teil. Da ich in Suhlendorf die Schule besuchte, musste ich an den entsprechenden Tagen den weiten Weg von Suhlendorf nach Rosche mit dem Fahrrad zurücklegen. Der Weg führte über Nateln; dort kochte dann meine Großmutter väterlicherseits mittags nach meinen Wünschen für mich. Sie starb am 8. Februar, kurz vor meiner Konfirmation. Damit ich weiterhin versorgt wurde, sprang meine Tante Anna für sie ein.

In guter Erinnerung geblieben sind mir die sonntäglichen Kirchgänge nach Rosche, die wir etwa alle 14 Tage unternahmen. Man erreichte die Kirche per Fahrrad oder ging zu Fuß – je nach Entfernung. Von Göddenstedt aus waren es etwa vier Kilometer. Soweit vorhanden, benutzte man auch die Kutsche. Ab Mitte der 30er Jahre fuhren die Bauern zunehmend mit dem Auto und boten den Nachbarn das Mitfahren an.

Bei schönem Wetter nahm der Posaunenchor der Kirche auf dem Vorplatz Aufstellung und spielte Choräle oder andere geistliche Lieder, so dass man getragenen Schrittes in die Kirche hineinging. Einer der jüngsten Mitglieder im Posaunenchor war mein erster HJ-Führer Herbert Ramünke, Jahrgang 1918. Er gab 1983 eine »Chronik – 850 Jahre Nateln« heraus, in der auf den Seiten 152 bis 156 der »Halbhof« meiner Vorfahren sehr gut beschrieben wird. Über Göddenstedt selbst (Godos Stedte – Gute Stätte) gibt es von Karl Meyer eine Kurzbeschreibung in einer alten Ausgabe der Geschichte des Kreises Uelzen aus dem Jahre 1931.

Die Kirche in Rosche war Mitte des vorvorigen Jahrhunderts erbaut und seinerzeit von dem König von Hannover, dem früheren Herzog Ernst

August von Cumberland, eingeweiht worden. Für die Fahrt des Königs musste vorher die Straße von Uelzen nach Rosche neu gebaut werden.

Mein Großvater berichtete mir, wie es ihm noch in Erinnerung war, über die Verteilung der Sitze in der Kirche. Alle Grundeigentümer der Kirchengemeinde, bestehend aus etwa zwanzig kleinen Dörfern und Gemeinden, spendeten für den Neubau und erhielten dafür ihre Sitzplätze, versehen mit ihrem Namen. Meine namentlich direkte Vorfahren-Familie existierte zur Zeit des Kirchenbaues noch nicht und hatte somit auch keine reservierten Sitzplätze. Den Eigentümern des Hofes in Nateln, aus dem mein Vater stammte, standen Sitzplätze mit ihrem Namen zur Verfügung, die wir nutzten.

Es waren jederzeit genügend unbeschriebene Sitzplätze vorhanden. Ich erinnere mich, dass manche Kirchenbesucher großen Wert darauf legten, beim Gottesdienst den angestammten Platz einnehmen zu können, auch wenn er nicht mit dem entsprechenden Namen versehen war. Der Familie von Graf Grote standen auf der Empore sieben Sitzplätze in einer Reihe zu Verfügung. Man nimmt an, dass ihre Spenden zum Neubau um 1860 entsprechend hoch waren. Heute sind alle Namen gelöscht.

*

Für uns auf dem Lande war der sonntägliche Kirchgang eine Selbstverständlichkeit. Wenn auch die Kirchen im Dritten Reich unter den verschiedensten Strömungen litten, war der Kirchgang auf dem Lande hiervon wenig betroffen. Kirchenaustritte für Lohn- und Gehaltsempfänger lohnten sich finanziell nicht, da das Finanzamt die fälligen Kirchensteuern dann an die Reichskulturkammer abzuführen hatte. Atheist zu sein oder zu werden, lohnte sich finanziell nicht.

Wenn man Atheist sein wollte, sollte man auch an die Worte des Philosophen und Kirchengegners Voltaire, einem Freund Friedrichs des Großen, denken. Er sagte, er hoffe, dass Frau, Bedienstete und sein Schneider auch weiterhin an Gott glauben, damit er weniger belogen und bestohlen würde! Er sagte aber auch noch: Solange nicht bewiesen ist, dass es keinen Gott gibt, bete ich zu ihm!

*

Unser erstes Radio, ein Telefunken-Gerät, erhielten wir um Ostern 1934. Jetzt wurden abends regelmäßig die Nachrichten gehört. Meine Großeltern konnten nicht mehr zu Fuß oder mit dem Fahrrad in die Kirche nach Rosche kommen und hörten sonntags oft den Gottesdienst um 10.00 Uhr im Radio. Von 9.00 Uhr bis 10.00 Uhr gab es ein Orgelkonzert, das gern von der Familie gehört und als Andacht gewertet wurde. Mein Vater las die Sonnabendzeitung, mein Großvater saß im Lehnstuhl und meine Großmutter beschäftigte sich mit Handarbeiten. Falls kein Kirchgang vorgesehen war, bereitete meine Mutter in der Küche das Mittagessen vor.

Ab 1. August 1934 wurde, abgeleitet aus der geschichtlichen Entwicklung, der Begriff »Drittes Reich« publiziert. Damit sollte die mehr als 1000-jährige Geschichte der Deutschen verständlich dokumentiert werden, die, wie bekannt, mit der Teilung des fränkischen Reiches im Jahre 843 begonnen hat. Danach wurden die Oberhäupter des östlichen Teiles als deutsche Könige und Kaiser bezeichnet. Ludwig der Deutsche (geb. 804) aus dem Hause der Karolinger, regierte von 843 – 876 als erster ostfränkischer (deutscher) König. Nach der zweiten (hochdeutschen) Lautverschiebung, die sich im Kerngebiet Deutschlands im 7. Jahrhundert n. Chr. mit ihren Mundarten gegenüber anderen germanischen Sprachgruppen durchsetzte, bildeten diese als Sprachraum später die Grundlage des Ersten Reiches (seit Heinrich I.) und seit dem 16. Jahrhundert des Heiligen Römischen Reiches Deutscher Nation. Dieses wurde 1806 durch Napoleon zerstört. Als »Zweites Reich« bezeichnet man das Kaiserreich von 1871 – 1918; danach sprach man vorwiegend von der »Weimarer Republik«. Die amtliche Bezeichnung für die Zeit von 1871 bis 1945 war jedoch »Deutsches Reich«.

Mit Begeisterung stellte uns unser Geschichtslehrer, Studienrat Kramer, die Entwicklungen in der deutschen Geschichte im Mittelalter mit den Intrigen und Kämpfen zwischen den Königen und Fürsten der einzelnen Staaten innerhalb des »Ersten Reiches« dar, sitzend auf dem Pult, mit baumelnden Beinen.

Der politische Glaube des Nationalsozialismus sah im Dritten Reich die Verwirklichung der Grundsätze seiner Weltanschauung in der endgültigen Gestaltung des deutschen Schicksals. Sein Ziel war der völkische, sozial ausgerichtete Nationalstaat im Zentrum Europas, mit dem Bekenntnis zur Volksgemeinschaft und zur persönlichen Leistung.

*

Nach dem Tod des Reichspräsidenten von Hindenburg am 2. August 1934 fand schon am 19. August eine Volksabstimmung über das Staatsoberhauptgesetz statt, das die Vereinigung des Reichspräsidentenamtes mit dem des Reichskanzlers vorsah. 90% der wahlberechtigten Bevölkerung stimmten für dieses Gesetz. Auch darüber gab es bei uns zu Hause Diskussionen. Mein Vater, der politisch freiheitlich eingestellt war, traute dem »Österreicher« Hitler (als »Schnürschuh-Kameraden« des Ersten Weltkrieges!) nicht so ganz, befürwortete aber den »Kampf« gegen die Knebelungen durch das »Versailler Diktat«. Hitler hatte sein Ziel jetzt endgültig erreicht!

Mit 21 Jahren war man wahlberechtigt – ich hatte also noch keine Stimme! –

Seinen Militärdienst leistete mein Vater 1908 bis 1910 in Celle in der »Heidekaserne« ab. Es war die gleiche Kaserne, in der auch mein Großvater Georg Clasen seinen Militärdienst leistete und ich später ebenfalls den Dienst für das Vaterland beginnen sollte.

1910 wurde mein Vater dort als Unteroffizier der Reserve entlassen. Seine Generation war mit Begeisterung am 1. August 1914 in den Krieg gezogen, begleitet von einer patriotisch denkenden Bevölkerung.

Mein Vater erzählte oft von seinen Kriegserlebnissen. Er berichtete mir von der Schlacht vor Verdun in Frankreich und den Stellungskämpfen in Flandern im Jahre 1916. Monatelang lagen sich deutsche und französische Infanterie bei dauerndem gegenseitigen Beschuss bei Ypern in Schützengräben gegenüber.

Bei Langemarck, in Westflandern, wurde er am 31. Juli 1917 verwundet. Ihn traf ein Splitter einer explodierenden französischen Granate, der den Oberschenkelknochen seines linken Beines zertrümmerte. Diese Verwundung hatte eine Beinverkürzung von vier Zentimetern zur Folge. Mein Vater lag bis zum 9. April 1918 im Lazarett. Ausgeheilt wurde die Verwundung in einem Lazarett in Bonn, wo er von seiner Verlobten, Emma Clasen, besucht wurde. Beide heirateten am 8. Mai 1918 in Rosche.

Im August 1918 wurde mein Vater mit einer Rente von 30,00 Reichsmark pro Monat aus dem Militärdienst entlassen. Als Auszeichnung für seinen Fronteinsatz erhielt er, neben dem Verwundetenabzeichen, bereits am 16. Mai 1916 als Vizefeldwebel das Eiserne Kreuz 2. Klasse. Das Verwundetenabzeichen wurde in Deutschland als Anstecknadel erstmals am

3. März 1918 in verschiedenen Stufen (Häufigkeit und Schwere der Kriegsverletzungen) eingeführt. Im Ausland werden vielfach stattdessen Medaillen am Band getragen.

Mein Vater erzählte von seiner Ausbildertätigkeit nach seiner Verwundung als Feldwebel in Celle bei dem 77er Infanterieregiment und den dort regelmäßigen Treffen zum Skatspielen im Restaurant des »Hotel Union«.

Nach dem Krieg bot man meinem Vater den Dienst bei der Polizei an. Er blieb aber in Göddenstedt und bewirtschaftete, zusammen mit seinem Schwiegervater, den von diesem gegründeten kleinen landwirtschaftlichen Betrieb.

Als Beruf erlernte mein Vater nach Beendigung der Schulzeit das Maurerhandwerk, genau wie mein Großvater Georg Clasen, der außerdem noch eine Ausbildung als Hausschlachter erwarb. Beide übten später die Tätigkeit als Landwirte aus.

1887, bei dem Bau unseres Hauses mit den Stallungen, arbeitete mein Großvater noch in seinem erlernten Beruf. Mein Vater erstellte später weitere Nebengebäude auf dem Hof, teilweise mit Hilfe des Nachbarn Willi Bunge in Verbindung mit entsprechenden Gegenleistungen.

Mein Großvater war in den 20er Jahren im Winter manches Mal bei den Bauern und Landwirten in der Nachbarschaft und auch bei uns zuhause als Hausschlachter tätig.

Innerhalb eines 10- bis 12-stündigen Arbeitstages wurde mit Hilfe der jeweiligen Familienmitglieder das Schwein oder das Kalb geschlachtet, das Fleisch verarbeitet und die Mett-, Leber- und Rotwurst unter Verwendung einer mit der Hand betätigten Wurstmaschine hergestellt.

*

Aus den Sommerferien 1934 ist mir noch ein besonderes Erlebnis in Erinnerung geblieben. Ich fuhr mit meiner Mutter und einigen Bekannten aus unserem Dorf und aus Rosche mit einem Lastwagen der Firma Walter Ritz, auf dem hinten auf der Plattform Bänke montiert waren, nach Arendsee in der Nähe von Salzwedel. Dort besuchten wir einen sehr bekannten Wanderprediger, der auf Spuren von Jesus auch als Heiler von Krankheiten angepriesen wurde. Er nannte sich »gustaf nagel, wanderprediger un tempelwächter fon gotes gnaden«. Er stand vor tempelartigen Bauten in einer Kleidung, die an Abbildungen von Jesus erinnerten, mit Lendenschurz und hellem Überwurf und trug schulterlange Haare. Wir standen in Gruppen um ihn herum, und er predigte getragen wie ein Pastor in der Kirche. Gustav Nagel war ein Unikum und als solcher in ganz Norddeutschland und auch in Berlin und Schlesien bekannt und hatte dementsprechenden Zulauf. 1928 soll er bereits die zehntausendste Eintrittskarte zu seinen Tempelbauten in Arendsee verkauft gehabt haben.

Wer war »gustav nagel«? Grundsätzlich schrieb er umgangssprachlich alles klein. Seine Ausbildung in Arendsee als Kaufmann hatte er 1890 mit 16 Jahren vorzeitig, wegen starker körperlicher Beschwerden, abgebrochen. Er nahm zwei Jahre später mit Pfarrer Kneipp in Wörishofen Kontakt auf, lebte ab 1897 vegetarisch und hatte seinen Wohnsitz in einer Erdhöhle nahe dem Schützenplatz von Arendsee. Im Jahre 1900 wurde er vom Amtsgericht Arendsee entmündigt. In Berlin gab es 1902 bis zu 1500 Zuhörer bei seinen Vorträgen. Er ging auf Wanderschaft nach Jerusalem, kehrte über Konstantinopel nach Arendsee zurück, heiratete und kaufte hier 1910 ein Seegrundstück für seine geplanten Tempelbauten. Mitte der 20er Jahre war er dreimal verheiratet und dreimal geschieden und hatte fünf Kinder. Er landete 1944 in einer Nervenheilanstalt und verstarb 1952.

Auf seinem ehemaligen Grundstück befindet sich heute das »birlokal zum alten gustaf« und die Reste eines Tempels.

*

Ostern 1935 endete für mich der schulische Zweig mit der Untertertia an der Hindenburg-Schule in Suhlendorf. Meine Eltern schickten mich auf die Mittelschule nach Uelzen. Dort war die 2. Klasse die Anschlussklasse. An Kosten entstanden für meine Eltern monatlich 29,90 Reichsmark Fahrtkosten und 30,00 Reichsmark Schulgeld. Außerdem fielen Geldbeträge für die Schulbücher an.

Die wirtschaftlichen Verhältnisse hatten sich in den letzten zwei Jahren, zumindest auf dem Lande, erheblich verbessert. Man vertraute wieder der Zukunft. Manche Bauern fuhren jetzt statt mit dem Pferd und Wagen mit dem neuen Auto in die Stadt. 1936 gab es in dem kleinen Göddenstedt bereits sechs Personenwagen und einige Motorräder. Ein Jahr später erhielt auch ich ein Motorrad. Im Sommer 1936 war die Zahl der Arbeitslosen in Deutschland von über sechs Millionen im Jahre 1932 auf rund 1,4 Millionen gesunken, ein Erfolg der neuen Politik Adolf Hitlers.

Adolf Meyer aus Wellendorf und ich besuchten auf der Mittelschule die gleiche Klasse mit insgesamt 52 Schülern. Oft langweilten wir beide uns während des Unterrichts. Wir waren unseren Mitschülern im Unterrichtsstoff weit voraus. Meine Schwierigkeit lag darin, die Lücken im Englischen zu schließen, da ich außer der Reihe, durch das Überspringen der Sexta, Französisch als erste Fremdsprache gelernt hatte. Mein Klassenlehrer, Herr Böttcher, gab mir Nachhilfeunterricht und wurde dafür mit frischen Hühnereiern aus Göddenstedt belohnt.

Ich nahm an der Schule an einem Sonderkursus für Deutsche Einheitskurzschrift mit Abschlussprüfung teil. Im Schnellschreiben war ich nicht so gut; aber im Lesen der Kurzschrift schnitt ich mit »sehr gut« ab. In meinem späteren Beruf kam mir diese Fähigkeit zugute. Als mir in den 60er Jahren von einer Stenotypistin ein von mir diktierter Brief vorgelegt wurde, stellte ich fest, dass der Inhalt nicht meinem Diktat entsprach. Die Schreibdame behauptete, auf der Schreibmaschine meinen Text geschrieben zu haben. Ich ließ mir das Stenogramm vorlegen und konnte die Fehler beweisen. Dieser Vorgang machte in der Firma die Runde, so dass meine Diktate in Zukunft präzise wiedergegeben wurden. Heute gibt es kaum noch Stenotypistinnen; man spricht vorwiegend den Text, unpersönlich, auf Tonband.

Mein Klassenlehrer und mein Physik- und Chemielehrer Herr Bielstein waren der Meinung, dass Adolf Meyer und ich auf der falschen Schule seien. Sie ließen unsere Eltern kommen und befürworteten einen Wechsel zum Gymnasium. Unser »Siebzehn-und-vier-Spiel« unter der Bank während des Unterrichts fiel also in Zukunft weg. Mein Erdkundelehrer ärgerte sich über mein flegelhaftes und uninteressiertes Verhalten so sehr, dass er mir eines Tages eine schallende Ohrfeige verabreichte.

1936, auf dem Realgymnasium, verlor ich im Schwimmunterricht beim Sprung vom Drei-Meter-Turm unter Wasser die Orientierung und kroch auf dem Beckenboden herum. In dieser Situation erinnerte ich mich an die Worte meines Großvaters. Er war sicherlich ein guter Schwimmer gewesen, denn er riet mir eindringlich: Wenn man im Wasser nicht untergehen will, muss man den Kopf stark in den Nacken legen. Sofort führte ich diese Bewegung aus und schon war ich an der Wasseroberfläche. Meine Klassenkameraden standen schon mit Schlaufenstöcken bereit, um mich aus dem Becken herauszufischen. Es erübrigte sich.

Ein Ohrenarzt diagnostizierte später, dass mein linkes Trommelfell zerstört war. Durch das Eindringen von Wasser ins Mittelohr hatte die Orientierung im Schwimmbecken versagt. Bei der Wehrmacht durfte ich infolgedessen nur mit einem wachsgetränkten Ohrpfropfen ins Wasser gehen. Die Folge dieser Ohrfeige zeigte sich durch Durchblutungsstörungen im Ohr und Entzündungen im Mittelrohr. An den Folgen leide ich heute noch.

In Göddenstedt und Teyendorf konnte man in der Wipperau baden. Junge Leute, etwa zehn Jahre älter als ich, hatten mit Hilfe von Bohlen quer zur Fließrichtung das Bachwasser angestaut und bis auf etwa 1,10 Meter Tiefe den Boden ausgehoben. Man konnte richtig schwimmen. Meine erste Badehose, gelb-weiß gehäkelt, stammte aus der Militärzeit meines Vaters.

*

Zu Beginn des Jahres 1935 druckte unserer Zeitung Skizzen ab, die man ausschneiden und zu einem Gebilde zusammenfügen sollte. Ich machte mich daran und stellte fest, dass sich daraus das Saarland konstruieren ließ. Das Saarland war zu dieser Zeit in aller Munde. Dieses Gebiet wurde im Versailler Vertrag von Frankreich beansprucht, dann für 15 Jahre der Völkerbundregierung unterstellt und am 13. Januar 1935 einer Volksabstimmung unterzogen. 90,5% der wahlberechtigten Bevölkerung stimmten für die Rückgliederung ins Reich, die dann am 1. März 1935 vollzogen wurde. Seitdem gehört das Saarland wieder zu Deutschland.

Bevor ich den unter Schülern in der Tageszeitung ausgeschriebenen Wettbewerb über das Saarland einreichte, nahm ich mir den Atlas vor und legte das aus Teilgebieten auf Papier zusammengefügte Gebiet mit grüner, gelber und brauner Farbe so an, dass man Ebenen und Gebirgszüge gut erkennen konnte. Ich erhielt den ersten Preis!

Von dem Geldgewinn kaufte ich mir eine elektrische Fahrradlampe mit zwei Glühlampen im Scheinwerfer und einer Schaltung mit zwei Hebeln neben dem Lenkradgriff und auch noch eine »Kletter«-Weste in braunem Velours, die zu meiner HJ-Uniform passte.

In meiner Freizeit musste ich zu Hause bei der Ernte helfen. Das Getreide, wie zum Beispiel Roggen, wurde von meinem Vater mit der Sense gemäht. Meine Mutter ging hinterher und band die Garben mit einem faustvollen Ährenstroh zusammen. Ich stellte dann, gemeinsam mit meinem Großvater, die Stiegen auf; das sind in Gruppen spitzdachartig aneinandergestellte Garben in Zweierreihen. Nach dem Austrocknen der Garben wurde die Ernte mit dem Erntewagen nach Hause in die Scheune gefahren. Das Dreschen des Getreides erfolgte im Winter.

Auch bei der Kartoffelernte musste ich helfen und die in den aufgepflügten Reihen, später mit der Kartoffelrodemaschine ausgeworfenen Erdfrüchte in Körben sammeln und in Säcke schütten.

Zum Abendessen standen oft frisch geerntete Kartoffeln als Pellkartoffeln auf dem Tisch. Dazu gab es Leinöl; für mich damals ein Schrecken! Meine Eltern aßen es gern. Wenn kein Besuch zu erwarten war, wurde in der Küche gegessen.

Fast jeden Abend schmorte uns meine Großmutter im Winter Bratäpfel. Diese Äpfel aus eigener Ernte, gebraten im Ofen unserer Wohnstube, schmeckten wunderbar. Fuhr mein Vater mit dem Fahrrad nach Rosche zur Sparkasse oder zur landwirtschaftlichen Genossenschaft, kaufte er gerne kleine Besonderheiten zum Essen ein. Er besuchte auch das Lebensmittel-, Kolonialwaren- und Kleinartikelgeschäft Wilhelm Ritz in Rosche. Frau Ritz, geb. Schlademann aus Prielip, war seine Cousine.

Eines Sonntagmorgens am Frühstückstisch bat mein Vater meine Mutter, den Käse aus dem Schrank zu holen, den er Tage zuvor eingekauft hatte. Meine Mutter sagte, den hätte sie weggeworfen, der sei bereits total verschimmelt gewesen. Ich sehe noch die Enttäuschung meines Vaters vor mir; er hatte sich so auf den Edelschimmelkäse zum Sonntagsfrühstück gefreut!

Unsere Kleidung kauften meine Eltern meistens in Rosche im Kaufhaus Külbs ein. Frau Külbs war eine Cousine meiner Mutter, allerdings zweiten Grades. Auf dem kleinen Hof am Kaufhaus stellte ich täglich mein Fahrrad ab, wenn ich mit dem Bus zur Schule nach Uelzen fuhr.

*

Meine Eltern betrieben eine verhältnismäßig kleine Landwirtschaft, die als kleinbäuerlicher Familien-Betrieb anzusehen war. Neben dem Hofgrundstück mit Wohnhaus, Stallungen, Scheune, Gemüsegarten und eigenen Ländereien wurden von meinen Eltern etwa sieben Hektar bewirtschaftet. Davon waren rund 80% von dem Gut Graf Grote und Wiesen an der Wipperau in Göddenstedt von der evangelischen Kirchengemeinde in Rosche gepachtet. Die Nutzfläche war größtenteils gepachtet. Somit unterlag der Betrieb meiner Eltern nicht dem Reichserbhofgesetz vom 23. Sept. 1933. Das Erbhofgesetz umfasste das genutzte Grundeigentum land- und forstwirtschaftlicher Betriebe in der Größe einer Ackernahrung (ca. 7,5 Hektar entsprechend etwa 30 preußischen Morgen) bis zu einer Fläche von 125 Hektar. Der Vorläufer dieses Gesetzes trat in Preußen bereits am 15. Mai 1933 in Kraft und leitete sich aus der hannöverschen Höfeordnung ab, die die Erbschaft regelte und eine Aufteilung der Höfe untersagte. In anderen Regionen, beispielsweise in Süddeutschland, handhabte man es anders. Hier konnte über Generationen der Grundbesitz bei der Vererbung aufgeteilt werden, so dass oft die Ackernahrung für die Familien nicht mehr gesichert war. Um diesen Missstand zu beseitigen, leitete man später eine Flurbereinigung ein. Der Besitzer eines Erbhofes war der Bauer.

Durch ein Kontrollratsgesetz der Besatzungsmächte wurde 1947 das Reichserbhofrecht teilweise aufgehoben – wahrscheinlich wegen seiner völkisch-politischen Aussagen. Das Gesetz lebt aber im Grundsatz im Höferecht der Länder und in anderen Gesetzen weiter.

Die Landwirtschaft wurde von meinen Eltern sehr intensiv betrieben und bestand aus dem Anbau von Getreide, Rüben, (Früh-) Kartoffeln und Gemüse sowie einer Schweine- und Kälberzucht, verbunden mit einer Milch- und Hühnerwirtschaft. Dieser reine Familienbetrieb deckte fast die gesamte landwirtschaftliche Palette ab.

Gemästete Schweine, die auf dem Viehmarkt in Frankfurt versteigert wurden, lieferten meine Eltern freitags bei der Landwirtschaftlichen Genossenschaft ab. Am darauffolgenden Montag war es dann für meinen Vater spannend, aus der Zeitung den erzielten Preis zu erfahren.

Die besonders frühen Kartoffeln, die meine Eltern anbauten, ließ man in flachen Kästen im warmen Schweinestall vorkeimen, um sie im frühen Frühjahr zu »setzen«. Damit das Vorkeimen nicht litt, musste jede Kartoffel einzeln in den Boden des Kartoffelfeldes gesetzt werden; eine aufwändige Arbeit, die aber ein gutes Einkommen versprach.

Unter ökologischen Gesichtspunkten war die Landwirtschaft damals als sehr positiv zu bewerten. Gedüngt wurde zunächst mit der bei den eigenen Haustieren anfallenden Jauche (Gülle) und Stallmist, und, wenn nötig, je nach Fruchtart, mit Mineraldünger (Stickstoff, Phosphat, Kalk) ergänzt. Die Düngung war somit weitgehend ausgewogen, so dass kaum Schadstoffe in das Grundwasser gelangten.

Im Winter beschäftigte sich mein Vater mit der notwendigen Ersatzdüngung durch Mineraldünger. Da in diesen Monaten für ihn genügend Zeit zur Verfügung stand, errechnete er seine Erträge je Morgen (ha) und verglich diese mit denen des gräflichen Gutes oder der Nachbarn. Stolz stellte er stets fest, dass seine erwirtschafteten Erträge erheblich höher lagen als die der großen Bauern: ein Ergebnis des intensiven, aber ökologischen Landbaus.

Die jungen Landwirte erwarben, vorwiegend in Winterkursen, ihre Kenntnisse meistens auf den Landwirtschaftsschulen in Uelzen, Ebstorf und Celle. Bekannt war auf diesem Gebiet das Albrecht-Thaer-Seminar in Celle, benannt nach dem 1752 in Celle geborenen Albrecht Thaer. Er war der Begründer der wissenschaftlichen Landwirtschaft.

Monokulturen, wie zum Beispiel heute die Schweine- oder Rinderzucht oder nur Lege-Batterien für Hühner, alles auf engstem Raum, gab es damals nicht. So wurde der Natur auch weniger Schaden zugefügt! Das bedeutet, dass es landwirtschaftliche Betriebe, die früher als Erzeuger eine große ausgeglichene Produktpalette anboten, heute kaum noch gibt. Derartige Betriebe werden leider politisch auch nicht gefördert.

Morgens zwischen 6.00 und 7.00 Uhr wurde die frisch gemolkene Milch, soweit sie nicht im Haushalt Verwendung fand, in Kannen vor den Hofeingängen an die Straße gestellt, vom Milchwagen abgeholt und nach Rosche in die Molkerei zur weiteren Verarbeitung gebracht. Unsere Kannen-Nummer lautete 129. Die entrahmte Milch für die Verfütterung und, falls angefordert, die Buttermilch – im Sommer als Erfrischungsgetränk sehr geschätzt – wurde gegen Mittag wieder vor dem Hause abgestellt. Die Abrechnung der Molkerei erfolgte am Monatsende.

Die Hühnereier, die die Erzeuger zum Verkauf anboten, wurden im Ort zu einer Sammelstelle gebracht oder von dem vorfahrenden Kolonialwarenhändler Meyer eingesammelt. Ab Mitte der 30er Jahre mussten die zum Verkauf angebotenen Eier mit dem Legedatum abgestempelt werden. Diese Arbeit verrichtete ich. Die in den Haushalten gesammelten Eier wurden außerdem an einem festgelegten Tag wöchentlich von einem Großhändler abgeholt.

Jeden Freitag kam der Fischhändler mit seinem Pferdewagen vorgefahren und bot unter dem Motto: »Esst mehr Fisch und ihr bleibt gesund!« seine Ware an. Fische, insbesondere auch Heringe, waren für unsere Wochenendernährung eine Abwechslung und somit eine Bereicherung.

Schon die christliche Kirche förderte unter diesem Gesichtspunkt die Gesundheit ihrer Mitglieder, indem sie den fleischfreien Freitag einführte.

Ende der 20er Jahre hörte und las man viele Werbesprüche. In Erinnerung geblieben ist mir ein Werbespruch für Elektrogeräte: »Es ändert sich der Zeiten Lauf und nichts hält die Elektro-Küche auf«.

Zu erwähnen wäre noch, dass man jetzt die Butter günstig direkt aus der Molkerei in Rosche beziehen oder in den sogenannten Kolonialwarengeschäften kaufen konnte. Jahrelang vorher wurde bei uns gebuttert. Der Rahm auf der frisch gemolkenen Kuhmilch, der sich in flachen Gefäßen absetzte, wurde abgeschöpft, gesammelt und mit einem Stößel im Butterfass solange gestoßen, bis sich das Fett zusammengeballte. Der Rückstand, die Buttermilch, war insbesondere im Sommer auf dem Lande ein sehr beliebtes und gesundes Erfrischungsgetränk.

Fast alle Landwirte und Bauern unserer Gegend waren Mitglieder der Landwirtschaftlichen Genossenschaft Rosche. Dorthin verkaufte man normalerweise alle landwirtschaftlichen Produkte, die dann mit dem Lastwagen abgeholt wurden.

Der Landkreis Uelzen soll damals mit seiner so intensiven Landwirtschaft einer der ertragreichsten im Deutschen Reich gewesen sein. Das hatte seine Gründe. Bedingt durch die Eiszeit mit ihren großen Sandablagerungen gab es in vielen Gebieten der Lüneburger Heide sehr sandige Böden, die, insbesondere beim Getreideanbau, nicht ertragreich sind.

Bereits unter Karl dem Großen wurde zur Ertragssteigerung die Dreifelderwirtschaft eingeführt. Nach wechselnder Fruchtfolge folgte jeweils im dritten Jahr die Brache. In meiner Heimat wurde die Brache benutzt, den Wildwuchs teilweise durch den Anbau von Klee oder der Lupine als Gründünger und Stickstoffsammler zu ersetzen.

Nachdem es Justus Liebig (1803 – 1873) gelungen war, den Stickstoff aus der Luft zu gewinnen und somit die Einführung des Mineraldüngers zu ermöglichen, wurde im 19. Jahrhundert, auch im Zusammenhang mit dem Kartoffelanbau, die Dreifelderwirtschaft aufgegeben. Es lohnte jetzt, auf den leichten Böden neben Getreide auch Kartoffeln und Zuckerrüben anzubauen. Kartoffeln, auf leichten Böden gewachsen, sind geschmacklich ausgezeichnet. Nur durch den Mineraldünger konnte sich im Landkreis Uelzen der Kartoffelanbau so gut entwickeln.

*

An meinem Geburtstag 1935 las ich in unserer Heimatzeitung eine für mich sehr interessante Nachricht. An diesem Tag startete in Berlin das weltweit erste Fernsehprogramm. Die Bildzerlegung erfolgte mechanisch mit Hilfe der Nipkow-Scheibe. Die bis 1943 in Fernsehgeräten angewandte Nipkow-Scheibe wurde später durch eine bessere elektronische Bildzerlegung abgelöst.

Zu meinen Aufgaben zuhause gehörte grundsätzlich am Sonnabend das Schuheputzen für die ganze Familie sowie das Säubern und Harken von Hof und Vorgarten mit dem Streifen vor dem Zaun an der Straßenseite. Unser Haus machte an den Sonntagen stets einen gepflegten Eindruck.

Wenn ich nach einem langen Schulweg nachmittags nach Hause kam, wurde ich oft mit meinem Lieblingsessen von meiner Großmutter verwöhnt. Auf Wunsch meiner Großmutter las ich im Alter von zehn bis 16 Jahren im Winter nach dem Abendessen den »Abendsegen« aus einem Buch der evangelischen Kirche vor. Das Schlussgebet, das »Vaterunser« sprach meine Großmutter selbst. Mein Vater legte für diese Viertelstunde seine Zeitung aus der Hand und hörte, genau wie meine Mutter und mein Großvater, zu.

Um mein Taschengeld aufzubessern, brachte es mir Spaß, im Sommer in meiner Freizeit und in den Schulferien zum Bickbeerenpflücken in den Göddenstedter Forst des Grafen Grote zu gehen. Diese Früchte werden auch Heidel- oder Blaubeeren genannt. Der Graf gab für die Dauer der Erntezeit, etwa vier Wochen, Beerensammelscheine gegen eine geringe Gebühr aus. So konnte man seinen Wald unbehelligt betreten.

Es wurde davon in Göddenstedt und Umgebung viel Gebrauch gemacht. Am späten Nachmittag standen Aufkäufer mit Pferd und Wagen auf einem kleinen Platz im Walde am Wege nach Dallahn bereit, um die Ernte aufzukaufen. Weil ich meine Ware im Sammelkorb frei von Blättern und Reisig hielt, bekam ich meistens einige Pfennige mehr pro Pfund als die Erwachsenen. Ich schaffte höchstens 15 Pfund am Tag und hatte dadurch mein Taschengeld etwa um zwei Reichsmark aufgebessert. Manche Beerensammler ernteten pro Tag 40 bis 50 Pfund, das entspricht also 20 bis 25 kg. Heute mag man über den Lohn von zwei Reichsmark für eine Tagesarbeit lächeln. Aber im Vergleich dazu verkaufte ein Bauer einen Zentner Kartoffeln für 4,00 Reichsmark. Sieben Gläser Bier kosteten bei uns bei Tanzvergnügen in der Gastwirtschaft eine Reichsmark.

*

Die Kolonialwarenhandlung Walter Ritz in Rosche unternahm auch weiterhin mit ihrem inzwischen vergrößerten Fuhrunternehmen Ausflugsfahrten. Ein Lastwagen, normalerweise für den Transport von Düngemittel, Kartoffeln usw. vorgesehen, wurde für den Ausflugsverkehr mit Bänken bestückt und mit einer Plane als Regenschutz versehen. In Sichthöhe war der Ausblick durch das Fehlen der Plane gewährleistet. Mit einem Lastwagen dieser Ausstattung fuhren meine Mutter und ich im Sommer 1935 mit etwa 30 weiteren Mitreisenden, auf vier harten Bankreihen sitzend, morgens um 5.00 Uhr nach Berlin. Spät in der Nacht kehrten wir nach Rosche zurück. Den Weg nach Göddenstedt legten wir mit unseren Fahrrädern zurück.

In Berlin besuchten wir unter anderem die Pfaueninsel. Als Junge vom Lande begeisterten mich besonders die bunten balzenden Pfaue. Auf der Straße »Unter den Linden«, im Herzen Berlins, trank ich zum ersten Mal eine »Coca-Cola«.

Diese Art »Busreisen« wurden später aus Sicherheitsgründen nicht mehr gestattet.

*

Nicht nur mit dem Nachbarn Lehrer Heers, sondern auch mit anderen Dorfbewohnern wurden die akuten täglichen Fragen diskutiert. In Erinnerung sind mir die oft sonntags stattfindenden Kaffeebesuche der Brüder meines Vaters mit meinen Tanten. Es gab heftige politische Meinungsverschiedenheiten unter den Männern. Man unterhielt sich über Probleme in der Landwirtschaft, über die Verkaufspreise für die landwirtschaftlichen Produkte und über neue Gesetze und Verordnungen. Letztere spielten in der Unterhaltung die größte Rolle, da nach 1933 auf vielen Gebieten neue

Gesetze erlassen und in den Tageszeitungen kommentiert wurden. Es gab Kritik an den Kirchen, die in ihrem Verhalten nicht immer der Zustimmung ihrer Mitglieder gewiss sein konnten. Verschiedene Glaubensrichtungen machten von sich reden.

Gesprochen wurde über Bekannte, die allen Neuerungen in der Politik und der Wirtschaft in Verbindung mit der neuen Weltanschauung völlig unkritisch gegenüber standen. Sie wurden als »150%ige« Verfechter der neuen Ideen angesehen. Sie schossen in ihrem Auftreten manches Mal weit über das Ziel hinaus, was zum möglichen Nachteil anderer Mitbürger führte. Andere Leute sahen wiederum nur die negativen Auswirkungen der gegenwärtigen Politik und der neuen Ideenwelt und verfielen in extreme Handlungsweisen, wie die Verbreitung falscher Anschuldigungen. Für die Diskussionsrunden in unserem Haus war die Politik ein unerschöpfliches Thema. Die Quintessenz war: Extreme Einstellungen zu den verschiedenen Weltanschauungen und Lebensfragen in entgegengesetzten Richtungen gab es stets und wird es auch immer geben. Man muss Kompromisse finden, wenn man friedlich zusammen leben will.

Viele Gespräche drehten sich um die 20er Jahre, man sprach von den sogenannten »Goldenen zwanziger Jahren«, und manch einer sehnte sich zurück.

Nach der deprimierenden Inflation setzte 1924 bei der Einführung der Reichsmark eine Marktstabilisierung ein und die wirtschaftliche Lage im Deutschen Reich besserte sich. Die Reichsmark hatte eine feste Bindung an das Gold (eine Reichsmark = 1/2790 Kilo Feingold) und konnte jederzeit in Gold oder Devisen eingetauscht werden. Wahrscheinlich resultiert hieraus, in Verbindung mit dem Wohlstand nach der überwundenen Inflation mit ihren Hungerperioden und der wirtschaftlichen Unsicherheit, die oben angeführte Zeitbenennung. Die neue Währung konnte man damals in Gold aufwiegen.

Außerdem sah die Bevölkerung in Deutschland, aufgrund des zur Friedenspolitik verpflichtenden Kellog-Paktes aus dem Jahre 1928, einen günstigen Weg in eine bessere Zukunft. Das gesellschaftliche Leben und die Vergnügungsindustrie blühten auf und neue Formen der Massengeselligkeit wurden gepflegt.

Allerdings hatte die deutsche Reichsregierung 1924 die hohen Reparationsleistungen als Folge des Versailler Vertrages, die im Dawes-Plan festgelegt waren, anerkannt.

Die Unmöglichkeit der Zahlungsleistungen wurde zunächst verschleiert, da große Auslandsanleihen ins Land flossen. Die Ablösung durch den Young-Plan, der Zahlungsleistungen bis 1988 vorsah und am 11. März 1930 vom Reichstag angenommen wurde, ging weit über die Leistungsfähigkeit der deutschen Wirtschaft hinaus. Auf der Basis von verschiedenen gesellschaftlichen Gruppen und rechten Parteien baute sich ein Widerstand gegen diese Erfüllungspolitik aus den angeführten Verträgen auf.

Inzwischen hatten die ersten Folgen der Weltwirtschaftskrise infolge der Kursstürze an der New Yorker Börse vom 24. Oktober 1929, dem sogenannten »Schwarzen Freitag«, ihre Auswirkungen auf die leichtfertige Finanzpolitik der letzten Regierungen nicht verfehlt. Die Rückzahlungsregelung für die Auslandsanleihen der Weimarer Republik erfolgte erst im Februar 1953 im Londoner Schuldenabkommen. Sie besagt, dass die Rückzahlungen, einschließlich Zinsen ab 1945, erst im Falle einer deutschen Wiedervereinigung fällig werden sollten. Die noch auf den internationalen Anleihe-Märkten vorhandenen Papiere fielen 1945 den Russen in die Hände, die sie dann wieder auf den Markt warfen. Umgewandelt in Schuldverschreibungen in einer Größenordnung von über 15 Milliarden DM, wird die Bundesrepublik heute daran noch jahrelang zahlen müssen.*)

Am 27. März 1930 trat der sozialdemokratische Reichskanzler Hermann Müller von seinem Amt zurück. Der damit verbundene Zusammenbruch der Regierungskoalition hatte eine große Bedeutung für die weitere Entwicklung der Weimarer Republik. Sie war zahlungsunfähig geworden, da die zu leistenden Reparationen die Leistungsfähigkeit der deutschen Wirtschaft überstiegen. Der deutschen Volkswirtschaft kam im Juni 1931 das Hoover-Moratorium zu Hilfe, so dass schließlich die deutschen Reparationsleistungen gestrichen wurden.

Als Spätfolge der verfehlten Wirtschaftspolitik von Hermann Müller muss der Griff auf die Notverordnungen durch Heinrich Brüning von der Zentrumspartei gesehen werden. Brüning stützte sich hierbei auf die Diktaturverordnung Art. 48 Abs. 2 der Weimarer Reichsverfassung, die bis zum 24. März 1933, nachdem unter Hitler das Ermächtigungsgesetz in Kraft trat, Gültigkeit hatte.

---

*) »Vertrauliche Mitteilungen«, Verlag Arbeit und Wirtschaft, Büsingen

Die Auswirkungen der Weltwirtschaftskrise Ende der 20er Jahre führten auch zu einer schweren Agrarkrise. Als Folge daraus entstand in Deutschland eine Massenarbeitslosigkeit mit erheblichen wirtschaftlichen Problemen. Im Zuge dieser Krise wurde im Juli 1931 die Umtauschmöglichkeit der Reichsmark in Gold wieder aufgehoben.

Nicht nur in den Großstädten traten in diesen Jahren der Arbeitslosigkeit große Probleme auf, sondern auch auf dem Lande. Viele Bauern und Landwirte gerieten in wirtschaftliche Schwierigkeiten. Der Absatz landwirtschaftlicher Produkte ging zurück. Wegen der hohen Reparationsleistungen an die Sieger des Ersten Weltkrieges in Verbindung mit der geschilderten Illusion des vermeintlichen Aufschwungs lebten viele Bürger »auf Pump« und konnten sich nicht rechtzeitig umstellen.

So lebten auch viele Bauern mit hohen Krediten, die ihnen oft aus undurchsichtigen Quellen zur Verfügung gestellt worden waren. Immer wieder kreuzten »Agenten« auf, die den Bauern »günstige« Kreditmöglichkeiten anboten, wenn die Sparkasse, auf dem Lande fast die einzige Kreditquelle, keine Kontoüberziehungen mehr zuließ.

Um wertvolle Grundstücke für neue Siedlungen mit den zugehörigen Infrastrukturmaßnahmen in den Stadtrandgebieten zu gewinnen, wurden besondere Methoden angewandt, die die Bauern in diesen Gegenden oft in den Konkurs trieben. Man sprach dann von »dee Buurnleegen«, »dem Bauernlegen«. Auch in der zeitgenössischen Literatur über Norddeutschland wird über diese Zustände berichtet.

Bekannt war, dass die Agenten teilweise aus Instituten kamen, die von Nichtjuden, aber meistens von Juden geführt wurden. Beim kleinsten Zahlungsverzug wurden oft, bei einem ohnehin hohen Zinssatz, die Bedingungen so hochgeschraubt, dass der Hof »unter den Hammer« kam, also zwangsversteigert werden mußte.

Es entwickelte sich eine Abneigung gegen die Juden. Man diskutierte auch darüber, ob denn die »de Wietjudn«, die »Weißen Juden« (Nichtjuden bei gleichen Geschäften), besser seien als die Juden, da sie den gleichen Verlust brachten.

Aus nachdenklichen Gesprächen meines Vaters mit Herrn Heers entnahm ich, dass nicht nur die Bauern mit jüdischen Mitbürgern Probleme hatten, sondern auch unter Wissenschaftlern seit Jahren teilweise Unfrieden herrschte, so dass bekannte jüdische Wissenschaftler auswanderten.

Als »Weißer Jude« galt unter den Wissenschaftlern in den 20er Jahren auch der Physiker und Nobelpreisträger Max Planck, der der Präsident der Kaiser-Wilhelm-Gesellschaft war und verhindern wollte, dass Juden auswanderten. Seit 1920 entwickelte sich unter den Wissenschaftlern in Deutschland bei den »üblichen Rivalitäten und Intrigen unter Akademikern« eine »wilde antisemitische Hetze gegen Einstein«. Albert Einstein war Leiter des Kaiser-Wilhelm-Institutes für Physik in Berlin und erhielt 1921 den Nobelpreis. Max Planck, der die Intrigen seiner Kollegen mit ansehen musste, versuchte, als die Auseinandersetzungen auf dem Höhepunkt waren, in seinem Schreiben vom 7. Juli 1922 an Max von Laue, ebenfalls Nobelpreisträger, die Streitigkeiten beizulegen. Max Planck wollte verhindern, dass Einstein Deutschland für immer verlässt. Dieses Schreiben wird im Laue-Nachlass im Deutschen Museum in München aufbewahrt.

Einstein kam aus Leiden in den Niederlanden nach Deutschland zurück. Ab Ende 1932 weilte er in Kalifornien. Nachdem Hindenburg im Januar 1933 Adolf Hitler als Reichskanzler eingesetzt hatte, kehrte Einstein nicht mehr nach Deutschland zurück.

Einstein hegte eine große Sympathie für den Kommunismus und versuchte, seine physikalische Relativitätstheorie auch auf weltanschauliche Zusammenhänge zu übertragen. Damit stieß er in Kreisen der Wissenschaftler auf schärfste Ablehnung. Die einen wollten die Weltrevolution nach dem Motto: »Alle Menschen sind gleich« in einer »Zwei-Klassen-Gesellschaft«, wie in der Sowjetunion. Dem gegenüber wollten die anderen »Nationalstaaten, in denen jeder die Möglichkeit hat, entsprechend seiner Vererbung, Mentalität und Begabung oder seinem Charakter, sein Leben auf Dauer individuell selbst gestalten zu können«.

Albert Einstein hätte in der Zwei-Klassen-Gesellschaft sicherlich den Anspruch auf die höhere Klasse gehabt.

Die Juden befolgen besondere Speisegesetze und Gebräuche, die teilweise aus der Zeit der 40-jährigen Wüstendurchquerung beim Auszug aus Ägypten um 1225 v. Chr. stammen. Dazu zählt das Verbot, Fleisch vom Schwein zu essen. Verbunden mit anderen Riten, sprach man volkstümlich oft von einer anderen Rasse und glaubte, diese an einer leicht gebogenen Nase erkennen zu können. Ob nun »Andersartige« oder nicht – wie weit hier der Verdacht eines Anti- oder Philo-Semitismus mitschwang oder nicht, war schwer zu ergründen, berichteten Zeitgenossen.

Dem Judentum kritisch gegenüber standen sowohl Immanuel Kant als auch Johann Gottfried Herder.

Auch Karl Marx war Jude. Sein Vater konvertierte jedoch zum katholischen Glauben, um in Trier eine Anwaltspraxis eröffnen zu können. Heinrich Heine konvertierte zum evangelischen Glauben. Er plante ursprünglich, sich eine bürgerliche Existenz als Universitätsprofessor aufzubauen, die ihm als Jude seit dem Wiener Kongress 1915 versperrt war. Als Dichter wurde er im Dritten Reich nicht sehr geschätzt, zumal er vorübergehend mit Karl Marx befreundet war. Er lebte später in Paris.

Mitglieder der Komponisten-Dynastie Mendelssohn sind im 19. Jahrhundert zum Christentum übergetreten. Es soll deswegen Auseinandersetzungen gegeben haben. Durch das Konvertieren konnten ihre Kompositionen auch zur Erneuerung der protestantischen Kirchenmusik beitragen, die Arnold Mendelssohn besonders in Darmstadt förderte. Er war der Großneffe von Felix Mendelssohn-Bartholdy, der seit 1835 das Gewandhaus in Leipzig leitete und bekannt wurde durch die berühmte Sommernachtstraum-Ouvertüre.

Durch diese Art des Konvertierens, entsprechend den besseren wirtschaftlichen Möglichkeiten entweder zum Judentum oder zum Christentum, entstanden in der Bevölkerung Irritationen, und diese wurden insbesondere durch die Wochenzeitung »Der Stürmer« noch gefördert. Es war allgemein bekannt, dass sowohl bei den Banken als auch in der Wirtschaft und der Politik sowie in den freien Berufen viele Juden einflussreiche Positionen inne hatten. Von rund 4000 Rechtsanwälten in Berlin sollen 75% Juden gewesen sein. 1933 betrug der Anteil der Juden an der Gesamtbevölkerung Deutschlands 0,8%, etwa 510.000 Personen.

Während noch 1910 weit über 610.000 Juden in Deutschland lebten, waren es 1939 nur noch etwa 250.000. Im Vergleich zu heute: Christen 85%, davon katholisch 43% und protestantisch 42%, Moslems 3%, Juden 0,09%, ca. 90.000, Tendenz steigend.

Als nach der früheren Notverordnungsgesetzgebung die neue Reichsregierung im März 1933 zum alleinigen Gesetzgeber erhoben wurde, war sie in der Lage, kurzfristig neue Gesetze zu erlassen, um der Wirtschaft zum Aufschwung zu verhelfen.

Ein Aufatmen der Landwirte, aber auch ein gewisser Neid von Seiten der gut wirtschaftenden Bauern, trat ein, als nach dem Umschuldungsgesetz vom 21. September 1933 vorhandene, kurzfristige, hochverzinsliche Kredite in günstige, langfristige Verbindlichkeiten umgewandelt wurden, um eine gesunde, bodenständige Landwirtschaft zu erhalten und die Gemeinden zu entlasten. Damit sollte ferner der in diesen Jahren beginnenden Landflucht entgegengewirkt werden. Dies war auch Thema meiner späteren Abiturarbeit »Die Landflucht«.

Das Beamtengesetz von 1933 sollte die Juden vom öffentlichen Dienst ausschalten. Es wurde durch die Nürnberger »Rasse«-Gesetze aus dem Jahr 1935 verschärft, die verhindern sollten, dass sich die Juden weiterhin zu geistigen und politischen Führern des deutschen Volkes entwickelten und Wirtschaft, Presse und Kultur beherrschten.

Mitte 1933 organisierte Julius Streicher mit seiner Wochenzeitschrift »Der Stürmer« einen allgemeinen Boykott gegen jüdische Geschäfte. In Polen wurde das jüdische Volk aufgerufen, sich beim Kauf deutscher Waren zurückzuhalten.

Bereits am 24. März 1933 erschien die Londoner Zeitung »Daily Express« mit der Schlagzeile auf der Titelseite: »JUDEA DECLARES WAR ON GERMANY« – »Das israelische Volk der ganzen Welt erklärt Deutschland wirtschaftlich und finanziell den Krieg. ... Vierzehn Millionen Juden stehen wie ein Mann zusammen, ... in einem heiligen Krieg gegen die Leute Hitlers ...«.

Diese weltweite Erklärung war möglicherweise eine Reaktion auf die vielen Straßenkämpfe in den vergangenen zwölf Monaten, den Passagen in Hitlers Buch »Mein Kampf«, oder auf die seit 1923 von Julius Streicher herausgegebenen Kampfzeitschrift »Der Stürmer«.

Der »Reichsbund jüdischer Frontsoldaten« in Berlin richtete auf Grund des genannten Artikels im Daily Express noch am gleichen Tag eine Note an die Botschaft der USA in Berlin, in der es u.a. heißt: »... Es ist aber unseres Ermessens nach an der Zeit, von der unverantwortlichen Hetze abzurücken, die von sogenannten jüdischen Intellektuellen im Ausland gegen Deutschland unternommen wird ...«

Rückblickend kann man erkennen, dass in dieser Zeit, auch infolge der Auswirkungen des Deutschland 1919 diktierten Versailler Vertrages, die psychopolitischen Grundlagen für die Entwicklung eines neuen Zeitabschnittes in Deutschland und Europa geschaffen wurden.

*

Es war anders gekommen, als ich es aus den Gesprächen im November 1932 zwischen meinem Vater und unserem Nachbarn hätte erwarten können. Nach der Reichstagsbrandstiftung im Februar 1933, die mit van der Lubbe den Kommunisten angelastet worden war, wurde deren Partei verboten. Außerdem ging man davon aus, dass der Kommunismus weltweit unter jüdischer Leitung stand.

Eine psychologisch bedingte unterschwellige Judenfeindlichkeit war in der christlichen Bevölkerung auch schon dadurch gegeben, das der Jüdische Rat in Jerusalem seinerzeit Jesus als Sektierer zum Tode verurteilt hatte. Auf Grund mehrfachen Bittens des Rates genehmigte der römische Prokurator Pilatus, dass Jesus Christus nicht gesteinigt, sondern zusammen mit anderen Verbrechern, aufgrund eines Gerichtsbeschlusses, von Soldaten der Besatzungsmacht gekreuzigt wurde. Über Jahrhunderte wird in den christlichen Kirchen von den Kanzeln darauf hingewiesen.

Wer sind die Juden, von denen sich Nichtjuden oft benachteiligt fühlten?

Das Judentum ist eine treue Nachbildung der Gesetzgebung durch Moses (um 1225 v. Chr.) und der sich daraus entwickelten Lebensart. Moses ist der Begründer der Jahwe-Religion. Auf dem 40-jährigen Wüstenzug aus Ägypten versammelte Moses sein auswanderndes Volks am Berg Sinai und verkündigte ihnen die ihm von Gott Jahwe offenbarten Gesetze, bekannt als die »Zehn Gebote«. So gab er dem wandernden Volk auf ihrer Reise ins »Gelobte Land« einen inneren und moralischen Halt.

Nach der Rückkehr aus der Babylonischen Gefangenschaft (537 v. Chr.) bauten die Juden, im Kampf gegen die inzwischen dort heimisch gewordenen Völker, eine neue jüdische Volksgemeinschaft in Palästina auf. Zweihundert Jahre später begann eine jahrhundertelange kulturelle Auseinandersetzung mit anderen Völkern in diesem Raum und mit dem Hellenismus. Nach der Zerstörung Jerusalems im Jahre 70 n. Chr. durch den Römer Titus, später römischer Kaiser, hörten die Juden auf, ein selbständiges Volk zu sein und führten ein Leben in der Zerstreuung über die damals bekannte Welt. Das Judentum entwickelte sich als eine sozialreligiöse Einheit, die kein biologisches Fundament bildet. Die Bezeichnung »Semiten« ist als ein sprachwissenschaftlicher Begriff anzusehen.

Im Mittelalter waren die Juden stets ein fremdes, überall heimisches, unterdrücktes, verfolgtes, verbanntes, immer von Neuem auftauchendes

Volk, das gerade durch das gemeinsame Leid einen großen Zusammenhalt entwickelte. Ständig an das Leben unter fremden Völkern gewöhnt, konzentrierten die Juden ihren Lebensunterhalt vorwiegend auf Handel und Geldgeschäfte, zumal es den Christen verboten war, durch Zinsgeschäfte Gewinne zu machen, abgeleitet aus dem Bibelwort Matthäus 6,24 »... Ihr könnt nicht Gott dienen und zugleich dem Mammon«. Als Jude konnte man aus Geldgeschäften genügend Kapital ansammeln und hatte somit die Möglichkeit, Bildung zu erwerben. Sie konzentrierte sich meist auf bestimmte Berufe. Die Ausübung der Handwerksberufe war den Juden teilweise verboten, so dass sie sich auf das »Verteilen von Geld« konzentrieren konnten.

Durch ihren Zusammenhalt und die gegenseitige Hilfe bei entsprechenden Beziehungen erreichten viele Juden hohe Positionen in Wirtschaft und Politik.

Die Juden leben heute nach wie vor über Länder zerstreut als eine Volks- und Religionsgemeinschaft in einer sozialreligiösen Einheit. Sie fühlen sich, unter Beachtung der peinlich genauen Erfüllung der vorgegebenen Riten und Gesetze, als das von Gott Jahwe auserwählte Volk, als sein Eigentum. Die säkularisierten Juden haben sich allerdings den weltlichen Gegebenheiten weitgehend angepasst.

Da das Judentum infolge seiner geschichtlichen Entwicklung auf das Alte Testament aufbaut und die jüdischen Überlieferungen im Talmud gesammelt sind, wird den Juden oft die spitzfindige Passage im 1. Buch Samuel 22,27 des Alten Testamentes vorgehalten: »Du sollst rein sein gegen Reine und verkehrt gegen Verkehrte.« Danach soll es ihnen erlaubt sein, einen Nichtjuden zu betrügen oder zu übervorteilen. Allerdings hat man sich von diesen und vielen ähnlichen talmudistischen Vorschriften formal losgesagt.

Durch ihre Religion ist die Einheit und der Bestand der weltweiten Gemeinschaft der Juden über alle Grenzen hinaus gewährleistet.

Propagandistisch sprach man stets von der jüdischen »Rasse« oder von den Nicht-Ariern, gelenkt durch die Wochenzeitung »Der Stürmer«. Diese Zeitung kommentierte wöchentlich Passagen aus dem Talmud in der oben angedeuteten Art und Weise. An jedem Zeitungsstand lag diese Wochenzeitschrift zum Verkauf aus und beeinflusste sicherlich manchen Leser. Dieses Hetzblatt zu lesen untersagte mir mein Vater. In der Hitler-Jugend wurde das Blatt nie erwähnt. –

Nachdem die Juden 1948 endlich ihren eigenen Staat wieder zugewiesen bekommen hatten und die ersten Unruhen dort abgeklungen waren, wollten meine Frau und ich erfahren, wie die Menschen dort mit ihrem Schicksal fertig wurden, wie sie sich zum Christentum stellten und welche frühchristlichen Sehenswürdigkeiten in dem Land noch vorhanden waren. Wir buchten im März 1963 über ein Reisebüro eine Mittelmeerkreuzfahrt mit einem mehrtägigen Aufenthalt in Israel.

Damals landeten erstmals zwei Schiffe mit einigen Deutschen an Bord in Israel, mehr als 90% der Urlauber waren Amerikaner. Wir gehörten somit zu den ersten 120 Deutschen, die das neue Israel als Urlauber besuchten. Als Deutsche wurden wir überall herzlich und mit größerer Sympathie empfangen, als man sie den Engländern als früherer Besatzungsmacht entgegenbrachte. Wir entnahmen es aus den Äußerungen der einheimischen, teilweise deutsch sprechenden Bevölkerung.

Auf den Busfahrten durch Israel wurden wir auf die im Bau befindlichen Bewässerungs- und Kultivierungsmaßnahmen aufmerksam gemacht. Die erforderliche Finanzierung in mehrfacher fünfstelliger Millionenhöhe erfolgte, wie uns mitgeteilt wurde, durch die Bundesrepublik Deutschland.

Vor der Abreise besuchten wir auf der Ditzengoff-Straße(-Street) in Tel Aviv ein Andenkengeschäft. Wir suchten uns drei Andenken aus. Beim Bezahlen fehlten uns etwa 20,00 Mark an Devisen. Die Deutsche Mark kannte man noch nicht und sie war daher für das Geschäft wertlos. Wir durften keines der ausgesuchten Teile zurückgeben. Alles wurde eingepackt mit der Bemerkung: »Den Rest bezahlen Sie bitte, wenn Sie uns das nächste Mal besuchen!«

Auch brauchten wir als Deutsche am Strand von Jaffa keine Gebühren für die Strandliegen und den Sonnenschirm zu zahlen.

Wir hatten noch ähnliche Erlebnisse, die zu schildern in diesem Rahmen zu weit führen würde. Ich filmte auf dieser Reise mit einer Kamera, die man noch per Handkurbel zum Spannen der Antriebsfeder aufziehen musste.

*

Auf der Goldenen Hochzeitsfeier meiner Eltern im Jahre 1969 habe ich den Israel-Film, projektiert auf eine Leinwand, den Gästen vorgeführt. Die

Feier fand in der Gastwirtschaft meines Vetter Wilhelm in Teyendorf statt.

*

Ein kleines schwarzes Käppchen, erforderlich beim Besuch einer Synagoge, habe ich für meinen nächsten Besuch dort noch aufbewahrt.

Im März 1965, also zwei Jahre nach unserem Israelbesuch, wurden zwischen Deutschland und Israel diplomatische Beziehungen aufgenommen. Bereits im September 1952 wurde ein Wiedergutmachungsabkommen mit Israel abgeschlossen. Daraufhin brachen einige arabische Staaten die diplomatischen Beziehungen zu Deutschland ab. Meine Frau Edith ist Anfang 1972 infolge einer Krebserkrankung verstorben.

*

Vorgreifend möchte ich berichten, dass ich am 1. Oktober 1975 wieder geheiratet habe. Ich heiratete die selbständige Augenoptikermeisterin Traude Kießig, geb. Wittig aus Neumünster in Holstein. Den Augenoptiker-Betrieb gründete ihr Vater, Hermann Wittig, 1924. Ihre zwei erwachsenen Töchter, Sabine und Karina, vergrößerten unsere Familie.

Bei einem zweiten Besuch in Israel, im April 1999 mit meiner Frau Traude, konnte ich meine Schulden in Tel Aviv leider nicht begleichen. Die örtlichen Verhältnisse hatten sich in vieler Hinsicht verändert; das Andenkengeschäft existierte nicht mehr.

*

Infolge der positiven wirtschaftlichen Entwicklung erhoffte sich die deutsche Bevölkerung 1935, in Anlehnung an die Entwicklung zehn Jahre zuvor, als die Bindung der Reichsmark am Gold eingeführt wurde, stabile Preise. Der Ansatz zur Stabilität war dadurch gegeben, dass Gewerkschaften und Arbeitgeberverbände nicht mehr gegeneinander mit Streikdrohungen Lohnpolitik machten, sondern in einem Einheitsverband der Arbeitgeber und Arbeitnehmer aller »schaffenden Deutschen«, der Deutschen Arbeitsfront (DAF), zusammengefasst wurden. Die DAF setzte die Löhne und Gehälter fest, die weitgehend stabil blieben.

Somit brauchten weder die produzierenden Unternehmen noch die Arbeitnehmervertretungen (Gewerkschaften) hohe Rücklagen zu bilden, um Streikphasen finanziell überstehen zu können. Diese Gelder flossen somit direkt in die Wirtschaft und kurbelten sie an.

Die Produktivitätssteigerungen wirkten sich über Monate und Jahre in sinkenden Preisen, bei gleichen Produkten und Qualitäten, aus. Zum Beispiel war unser 1934 gekauftes Radio 1935 fast 20% billiger. Somit stieg auch der Kaufwert eines Sparguthabens automatisch, entsprechend der Produktivitätssteigerung bei weitgehend konstanten Löhnen und Gehältern: »Stabiles Geld ist die sozialste Form der Verteilungspolitik!«

Von dem Grundsatz »Gemeinnutz geht vor Eigennutz« ausgehend, machte die damalige Wirtschaftspolitik von der Preisbindung Gebrauch. Diese betraf die im Sinne des Volksganzen als notwendig erachteten lebenswichtigen Güter, wie unter anderem auch die landwirtschaftlichen Erzeugnisse. Ansonsten galt weiterhin die freie Marktwirtschaft. Die Produkthersteller hatten die Möglichkeit, die Verkaufspreise für ihre Produkte einheitlich für alle Verkaufsstellen festzulegen. Man nannte es die Preisbindung der zweiten Hand.

Durch die sich hierdurch stabilisierende Wirtschaft ergaben sich, insbesondere für den Mittelstand, Vorteile. Dieses Gesetz der Preisbindung hat bis heute bei Verlagserzeugnissen (Buchhandel) und für Arzneimittel (Apotheken) noch weitgehend seine Gültigkeit und damit sind mittelständige Betriebe auch heute noch existensfähig.

Zur Förderung des Mittelstandes trug auch das im November 1933 erlassene (Barzahlungs-)Rabattgesetz für den Einzelhandel bei. Warenhäusern und Einheitspreisgeschäften waren derartige Nachlässe untersagt. Diese Regelung zeigte sich sehr zum Vorteil des kleinen Einzelhandels. Das Gesetz galt bis zum Jahr 2001.

Diese angeführten gesetzlichen Maßnahmen haben noch nach dem Krieg zum schnellen wirtschaftlichen Aufschwung beigetragen. Sie wurden jedoch nach und nach fast vollständig außer Kraft gesetzt; oft zum Nachteil der kleineren Einzelhandelsbetriebe.

*

Unter den Beratern Adolf Hitlers gab es nicht nur, wie es auch heute noch der Fall ist, ideologisch vernarrte Fanatiker, sondern auch viele Fachleute, die die Entwicklungen voraussahen. Es lagen bei ihnen schon fertig durchdachte Projekte insbesondere für die Verbesserung der jahrelang vernachlässigten Infrastruktur bereit, es fehlten aber bisher das Geld und der politische Wille. Als Fachmann stand der damalige Generalinspekteur für das Straßenwesen, Dr. Ing. Todt, zur Verfügung. Für das Arbeitsbeschaffungsprogramm wurde ein überregionales Straßensystem nur für Kraftfahrzeuge geplant, genannt »Autobahn«. Eine Versuchsstrecke war schon Mitte der 20er Jahre zwischen Köln und Bonn geplant und 1932 in Betrieb genommen worden. Der Bau der Autobahnen wurde, wegen der Arbeitsbeschaffung, ein besonderes Anliegen Hitlers; daher wurden die Autobahnen auch »Straßen Adolf Hitlers« oder »Straßen des Führers« genannt. Die Linienführung der Autobahnen hatte weitgehend die Anpassung an die Landschaft zu berücksichtigen.

Auf der im Sommer 1935 mit meiner Mutter beschriebenen Tagesreise sahen wir in der Nähe von Berlin viele Baustellen. Die Bauarbeiten waren hier mit Hochdruck angelaufen, parallel auch die Arbeiten an der Strecke Hamburg – Lübeck. Viele Menschen zeigten sich derartig großen Baumaßnahmen gegenüber, die aber wichtig für die Infrastruktur waren, verständnislos. Soweit ich mich an Gespräche bei uns auf dem Dorf erinnere, hieß es etwa so: »Der Hitler ist ja wahnsinnig« oder »... alles Vorbereitungen für einen Krieg, um das Versailler Diktat und die Gewalttaten der französischen Armee bei der Besetzung des Ruhrgebietes zu rächen.«

Diese Arbeitsbeschaffungsmaßnahmen, in Verbindung mit anderen Maßnahmen zur Förderung der Wirtschaft wie Forschung, Aufbau der Wehrmacht, Infrastruktur usw., führten dazu, dass sich die Zahl der Arbeitslosen innerhalb von drei Jahren um mehr als fünf Millionen verringerte. Beim Autobahnbau waren zu dieser Zeit rund 230.000 Menschen beschäftigt.

*

Apropos Hitlers Wahnsinn! Als ich am 10. Oktober 1996 auf der Fahrt nach Haldensleben an der Autobahn Hannover – Berlin auf der Raststätte Zweidorfer Holz eine Pause einlegte, hatte ich Zeit für eine Rückbesinnung. Ich schaute mir die Landschaft an und konnte den Ausruf »Super-

Wahnsinn« nur mit Mühe unterdrücken. Die Landschaft in diesem Bereich wurde, soweit man sehen konnte, total umgestaltet, während sich der Verkehr in beiden Richtungen zweispurig mit PKW und LKW im Schneckentempo über die Baustellen schob, wohl zigtausende Fahrzeuge pro Tag. Die ganze Autobahnstrecke östlich Hannover bis Marienborn war eine riesig große Baustelle – unübersehbar! Brücken, nicht älter als zwölf bis 15 Jahre, müssen abgerissen werden und dem sechsspurigen Ausbau weichen. Fahrspuren sind laufend mit dem größten Aufwand für den anfallenden Ost-West-Massenverkehr zu verlegen. Neue Brücken werden gebaut, Dämme für neue Fahrbahnen aufgeschüttet, aufgestelzte Fahrbahnen über sumpfige Niederungen erstellt, ganze Raststätten verlegt, und das alles unter dem Zwang eines ungeheuren Zeitdrucks. Diese Ost-West-Verbindung in Mitteleuropa, Ruhrgebiet – Hannover – Berlin, war im Industriezeitalter immer schon eine sehr stark frequentierte Handelsstraße. An einen kontinuierlichen Ausbau hatte man in den vergangenen Jahrzehnten nicht gedacht – oder nicht denken wollen. Oder hatte man geglaubt, den Fortgang der Geschichte in Europa mit einem »Status quo« anhalten zu können? Das wäre ein Novum gewesen. War man wirklich der Meinung, dass man die über Jahrhunderte gewachsene Kultur eines Volkes mit einheitlicher Sprache und Vergangenheit und einer geschichtlich gewachsenen Großstadt wie Berlin in einem hochkultivierten Erdteil mit Bajonetten, Gewehren und Panzern für immer teilen und hermetisch voneinander abschließen könnte?

Diese herrschenden verbohrten Ideologen hatten sicherlich von Geschichte wenig Ahnung. Selbst Lenin sah als Ausgangsbasis für die Weltrevolution des Kommunismus nur das ganze Berlin und das ganze Deutschland als realistisch an!

Wie sagte doch Gorbatschow 1985 in Paris? »Ich denke, dass es in der gegenwärtigen Situation besonders wichtig ist, die ideologischen Differenzen nicht wie mittelalterliche Fanatiker auf die zwischenstaatlichen Beziehungen zu übertragen.«

Der Bundeskanzler Helmut Kohl hat diesen Fingerzeig genutzt und im Juli 1990 im Kaukasus, in Übereinstimmung mit dem sowjetischen Staatspräsidenten Michail Gorbatschow, den »mittelalterlichen« ideologischen Weltrevolutionsplänen eines Lenin und dem angeblichen wissenschaftlich fundierten Marxismus-Leninismus »Adieu« gesagt. Somit war der schizophrene Zustand in Europa beendet.

Auf die diplomatischen Aktivitäten im Hintergrund will ich nicht näher eingehen. Die Geschichte nimmt wieder ihren Lauf, und das Ende des Kalten Krieges, eines Ost-West-Konfliktes mit dem wirtschaftlichen und diplomatischen Hintergrund einer nicht militärisch geführten Auseinandersetzung, war hiermit eingeleitet – und die sozialen Probleme führten 1990 zum Zerfall der Sowjetunion.

*

Nachdem Hitler am 16. März 1935 im Deutschen Reich die allgemeine Wehrpflicht wieder eingeführt hatte, wurde das bisher schutzlose, laut Versailler Vertrag entmilitarisierte Rheinland von deutschen Soldaten besetzt. 1923 okkupierten französische Truppen das Ruhrgebiet und nahmen Betriebe ein, um Reparationszahlungen zu erzwingen. Die Volksabstimmung vom 29. März 1936 ergab dann eine 99%ige Zustimmung für die Politik Hitlers.

Zur Zeit der französischen Besatzung übersiedelten viele Ingenieure und Chemiker vom Rheinland nach Leuna an der Saale, um dort neue Betriebe und Forschungsstätten aufzubauen.

Am 1. April 1936 legte Adolf Hitler, mit einem weltweiten politischen Echo, den deutschen Friedensplan vor, der durch den Botschafter von Ribbentrop der britischen Regierung in London überreicht wurde.[*)] Dieser Friedensplan beinhaltete ein Westeuropäisches Sicherheitsabkommen und ist angelehnt an die Prinzipien des 14 Punkteprogramms des amerikanischen Präsidenten Wilson vom Januar 1918.

Der Plan wird jedoch von den Nachbarn Deutschlands abgelehnt.

*

Ostern 1936 legten Adolf Meyer, Kurt Lehmann und ich entsprechend der Empfehlung unserer Mittelschule eine Aufnahmeprüfung für das Realgymnasium für die Untersekunda ab. Die neue Schulklasse bestand aus 24 Schülern.

---

*) Gerd Rühle: »Das Dritte Reich«, Band VI, Seite 118 – 122 , Hummel-Verlag

Für mich als auswärtigen Schüler betrug das Schulgeld jetzt 40,00 Reichsmark im Monat. Die Uelzener zahlten 30,00 Reichsmark. Für sehr begabte Schüler, deren Eltern das Schulgeld nicht aufbringen konnten, war der Besuch der Schule schulgeldfrei; sie erhielten eine Freistelle. In unserer Klasse gab es zwei Freischüler, einer davon war mein Freund Schünemeyer.

*

Die Olympiade 1936 hatte für das Deutsche Reich und für die Jugend eine ganz besondere Bedeutung. Nachdem im Frühjahr die olympischen Winterspiele in Garmisch-Partenkirchen beendet waren, konzentrierten sich der Sport und die Propaganda verstärkt auf die Sommerspiele in Berlin. Die Welt schaute auf Berlin und wir junge Menschen waren sportbegeistert, angeregt durch die Schule und die Organisationen der Hitler-Jugend. Die Zeitungen berichteten laufend über den Bau des Olympiastadions und andere Vorbereitungen. 1936 wurden von deutscher Seite die archäologischen Ausgrabungen in Olympia wieder aufgenommen, die Mitte der 20er Jahre aus Geldmangel unterbrochen worden waren.

Ein findiger Kopf im Nationalen Olympischen Komitee des Deutschen Reiches kam auf die Idee, das Olympische Feuer, das im alten Griechenland zu Ehren der Götter entzündet wurde, erstmalig zu den modernen Spielen aus Griechenland in einem Olympischen Fackellauf durch ganz Europa in das Olympia-Stadion nach Berlin zu bringen. Das Feuer wird aus der Kulturstätte des Zeus, aus der altgriechischen Landschaft Elis, geholt, wo 776 v. Chr. die ersten Spiele stattfanden. Heute ist dieser Fackellauf zu den Spielen weltweit zur Tradition geworden.

Durch meine kurze Reise im Sommer 1935 nach Berlin hatte ich bereits eine gedankliche Beziehung zu den Olympischen Spielen und verfolgte sie mit großem Interesse.

Bei der Eröffnung der Spiele erhielt die französische Mannschaft beim Einmarsch in das Stadion die größten Ovationen. Sie marschierte mit erhobenem Arm zum Deutschen Gruß an Adolf Hitler vorbei.

Ich erinnere mich, dass der Schwarz-Amerikaner Jesse Owens, der Star bei den Leichtathleten, vier olympische Goldmedaillen, im 100-, 200-Meter-Lauf, in der 4 x 100-Meter-Staffel und im Weitsprung, gewann. Er erzielte insgesamt neun Weltrekorde. Von den 49 beteiligten Staaten – und das war für die damalige Zeit eine Höchstzahl an Beteiligung – errang Deutschland als 50ster teilnehmender Staat die meisten Medaillen, und zwar 33 Gold-, 39 Silber- und 30 Bronzemedaillen vor den USA, Ungarn und Italien.

In diesen Tagen wurde oft an den Häusern der Bürger die Nationalflagge gezeigt, insbesondere, wenn es deutsche Siege zu feiern galt. Die Fahnen wurden an der Vorderfront des Hauses in die Hülse einer Wandhalterung gesteckt oder an einem Fahnenmast hochgezogen. Normalerweise flaggte man nur am 30. Januar (Machtübernahme), am 20. April (Hitlers Geburtstag), am 1. Mai (Tag der Arbeit) und am 9. November (nationale Erhebung 1923), an Tagen mit ausländischen Staatsbesuchen oder zu besonderen Anlässen. Auch an Reichsparteitagen bezeugten manche Bürger ihre Anteilnahme, indem sie die Hakenkreuzflagge zeigten.

In den Jahren 1933 und 1934 war Schwarz-Weiß-Rot die Reichsflagge. Durch den wirtschaftlichen Aufschwung identifizierte sich die Bevölkerung an besonderen Tagen mit dem Parteisymbol, der Hakenkreuzfahne. Diese setzte sich ebenfalls aus den Farben Schwarz-Weiß-Rot zusammen und wurde am 15. September 1935 per Gesetz zur Reichsflagge erklärt. Die Juden durften diese Fahne nicht zeigen.

Und was sagt diese Flagge aus? Durch Funde aus der Jungsteinzeit in Europa und auch in Asien ist das Hakenkreuz als sonnenartiges Heilzeichen belegt. Seit etwa 1910 wurde es durch die Anregung des völkischen Ideologen G. von List als antisemitisches Symbol betrachtet. Durch das rote Fahnentuch symbolisierte man den sozialen Gedanken dieser nationalen Bewegung.

Weltbekannt wurde damals die Filmregisseurin Leni Riefenstahl mit dem Dokumentarfilm »Fest der Völker«, einem Film über die Olympischen Spiele.

Im sportlichen Bereich ist die Fliegerin Hanna Reitsch zu nennen, die als Segel- und Motorfliegerin zahlreiche Weltrekorde einbrachte und uns junge Menschen begeisterte. Sie war eine Pionierin im Hubschrauberflug und wurde 1937 zum ersten weiblichen Flugkapitän ernannt. Sie führte ferner Testflüge für die deutsche Luftwaffe durch.

Am 19. Februar 1938 kurvte Hanna Reitsch mit einem Hubschrauber unter dem Dach der Deutschlandhalle in Berlin. Es war der weltweit erste

Hallenflug. Die Deutschlandhalle, damals die größte Halle Europas, wurde am 29. November 1935 von Adolf Hitler eingeweiht.

Als Boxweltmeister aller Klassen 1930/32 begeisterte Max Schmeling. Er schlug 1936 den bis dahin unbesiegbaren Joe Louis. Bei der Titelverteidigung gegen ihn im Jahre 1938 hatte ich mir für die nächtliche Rundfunkübertragung aus den USA den Wecker und das Radio ans Bett gestellt. Die Enttäuschung war groß; Schmeling wurde bereits in der ersten Runde k.o. geschlagen.

Dieser Luxus, nachts Sportsendungen zu hören, ohne meine Eltern zu stören, ergab sich daraus, dass ich seit ein paar Jahren mein Schlafzimmer an der Westseite des Hauses eingerichtet hatte, hinter der sogenannten »Guten Stube«.

Auch der Autorennsport begeisterte in den 30er Jahren alle, Jung und Alt. Die Rennen wurden in Berlin auf der Avus und später vorwiegend auf dem Nürburgring ausgetragen. Das Rennen spielte sich im Allgemeinen im Wettbewerb zwischen den Automarken Mercedes und der Autounion ab. Als Rennfahrerfavorit galt Rudolf Caracciola auf den Silberpfeilen von Mercedes. Er wurde sechsmal Sieger im Großen Preis von Deutschland und dreimal Europameister. Sein Konkurrent, Bernd Rosemeyer, fuhr für die Autounion. Er heiratete die weltbekannte Segelfliegerin Elli Beinhorn.

Mitte der 30er Jahre veränderte sich die Gesellschaft in Deutschland zusehends. Viele Familien und junge Menschen empfanden den zunehmenden Wohlstand. Die Kraftfahrzeugsteuer war aufgehoben worden. Allein in Göddenstedt wurden von 1934 bis etwa 1937 sechs Pkw und mehrere Motorräder neu zugelassen. In unserem Dorf besaß Ende 1937 jede sechste Familie einschließlich der Landarbeiterfamilien einen Personenkraftwagen. Bei dieser zunehmenden Motorisierung waren Investitionen in der Infrastruktur wie im Autobahnbau unvermeidlich.

Wie auf dem Land in den 20er und 30er Jahren noch allgemein üblich, befand sich der Abort, das »Plumpsklo«, in der Nähe der Stallungen. Bei uns gab es hierfür den geeigneten Platz über der Anfang der 20er Jahre an den Schweineställen angelegten Jauchegrube, zugänglich vom Hof aus, neben der Futterküche. Die Jauchegrube hier und die am Kuhstall wurden mehrmals im Jahr ausgepumpt, um die Felder mit Jauche, transportiert in Jauchewagen, zu düngen. Beide Jauchegruben waren unterirdisch miteinander verbunden.

Auf dem Abort wurde das »Klopapier« über einen spitzen, aus einem kleinen Brett herausragenden Nagel gesteckt. Das zu benutzende Papier bestand aus rechteckig geschnittenen oder gerissenen Teilen von Zeitungs- und Einwickelpapier. 1928 wurden die ersten Toilettenpapier-Rollen auf den Markt gebracht. Um bei entsprechenden biologischen Situationen nachts nicht in die Kälte auf den Hof gehen zu müssen, stand unter einem Bett in der Schlafstube ein Nachttopf. Wir besaßen für den Krankheitsfall einen Krankenstuhl. Es war ein normaler Stuhl, der in der Sitzfläche ein kreisrundes großes Loch aufwies, unter dem bei Bedarf ein Nachttopf befestigt oder abgestellt werden konnte. Der Überlieferung nach soll Napoleon I. bei seinen Kriegszügen durch Europa sehr großen Wert auf die Sauberkeit des für ihn reservierten Nachtgeschirrs gelegt haben. Er ließ es mit einem »N« und seiner Krone kennzeichnen.

Abfall und Müll, die im Haushalt anfielen, wurden von Zeit zu Zeit bei uns im Garten verbrannt und das Nichtbrennbare in die Sandgrube auf dem Sandberg, etwa eintausend Meter von unserem Haus entfernt, gefahren und somit »entsorgt«.

Ende der 30er Jahre begann man mit der Wasserversorgung der Haushalte aus eigenen, elektrisch betriebenen Anlagen. Die Handpumpe hatte ausgedient. Bei uns stand die Handpumpe des Brunnens etwa sechs Meter von der Küchentür entfernt auf dem Hof. Nach Ende des Krieges im Jahre 1945 installierte mein Vater im Keller als Ersatz für die alte Handpumpe eine elektrische Wasserversorgungsanlage, die an den vorhandenen Brunnen angeschlossen wurde. Die neue Anlage versorgte die Küche und ein Badezimmer, das in dem früheren Kinderzimmer neben der Küche eingerichtet wurde. Der Abort existiert heute noch; benutzt wurde er nach dem Krieg von der bei uns einquartierten Vertriebenen-Familie aus Schlesien, einem älteren Ehepaar mit ihrer Tochter.

Nachdem meine Eltern das Rentenalter erreicht hatten und die Landwirtschaft aufgaben, fiel von den Haustieren keine Gülle mehr an, die abgefahren werden musste. Nach einer Zwischenperiode mit Sickergrube für die Fäkalien, die ebenfalls entleert werden mussten, ist Göddenstedt seit Mitte der 90er Jahre voll an das öffentliche Ver- und Entsorgungsnetz des Landkreises Uelzen angeschlossen worden.

*

Während meines Schulbesuches in Uelzen trug ich 1935 und 1936 manchmal zu Hause meine Schülermütze, an der man, wie es damals üblich war, die Schule und die Klasse erkennen konnte. Meine Eltern wurden von Nachbarn gefragt:

»Na jo'u Junn geit nu na'Uelzen to School, he'i schall wohl maol wat bäteres warn, as hier up 'n Dörp to arbein.« Meine Mutter sagte dazu im Göddenstedter Platt: »Wenn he'i dat schafft, ward he'i vielleicht mool Lehrer.«

Alle Dorfbewohner besaßen Volksschulbildung. Nur Graf Grote hatte wahrscheinlich in unserer 145-Seelen-Gemeinde mit dem Abschluss des sogenannten Einjährigen eine höhere Schulbildung. Vor dem Ersten Weltkrieg bedeutete dieser Schulabschluss, dass der Wehrpflichtige nur ein Jahr aktiv zu dienen brauchte. Dieser Abschluss war bei Längerdienenden auch für die Offizierslaufbahn erforderlich.

Heute ist dieser Abschluss der »Mittleren Reife« gleichzusetzen. Meine Eltern legten Wert darauf, dass ich später nicht auf unsere kleine Landwirtschaft angewiesen sein würde.

In jedem Jahr fand am ersten Pfingstfeiertag bei uns zu Hause das Familientreffen statt. Es nahmen die Geschwister meiner Mutter mit Familie teil, da deren Eltern, also meine Großeltern, bei uns wohnten. Zu diesem Personenkreis gehörte die Familie des Schneidermeisters Adolf Schulz aus dem Nachbardorf Nateln, der ein Bruder meines Vaters war, und die Familie August Löwigt aus Püggen im Wendland, die dort einen Bauernhof gepachtet hatte. Nach dem Ableben des Eigentümers in den 50er Jahren, erbten sie diesen Hof, da keine leiblichen Erben vorhanden waren.

Zu diesen Familientreffen wurde ich von meiner Mutter stets besonders herausgeputzt. Ich erinnere mich, dass ich einmal eine weiße Matrosenbluse anziehen musste. Da es an diesem Pfingsttag sehr kalt war, musste ich unter der Bluse eine Strickjacke anziehen, ich fand das sehr komisch!

Wie bereits erwähnt, drehten sich viele Gespräche bei den Besuchen um die politischen Ereignisse. Man unterhielt sich auch über die Einführung des Kindergeldes. Nach dem Gesetz vom 15. September 1935 erhielten bedürftige Familien mit vier und mehr Kindern bis zu 100,– Reichsmark pro Kind, begrenzt auf maximal 1.000,– Reichsmark im Monat, sowie Steuererleichterungen. Damit sollte vor allem dem Bevölkerungsrückgang in Deutschland, auch infolge der katastrophalen Wirtschaftslage zwischen

1929 und 1933 mit seiner hohen Arbeitslosigkeit, begegnet werden.

Aufgrund der zu erwartenden Zunahme der Geburten bei der entsprechenden Gesetzeslage und dem Beginn des wirtschaftlichen Aufschwungs mit einem Bedarf auch an weiblichen Arbeitskräften richtete man zur Betreuung der Kleinkinder verstärkt Kindergärten ein. Sie wurden von den Gemeinden, gemeinnützigen Vereinen und der NS-Volkswohlfahrt als Volkskindergärten betreut. Privatkindergärten unterhielten die Eltern der Kinder selbst. Vorbild für die Einrichtung der Volkskindergärten war Friedrich Fröbel, der bereits 1840 in Blankenburg (Thüringen) den ersten Kindergarten gegründete hatte und damit die Kindergarten-Bewegung.

Während des Beginns der Industrialisierung waren die Familien, wenn das Einkommen des Ehemannes nicht ausreichte, darauf angewiesen, dass die Frau und Mutter zur Existenzsicherung in Fabriken arbeitete. Die Einrichtung der »Bewahrung« der unbeaufsichtigten Kinder »vor leiblichen und geistigen Gefahren auf Gassen oder in der elterlichen Wohnung« während der Arbeitszeit, veranlasste Fröbel dazu, Kindergärten einzurichten.

Bei dem wirtschaftlichen und kulturellen Aufschwung in den 30er Jahren waren die Frauen ebenfalls aufgefordert, nicht nur im Dienstleistungsgewerbe, sondern auch im industriellen Bereich ihren Beitrag zu leisten. Die Kindergärten machten es möglich. Auf Gefahren dieser Lebensweise wurde bereits 1838 im Brockhaus Conversations-Lexikon hingewiesen: »Die Industrie kann für ein Volk nur dann gefährlich werden, wenn die Erwerbslust in Habsucht und die Verstandesbildung in törichte Verachtung aller höheren, über das irdische Leben hinausreichende geistige Interesse ausartet.«

In den 30er Jahren gab es eine Verfügung der Reichsregierung, die besagte, dass in der Familie im Allgemeinen nur ein Ehepartner verbeamtet sein durfte. Man wollte eine staatliche Überversorgung insbesondere im Alter gegenüber der allgemeinen Bevölkerung ausschließen.

Da Anfang 1935 die allgemeine Wehrpflicht wieder eingeführt wurde, lästerte man: Hitler braucht jetzt Soldaten. Einer aus unserer Gästerunde bemerkte hinter vorgehaltener Hand: Wenn man genügend Kinder in die Welt setzt, braucht man bald nicht mehr zu arbeiten. Gemeint waren unsere Nachbarn, eine Familie, die sechs Kinder aufzuziehen hatte.

Zur Erhaltung des Bevölkerungsbestandes gab es in Frankreich bereits eine entsprechende Kindergeldregelung.

*

Beim Abschluss der Untersekunda erhielten wir Ostern 1937 mit der Versetzung in die Obersekunda die »Mittlere Reife«.

Es war das letzte Jahr, in dem noch Schülermützen getragen wurden. Zur Mittleren Reife trugen wir auf ihrer Oberseite als Zirkel in monogrammartiger Verschlingung auf blauem Untergrund in Weiß die Buchstaben PO, Principiis obsta! (»Widerstehe den Anfängen«, übertragen: Überwinde die Anfangsschwierigkeiten). – Nach diesem Prinzip habe ich bis heute gehandelt!

Schülermützen passten nicht in das Weltbild der Hitler-Jugend, die keine Klassenunterschiede in der Bildung herausstellen wollte. Leider ging damit eine alte Tradition zu Ende. Zu jener Zeit besuchten nur etwa 5% der Schüler eine höhere Schule, heute sind es weit über 40%.

Etwa ab 1890 gab es in Deutschland eine Jugendbewegung, die als Erneuerungsbewegung der jungen Menschen zur wesensgemäßen Lebensgestaltung führen sollte. Sie stand oft im Gegensatz zur Familie und Schule und verkörperte die Gemeinschaft weltanschaulich Gleichgesinnter, die ihren Kulturwillen auch in der natürlich-jugendlichen Kleidung bekundete.

Ein Höhepunkt dieser Bewegung war das Jugendfest auf dem Hohen Meißner im Oktober 1913. Den neuen Geist zeigten auch die Angehörigen in der Kraft ihrer Ideale im Weltkrieg ab 1914, wie die Dichter und Schriftsteller Gorch Fock und Walter Flex bewiesen. Nach dem Krieg zerfiel diese Jugendbewegung in zahlreiche Einzelbünde. Hierzu gehörten die Wandervögel (jugendlicher Lebensstil mit Lagerleben, Volkstanz usw.), die Falken (sozialistischer Jugendverband) sowie die Pfadfinder als internationale Jugendbewegung, die innerhalb der Bündischen Jugend in verschiedene Richtungen (völkische, religiöse oder weltbürgerlich-pazifistische, kommunistische usw.) aufgegliedert waren. Als Grundsatz gilt: Die Gemeinschaftserlebnisse sind stets die höchsten Werte der Jugend und sie werden es auch immer bleiben.

Die Gemeinschaftserlebnisse sind seit jeher eine gute Erziehungsmethode für junge Menschen gewesen, die Gemeinschaftserlebnisse, neben Elternhaus und Schule, den selbstgesteckten oder vorgegebenen Idealen in der Gemeinschaft selbst nacheifern zu können und von Gleichaltrigen zu lernen, um nicht nur immer von Erwachsenen belehrt zu werden. Ab 1934 lösten sich die zahlreichen Jugendverbände auf und wurden teilweise in die Hitler-Jugend, die bereits 1926 in München gegründet worden war, eingegliedert.

Mein Freund Horst, der in der Stadt Neustadt-Glewe in Mecklenburg aufgewachsen war, gehörte bereits 1932 einer örtlichen Jugendorganisation der evangelischen Kirche als Mitglied an. Dieser evangelische Jugendkreis entschloss sich im Jahre 1933 gemeinsam in die Hitlerjugend überzutreten, weil sich in einer größeren Organisation bessere und erweiterte Möglichkeiten der Jugendarbeit im Sport, beim Wandern und im Lagerleben ergaben.

Zu einem späteren Zeitpunkt wechselte mein Freund zur Flieger-HJ. Derartige Organisationen, wie auch die Marine-HJ usw., gab es nur in den Städten. Die Mitglieder der Fliegerschar wurden vom Deutschen Luftsportverband betreut und ausgebildet. Man beschäftigte sich mit dem Bau von Flugzeugmodellen bis hin zu Reparaturen von Segelflugzeugen mit den anfallenden Schweiß- und Zimmererarbeiten.

Die Flugsporttätigkeit begann mit dem Flug im Einheits-Schulgleiter (ESG) und endete mit dem Flug im Segelflugzeug. In dem hierfür ausgesuchten bergischen Fluggelände wurde dann mehrere Tage gezeltet.

Andere Sondereinheiten der HJ, wie die Marine-HJ, die Motorsportscharen und die Pferdesportorganisationen, erhielten ebenfalls Unterstützung von den entsprechenden Fachverbänden. Somit war die Erziehung der Jugend im pubertären Alter ihrer Mitglieder ein weiterer Schwerpunkt der Hitler-Jugend.

Ab Dezember 1936 wurden in dieser Organisation die gesamtdeutsche Jugend des Reichsgebietes sowie auch andere Jugendorganisationen zusammengelegt. Mitglieder der Hitler-Jugend oder ihrer Unterorganisationen waren sowohl Schüler und Lehrlinge als auch Handwerker, Arbeiter oder Knechte. Alle Jungs im Alter bis zu 18 Jahren, bei den Mädchen bis zu 21 Jahren, waren in dieser Organisation zusammengefasst.

Da die Hitler-Jugend, einschließlich ihrer Unterorganisationen, als Selbstverwaltungsorganisation konzipiert war, hatte sie in der Gesellschaft, unter Leitung des Reichsjugendführers Baldur von Schirach, ein entsprechendes Gewicht. Am 1. Januar 1937 trat die österreichische Hitler-Jugend und am 1. Juni 1937 auch der Sudetendeutsche Jugendverband der Hitler-Jugend des Reiches bei.

*

Meine Erziehung im Elternhaus lässt sich im Prinzip auf einige Kernsätze reduzieren. Mein Vater, der Goethe, Schiller bis Remarque (»Im Westen nichts Neues«) oder Spengler (»Untergang des Abendlandes«) las, prägte mir ein: »Junge, wir leben hier abgeschieden auf dem Dorf, wenn du woanders hinkommst, halte die Augen offen, sieh dich um, sieh, wie andere leben und sich verhalten. Nur daraus kannst du lernen. Dann wird auch für dich das Leben später angenehmer sein, als wenn du hier auf dem Dorfe schwer arbeiten müsstest.« Meine Aufmerksamkeit meinem Vater gegenüber kam meiner Mutter, mit ihrem gesunden Ehrgeiz, sehr entgegen. Sie wünschte sich immer, dass ich Lehrer werden sollte.

Für derartige damals »missliebige« Schriften, wie das Buch von Remarque, das mein Vater las, fanden nach 1933 mancherorts symbolische Buchverbrennungen statt.

Besonderes Gewicht legte mein Vater darauf, dass ich stets das notwendige Geld bei mir hatte, aber davon nichts unnütz ausgeben sollte, es sei denn für ein Mittagessen in Uelzen oder für Bücher oder ähnliches. Das erforderliche Kleingeld entnahm ich einer in der Kommode im Schlafzimmer meiner Eltern liegenden Geldbörse und musste den Betrag dann in einem kleinen Büchlein eintragen. Zum Jahresende erhielt ich die Aufrechnung. Eines Tages lieh ich meinem Vetter zweiten Grades, Albert Bunge aus Nateln, in Raten 20 Reichsmark. Als ich zu einem späteren Zeitpunkt die Rückgabe anmahnte, wollte er mich mit einem alten 20-Mark-Stück aus der Vorkriegszeit »abfinden«. Nach Rücksprache mit meinem Vater nahm ich das Angebot »großzügig« an. Es war mein erstes Goldstück. Ich bewahre es bis heute auf. Es ist heute mehr als 150 Euro wert.

Mit 17 Jahren erhielt ich die Abbuchungsvollmacht über das Girokonto meines Vaters bei der Sparkasse in Rosche. Ab und zu musste ich von dort Bargeld für meine Eltern abheben.

*

In den Zeitungen hoch gepriesen wurde 1937 die deutsche Fliegerin Hanna Reitsch, die es in einem bis dahin rein männlichen Club der Verkehrspiloten zum ersten weiblichen Flugkapitän der Welt geschafft hatte. Zuvor machte sich 1931 die 24-jährige Hannoveranerin Elly Beinhorn mit einem Flug um die Welt in einer einmotorigen Messerschmitt »Taifun« einen

Namen. Wir Jungs waren von diesen Mädels begeistert.

Schlagzeilen in den Zeitungen und Meldungen im Rundfunk gab es, als am 6. Mai 1937 der Zeppelin »Hindenburg« auf dem New Yorker Flughafen Lakehurst bei der Landung im Wasserstoff-Feuer verglühte. 35 der 97 Passagiere und Mitglieder der Mannschaften starben.

Man erinnert sich sicher an die Versuche aus dem Chemie-Unterricht in der Schule mit dem Knallgas. Wasserstoff und Sauerstoff werden mit größter Vorsicht in ein Reagenzglas gefüllt und entzündet: Puff! – ein Knall, aber kein Rauch entsteht, übrig bleibt Wasser.

Wird der in der Luft vorhandene Sauerstoffanteil mit einer etwa doppelten Menge Wasserstoff vermengt, ist bei einer Funkenzündung die Verbrennung von Wasserstoff kaum weniger heftig als in dem oben erwähnten Versuch.

Das Luftschiff »Hindenburg« sollte daher nicht mit Wasserstoff, sondern mit Helium gefüllt werden. Helium, etwas schwerer als Wasserstoff, ist ein nicht brennbares Gas. Es ist in größeren natürlichen Vorkommen nur in den USA vorhanden. Das amerikanische Handelsministerium hatte im Februar 1937 bis zu achtzehn Hin- und Rückflüge des Zeppelins in die USA genehmigt. Helium jedoch wurde, da politische Strömungen in den USA diese Lieferung verhinderten, nicht an Deutschland geliefert. Selbst Dr. Eckener, Leiter der Zeppelin-Gesellschaft, und Präsident Roosevelt konnten in einem Gespräch am 21. Mai 1938 entsprechende Lieferungen gegen diese politischen Strömungen nicht durchsetzen. Diese Situation soll Roosevelt sehr peinlich gewesen sein. Nach der Katastrophe von Lakehurst wurde der Luftverkehr mit Luftschiffen von Seiten Deutschlands eingestellt.

Die Zeitschrift »Der Stürmer« griff den Vorgang auf und benutzte ihn dazu, den Einfluss des internationalen Judentums als einen Schlag gegen Deutschland für diese Luftschiffkatastophe verantwortlich zu machen. Auch einen gezielten Anschlag schloss »Der Stürmer« nicht aus. Er wertete es als Rache dafür, dass die Juden in Deutschland in führenden Positionen der Wirtschaft und der Politik unerwünscht waren. Auch der »Völkische Beobachter« und manche deutschen Tageszeitungen schlossen sich dieser Meinung an.

Die Juden, die aus ihren Erwerbszweigen verdrängt wurden, konnten bei einer Auswanderung 80% ihres Kapitalvermögens mit ins Ausland nehmen. 20% mussten als Steuern an den Staat abgeführt werden.

Das Ermächtigungsgesetz von 1933 wurde am 1. April 1937 um weitere vier Jahre verlängert. Die politischen und wirtschaftlichen Verhältnisse in Deutschland hatten sich stabilisiert und die Arbeitslosen waren von der Straße verschwunden. Adolf Hitler hatte somit die Regierungsgeschäfte fest in der Hand.

*

Der Schulweg nach Uelzen war recht strapaziös; die Entfernung bis zur Schule betrug mehr als 18 Kilometer. Zunächst fuhr ich ca. vier Kilometer mit dem Fahrrad bis Rosche und stellte dort das Rad auf dem Hof des Kaufhauses Külbs ab. Von hier aus gab es eine Busverbindung nach Uelzen. Der Fußweg bis zur Schule dauerte nochmals etwa zehn Minuten. Die Anfahrt bis zur Schule betrug somit etwa eine Stunde. Von Rosche aus waren wir in diesen Jahren vier bis sechs Fahrschüler.

Nachmittags fuhr der Bus kurz nach 15.00 Uhr von Uelzen ab, so dass ich etwa um 16.00 Uhr Zuhause zum »Mittagessen« eintraf; anschließend erledigte ich die Schularbeiten.

Die Wartezeiten auf den Autobus in Uelzen von ca. einer bis eineinhalb Stunden überbrückte ich mit meinen Schulfreunden, Wilhelm Schulze, Teyendorf, Albert Bunge, Nateln, Willi Plumhoff, Rosche und den anderen oft im Gasthaus Sander, indem wir Billard spielten. Der Billard-Tisch stand uns kostenlos zur Verfügung, und wir tranken beim Spielen ein Glas Sprudel oder Limonade.

Unsere Eltern erwarteten, dass wir mittags eine warme Suppe zu uns nahmen. Meistens aber gaben wir das Taschengeld für andere Sachen aus wie Zeitschriften, Karl-May-Bücher usw., um im Bus zum Zeitvertreib lesen zu können. Die spannenden Erzählungen handelten von den Abenteuern, die sich hauptsächlich unter den Indianerstämmen in Nordamerika abspielten. Die Idealgestalten waren »Winnetou« und »Old Shatterhand«.

Im Sommer fuhren wir zu mehreren Schülern mit dem Fahrrad zur Schule. Von den mindestens 36 Kilometer Fahrt pro Tag war ich nachmittags oft müde und abgespannt. Zur Stärkung kaufte ich mir in Uelzen in einem Laden lose Bruchschokolade mit Haselnüssen. So war es von meinen Eltern nicht gedacht, das Taschengeld sollte für eine gesunde Zwischenmahlzeit in der Gastwirtschaft in Uelzen verwendet werden. Der Schulweg nach Uelzen führte über Teyendorf, Rosche, Rätzlingen und Oldenstadt. In Oldenstadt befand sich zu dieser Zeit noch die Kreisverwaltung des Landkreises Uelzen, die erst Ende der 30er Jahre nach Uelzen verlegt wurde. Die Straße nach Uelzen begrenzten fast überall Apfelbäume, die uns auf unseren Fahrten im Herbst mit Obst solange versorgten, bis die Ernte eines Tages versteigert und umgehend von den Erwerbern abgeerntet wurde. Die Straße selbst war damals fast ausschließlich mit Kopfsteinpflaster befestigt. An der einen Seite gab es einen schmalen Radweg und an der anderen Seite einen sogenannten Sommerweg. Um 1936 begann man an einigen Abschnitten mit dem Straßenbau und dem Asphaltieren.

Im Frühjahr 1937, mit siebzehn Jahren, schenkten mir meine Eltern ein Motorrad für den langen Schulweg. Es war ein DKW, 200 ccm, mit sieben PS, ein Zweitakter. Die Kraftfahrzeugsteuer war zu dieser Zeit bereits abgeschafft worden.

Nach einer kurzen Prüfung durch einen Polizeibeamten erhielt ich eine vorläufige Fahrerlaubnis, so dass ich den Schulweg jetzt motorisiert zurücklegen konnte. Ich tankte im Allgemeinen nicht normales, sondern Super-Benzin für 0,42 Reichsmark je Liter. Man konnte hiermit spritziger fahren. Außerdem errechnete ich mir bei normaler Fahrweise Einsparungen gegenüber dem Normalbenzin.

Den Führerschein Klasse 4 für Motorräder stellte man mir am 23. September 1938 aus. Er wurde dann am 13. Mai 1953 auf Klasse 3 für PKWs erweitert. Mein Motorrad stellte ich ebenfalls täglich bei der Gastwirtschaft Sander in der Schmiedestraße in Uelzen ab, denn das Parken auf dem Schulhof war nicht gestattet.

Dem Hausmeister der Gastwirtschaft gab ich monatlich ein kleines Trinkgeld. Als einige Monate später auch mein Klassenkamerad Wilhelm Schulze aus Teyendorf eine »Triumpf« 200 ccm bekam und wenig später Albert Bunge, waren wir Schüler bereits ein kleiner motorisierter Kreis. Zeitweilig, etwa für einen Zeitraum von einem Jahr, habe ich täglich einen Freund, Harro Wooge, Sohn eines Lehrers in Rätzlingen, der eine Schulklasse über mir die Schulbank drückte, auf dem Soziussitz mit in die Schule genommen.

Als Kleidung trug ich auf den Fahrten außer im Hochsommer neben einer Motorradkappe einen Lodenmantel, den ich dann beim Abstellen des Motorrades in der Gastwirtschaft Sander ablegte. Der Lodenmantel passte im Winter gut zu meiner HJ-Uniform.

Auch andere auswärtige Mitschüler meiner Klasse waren später motorisiert. Damit ergab sich im Schuljahr 1937/38 folgende Situation: Wir spielten in der Klassengemeinschaft im Sommer an Sonnabenden oft Fußball auf dem mehrere Kilometer außerhalb der Stadt gelegenen Fußballplatz im Fischerhofswald bei Uelzen. An diesen Tagen war die Klasse Obersekunde voll motorisiert. Horst Lindner und Gert de Buhr, zwei meiner Klassenkameraden, die schon das entsprechende Alter erreicht hatten, liehen sich die väterlichen Mercedes-Cabriolets aus. Mit den durch Mitschüler überladenen Wagen, den Sozius-Plätzen auf den Motorrädern und den Mopeds konnte die ganze Klasse also voll motorisiert zum Fußballspielen aufbrechen.

Wir veranstalteten auch Wettrennen zwischen Pkws und Motorrädern, bis zur Reichsstraße R 4, heute B 4. Ab und zu gab es auch kleine Wettrennen auf der Reichsstraße zwischen Uelzen und Holdenstedt.

Die vier Mädchen unserer Klasse, die bis Ostern 1937 das Lyzeum besucht hatten und auf dem Gymnasium ihr Abitur machen wollten, waren beim Fußballspielen nicht dabei. Wir Jungen konnten gerade zwei Fußballmannschaften zusammenstellen.

Ich spielte im Allgemeinen als Verteidiger oder als Läufer, selten als Stürmer. Aber ich erinnere mich, auch als Torwart eingesetzt worden zu sein und dabei harte Bälle abgeschmettert zu haben.

Es gab einen tragischen Zwischenfall in unserer Klasse. Eines Montagmorgens, im Herbst 1937, als wir um 9.00 Uhr vom Sport aus der Turnhalle in die Klasse kamen, hatte sich Gert de Buhr kurz zuvor mit einer Pistole zwei Kugeln in den Kopf geschossen – aus Liebeskummer wegen einer schwedischen Austauschschülerin, die auf dem Lyzeum hospitierte; er war tot.

Auch ein Lehrer, Studienrat Leutner, hat sich Ende 1937 das Leben genommen. Er soll im Lehrerkollegium Schwierigkeiten gehabt haben. Wie mir bekannt war, gehörte er einer Freimaurerloge an.

Begebenheiten außerhalb von Elternhaus und Schule

Im Sommer 1937 besuchte ich zusammen mit anderen Schul- und Klassenkameraden in Uelzen die Tanzschule. Der Unterricht fand im Saal des Hotels »Stadt Hamburg« statt. Den Abschlussball feierten wir in einem Gartenrestaurant in Westerweyhe bei Uelzen. Meine Abschlussball-Dame war Erika Steincke. Die Eltern hatten eine Buchhandlung in der Gudesstraße in Uelzen, die aber seit etwa 20 Jahren nicht mehr existiert.

Ich besuchte bereits die zweite Tanzstunde. Die erste absolvierte ich im Sommer 1933 in Rosche mit einem Tanzlehrer aus Uelzen. Er war damals begeistert, dass wir die Polonaise mit dem Lied beginnen konnten: »Stolz weht die Flagge Schwarz-Weiß-Rot ...« Am 30. Januar 1933 wurden die deutschen Reichsfarben der Weimarer Republik Schwarz-Rot-Gold durch Schwarz-Weiß-Rot abgelöst.

Sonntags vergnügte sich die Jugend auf dem Lande beim Tanzen. Die öffentlichen Tanzveranstaltungen wurden meistens von den Feuerwehren oder Schützenvereinen der einzelnen Dörfer organisiert – in jedem Dorf bis zu dreimal im Jahr. Dazu kamen die Bälle zum Erntedankfest. Wenn der Veranstaltungsort nicht zu weit entfernt war, ging man zu Fuß oder fuhr mit dem Fahrrad, je nach Jahreszeit und Wetter, um dabeisein zu können.

Die jungen Mädchen saßen bei diesen Veranstaltungen meistens an Tischen oder auch auf Bänken und warteten darauf, von den jungen Männern zum Tanzen aufgefordert zu werden. Diese standen meist in Gruppen beieinander oder plauderten an der Theke und warteten, bis jemand dazu animiert werden konnte, zum Beispiel auf Grund einer »neuen« Freundin, eine Runde Bier auszugeben.

Zwischendurch gab es dann auch mal Damenwahl, und man(n) erfuhr, ob man bei den Damen »angekommen« war.

Und was tanzte man in meiner Jugend?

Ich habe immer sehr gerne getanzt. Als klassischer Tanz galt der Walzer, und man sang oft mit: »Am Golf von Biskaya/ein Mägdelein stand/ein blonder Matrose hielt sie bei der Hand ...«. Gerne tanzte ich auch den Tango – man forderte das Mädchen seiner Wahl auf, legte den rechten Arm zart um die schlanke Taille und tanzte zum Beispiel nach der Melodie:

»Träumen von der Südsee/von den Nächten auf Hawaii/Träumen von dem Zauber voller Glück und Liebelei ...« oder dem Lied der Capri-Fischer, auch nach der Melodie: »O mia bella Napoli/ du Stadt am blauen Meer ...«.

Sehr beliebt war der Foxtrott oder der Marsch-Fox mit der Melodie: »Wir sind die Niedersachsen/sturmfest und erdverwachsen ...«. Der langsame Walzer (English Waltz) gehörte ebenfalls zum Repertoire, wie: »Ich tanze mit dir in den Himmel hinein/in den siebenten Himmel der Liebe ...« oder auch: »I'm dancing with you in the heaven into/in the seventh heaven of love ...«. Beliebt war ferner der Dixieland-Jazz, den es seit 1916 gab: »Kennst du Lambert's Nachtlokal/Jeder trifft sich dort einmal ....«. Eine Wiederbelebung dieser Musik gab es in den fünfziger Jahren.

Nach Erzählungen meiner Mutter tanzte man früher oft nach einer Melodie im 2/4-Takt mit dem Text: »Was machst du mit dem Knie, lieber Hans, beim Tanz ...«.

Es gab beliebte Kompositionen von Peter Kreuder, der Tanzorchester-Dirigent und Komponist war. Nach seiner Komposition für einen UFA-Film: »Good-bye Jonnie, Good-bye Jonnie/schön war's mit uns zwei ...«, tanzte man einen Slow-Fox.

Ab und zu wurde auch eine Polka gespielt, die schon meine Eltern und Großeltern tanzten, wie zum Beispiel: »Im Grunewald, im Grunewald ist Holzauktion /Holzauktion ...«.

Die Tänze aus der Jugendzeit meiner Eltern wie Polka, Schieber, Rheinländer Charleston, wurden zu meiner Zeit seltener getanzt. Der 1926 von Amerika nach Europa eingeführte Charleston allerdings erlebte sogar in den 60er Jahren wieder eine Renaissance. Ich habe Charleston 1965 im Tivoli in Westerland noch mit meiner Tochter Martina getanzt.

Eine feste Freundin hatte ich nie. Ich war Mitte 1938 für einige Zeit mit einer Österreicherin (Ostmärkerin!) befreundet, die in Teyendorf bei dem Bauern Räthke ein sogenanntes Haushaltsjahr absolvierte. In den Dörfern in Norddeutschland war das »Fensterln«, wie in Bayern, nicht ganz unbekannt.

Eines Tages unterhielt sich mein Vater mit mir über die Probleme junger Menschen, und er sagte dann in plattdeutsch: »Pass up, min Jung, un lad dik nich vun de jung Dirns verföhern!« Ich habe diesen Hinweis aber auch umgekehrt gedeutet!

Die in der Jugend geweckten Sehnsüchte nach Capri, Hawaii und Südsee sind heute nach den entsprechenden Reisen, die ich mit meiner Frau Traude gemacht habe, ein wenig erfüllt worden. In meiner Jugend hatte ich, wie jeder andere Jugendliche auch, meine Jugendidole wie Filmschauspieler, Sänger, Fußballer usw. Als 1936 »Der Bettelstudent« mit Johannes Heesters über die Leinwand flimmerte – auf den Dörfern fanden hin und wieder Filmabende in den Gastwirtschaften statt – stand mein Vorbild fest.

Vielseitige Auftritte von Johannes Heesters regten mich an, fortan, wenn die Umstände es als sinnvoll erscheinen ließen, einen dunkelblauen Mantel mit einem weißen Seidentuch zu tragen. Dieses Seidentuch liegt, als Andenken an meine Jugendzeit, noch heute in meinem Kleiderschrank.

Wenn im Dorf jemand verstorben war, ergab sich eine typische dörfliche Situation. Der Verstorbene wurde bis zur Beerdigung auf dem Flur oder einem nicht genutzten Raum aufgebahrt. Am Tag der Beerdigung kam der mit Pferden bespannte Leichenwagen und fuhr den Sarg zum Friedhof nach Rosche. Angehörige und Trauergäste gingen hinter dem Leichenwagen her, soweit sie gut »zu Fuß« waren. Wenn auf dem Wege zum Friedhof ein Fremder dem Leichenzug entgegen kam, blieb er stehen, das Gesicht gesenkt, dem Leichenwagen zugewandt. Die Kopfbedeckung wurde abgenommen. Nach einer kurzen Zeremonie am Grab fand anschließend in der Kirche ein Gedenkgottesdienst statt. Diese Beerdigungszeremonie wandelte sich, nachdem in den 70er Jahren in Rosche eine Friedhofskapelle gebaut worden war.

*

In der zweiten Hälfte der 30er Jahre verbrachte ich einen wesentlichen Teil meiner Freizeit in der Hitler-Jugend. Es war eine Organisation zur Förderung der Jugendbewegungen in Verbindung mit der vorherrschenden Weltanschauung. Nur ein sehr kleiner Teil der jungen Menschen schloss sich von dieser Gemeinschaft aus. Dazu gehörten auch einige Klassenkameraden von mir. Sie hatten andere Interessen.

Die kleinste Einheit in der Hitler-Jugend bildete die Kameradschaft. Sie fasste acht bis 15 Mitglieder. Mein Kameradschaftsführer war Herbert Ramünke aus Nateln. Als dieser 1936 Scharführer wurde, übernahm ich eine der Kameradschaften in Rosche. Eine Schar bestand aus drei bis fünf Kameradschaften.

Herbert Ramünke verließ 1934 mit der Obersekundareife das Realgymnasium in Uelzen, um im väterlichen Betrieb die landwirtschaftliche Lehre zu absolvieren. Nach seiner Einberufung zum Reichsarbeitsdienst wurde ich Anfang 1938 auch als Scharführer sein Nachfolger und Mitte 1939 ernannte man mich zum Gefolgschaftsführer. In den entsprechenden Führerpositionen oblag es mir, die gestellten Aufgaben im Sinne der Organisation abzuwickeln. Drei bis vier Schar-Einheiten bildeten eine Gefolgschaft, mehrere Gefolgschaften den Bann. Die nächste größere Einheit war das »Gebiet«. Diese Gebiets-Einheiten unterstanden direkt der Reichsjugendführung.

Neben der Erziehung im Elternhaus und der Schule war die Hitler-Jugend zuständig für eine weitere körperliche, geistige und vor allem sittliche Schulung ihrer Mitglieder durch die HJ-Führer für den Dienst am Volk und der Volksgemeinschaft. (Siehe auch Seite 68)

Zu den Heimabenden, auch Kameradschaftsabende genannt, traf man sich am Mittwochabend. Im Sommer konzentrierten wir uns vorwiegend auf den Sport, also auf Leichtathletik, Langläufe, Geländespiele und Fußball; auch Hand- und Raufball gehörten dazu. In diesen Jahren habe ich drei 3000-Meter-Läufe und einen 5000-Meter-Lauf abgeleistet. – Um Leistungen zu steigern, besorgte man sich manchmal in der Drogerie »Quick mit Lezithin« (Traubenzucker mit Lezithin) als Kautabletten.

Nicht jede Sportart und jede Aktivität wurde von den HJ-Mitgliedern begeistert aufgenommen. Die meisten bemühten sich aber, Leistungen zu zeigen oder aktiv mitzuarbeiten. Für die HJ-Führer als Vorbild war es selbstverständlich, gute Leistungen zu bringen.

Viele Mitglieder, wie Bäckerlehrlinge oder Lehrlinge aus der Molkerei, mussten morgens sehr früh aufstehen, waren beruflich sehr eingespannt und blieben deshalb oft vom Dienst fern – mit oder ohne Entschuldigung.

Für die meisten Jugendlichen war jedoch das Erleben der Gemeinschaft mit gleichaltrigen Jugendlichen ein Höhepunkt im täglichen Einerlei des Dorflebens.

Im Winter wurde Hallensport wie Geräte- und Bodenturnen betrieben. Ich war damals in der Lage, in voller Kleidung aus dem Stand einen Salto vorwärts zu machen, den ich in der Schule beim Zensurenturnen vorführte. Nach einem schmerzhaften Ausrutscher, bei dem ich mit der Nase auf mein Knie schlug, habe ich den Salto nie mehr gewagt!

Die Sicherheit für diese extreme Art des Turnens hatte ich mir beim Training auf einem Trampolin, einem bettartigen, elastisch bespannten rechteckigen Gestell für die Gymnastik und rhythmische Übungen, erworben. Dieses Gerät stellte uns im Winter für unsere HJ-Treffen der Gastwirt Kiehn in Rosche in seinem Tanzsaal zur Verfügung. Er selbst war Mitglied der Reiter-SA in Rosche.

Mein Klassenkamerad Horst Wiegand, später HNO-Arzt, zeigte im Schulsport sehr ausgefallene Leistungen wie z.B. seine Riesenwelle am Hochreck. Ich selbst, wie auch meine Mitschüler, brachte es beim Turnen am Reck nur bis zu einer Knie- oder Sitzwelle.

Manches Mal erlitt ich beim Sport Verletzungen. Ich erinnere mich an Fußverstauchungen, die man normalerweise stunden- oder tagelang kühlen sollte. Da mir die kalten Tücher unangenehm wurden, fiel mir eine andere Methode zur Verstärkung der Durchblutung und zum Abbau des Blutergusses ein. Ich stellte den Fuß in einen Eimer mit sehr warmem Wasser. Meine Mutter goss laufend heißes Wasser hinzu, so heiß, wie ich es ertragen konnte.

Die Prozedur dauerte etwa eine Stunde, aber die Schmerzen ließen in kürzester Zeit nach. Diese Methode, später oft angewandt, habe ich mit Erfolg empfehlen können. Allerdings sollte man nie unmittelbar nach dem Unfall, sondern etwa eine Stunde danach mit dieser Behandlung beginnen.

Die politische Schulung in der HJ hatte, besonders im Winter, einen hohen Stellenwert. Von der Reichsjugendführung wurden hierfür an die HJ-Führer Schulungsblätter herausgegeben, wie zum Beispiel Biographien von Adolf Hitler und anderen politischen Größen. Auch Leitlinien zur Jugend-Politik, zur deutschen Geschichte in ihrer Entwicklung von den Anfängen bis zur Gegenwart waren Themen dieser Schulungsunterlagen.

Der Inhalt mancher Schulungsblätter ist indirekt schon in einigen Berichten dieser Erinnerungen mit eingeflossen, da ich mich als HJ-Führer mit entsprechenden Themen auseinandersetzen musste und dies auch wollte, da mich geschichtliche Vorgänge interessierten.

Gegenstand der Gespräche bei den Heimabenden war auch Hitlers Buch »Mein Kampf«, das 1938 bereits eine Auflage von rund drei Millionen Exemplare erreicht hatte. Da Hitler sein Privatleben von den Honoraren des Buches finanzieren konnte, verzichtete er auf die Staatsgehälter als Reichskanzler.

Die Schulungsblätter der HJ über die Geschichte Deutschlands beinhalteten natürlich auch richtungsweisende Tendenzen zur Vorgeschichte des Dritten Reiches. Wichtig war das Thema »Tausendjähriges Reich«, das im eigentlichen Sinne seit der Inthronisierung Heinrichs I. als König aus dem Hause der Ludolfinger oder Ottonen, im Jahre 919 seinen Ursprung hatte. In dem Lied »Herr Heinrich sitzt am Vogelherd ...« wird diese Situation nachempfunden, als er plötzlich zum König gewählt worden war. Am Rathaus in Quedlingburg ist 1922 eine Gedenktafel angebracht worden, die an die 1000-jährige Geschichte Deutschlands erinnert. Heinrich I. brachte das Herzogtum Lothringen 925 wieder an das Deutsche Reich. Quedlingburg ist heute Weltkulturerbe. –

Im Dritten Reich wurde der geschichtlichen Entwicklung Deutschlands unter Heinrichs Sohn, Otto I., als Nachfolger im Jahre 936 viel Gewicht beigemessen. Er wurde im gleichen Jahr in Aachen zum König gekrönt. Da er unter anderem die Macht der Stammesherzöge brach, in Rom im Jahre 962 zum deutschen Kaiser gekrönt wurde und durchsetzte, dass kein Papst ohne kaiserliche Zustimmung in sein Amt eingesetzt werden durfte, ging Otto I. als Otto der Große in die Geschichte ein.

Nachdem Otto I. im Jahre 937 ein Kloster in Magdeburg gegründet hatte, wurde der Magdeburger Dom, der erste gotische Dom auf deutschem Boden, 973 die Grabstätte des ersten deutschen Kaisers und seiner Gemahlin.

Weitere geschichtliche Vorgänge sollen hier ebenfalls noch erwähnt werden: Der deutsche Kaiser Friedrich I. aus dem Hause der Staufer (1125 – 1190), genannt Barbarossa (der Rotbart), wurde 1155 in Rom zum Kaiser gekrönt. Zielbewusst baute er die Reichsverwaltung auf und mehrte den Stauferbesitz.

Er brach um 1180 die Macht des Welfenherzogs von Sachsen und Bayern, seines Vetters Heinrich des Löwen. Vor seinem dritten Kreuzzug ins Heilige Land gewährte der Kaiser auf Bitten des ihn begleitenden Grafen Adolf III. von Holstein der Stadt Hamburg am 7. Mai 1189 Zoll- und Handelsprivilegien.

Dieser Tag wird noch heute in den ersten Mai-Wochen mit großem Aufwand als Hafengeburtstag gefeiert. Anschließend folgen die Feierlichkeiten zum Überseetag.

Barbarossa ertrank im Juni 1190 auf dem dritten Kreuzzug beim Baden in dem kleinen asiatischen Fluss Saleph (Göksu) in der Türkei. Im September 1985 habe ich mit meiner Frau Traude diese Unglücksstelle besucht.

Eine auf Barbarossa bezogene Sage des schlafenden und einst wiederkehrenden Kaisers bezieht sich auf das Kyffhäuserdenkmal von 1896 in Thüringen, im Süden der Goldenen Aue in 477 Metern Höhe. –

Nachdem bereits 1009 in Goslar die erste Reichsversammlung stattfand, entwickelte sich diese Stadt dank dem 1014 zum Kaiser gekrönten Heinrich II. sowie unter Heinrich III., der die dortige Kaiserpfalz neu errichtete, zum dominanten Königssitz. Sein Herz ruht heute unter einer steinernen Grabplatte in der St. Ulrichskapelle. Diese Pfalz bezeichnete man als den »berühmtesten Wohnsitz des Reiches« der deutschen Kaiser des Mittelalters. Vor der Kaiserpfalz stehen zwei Denkmäler, eines von Kaiser Friedrich I. Barbarossa und eines von Kaiser Wilhelm II., der das Gebäude Ende des 19. Jahrhunderts renovieren ließ.

Der Dichter Ludwig Uhland, der liberal großdeutsch gesonnen und 1848/49 Mitglied der Frankfurter Nationalversammlung war, hat eine Lobeshymne auf Kaiser Friedrich I. gedichtet, beginnend mit den Worten: »Als Kaiser Rotbart lobesam/Zum heil'gen Land gezogen kam,/Da musst, er mit dem frommem Heer/Durch ein Gebirge, wüst und leer ...«. Diese »Schwäbische Kunde« und andere Gedichte von Uhland wurden in der Schule besprochen und von uns auch auswendig gelernt. Von Uhland stammt ebenfalls das bekannte Volkslied: »Ich hatt' einen Kameraden, einen bess'ren findst du nicht ...«.

Wie alle römisch-deutschen Kaiser des Ersten Reiches hatte auch der in Prag geborene Karl IV. (1316 –1378) auf Dauer keinen festen Regierungssitz. Zeitweilig regierte er das Reich von Tangermünde aus. Er gründete in Prag 1348 die erste deutsche Universität und machte somit Prag zum geistigen Mittelpunkt des Deutschen Reiches.

In den Schulungsblättern wurde hervorgehoben, dass es einen deutschen Kaiser gab, in dessen Reich nach seinen Worten »die Sonne nicht untergeht«. Ich hatte davon schon in der Schule gehört. Es war Karl V. (1519 – 1556). Sein Riesenreich war größer als das des römischen Kaisers Karl I. des Großen (768 – 814), gestorben in Aachen. Unter Kaiser Karl V., als Karl I. durch seine Heirat auch König von Spanien, einschließlich der inzwischen geschaffenen Kolonialreiches in Amerika (Mexiko und Peru) und Ostasien, setzte eine starke Hispanisierung von Sitten und Bräuchen in Europa ein.

1556 dankte Karl V. ab und zog sich in das Kloster San Geronimo de Yuste zurück, wo er 1558 starb. Mit seiner Abdankung zerfiel das Habsburger Reich in zwei Teile. Die Kaiserwürde ging auf seinen Bruder Ferdinand I. über, der die deutschen Erblande schon seit 1521 als König regierte und von Karl V. überschrieben bekam – das Römische Reich Deutscher Nation.

Die Krönung Karls V. zum Kaiser war die letzte Kaiserkrönung, die durch den Papst in Italien vollzogen wurde. Das Papsttum hatte seine Großmachtstellung in der Politik somit verloren. Ende April 1997 haben meine Frau Traude und ich mit unseren Freunden aus Bordesholm die historische Stätte des Klosters San Geronimo de Yuste in Spanien besucht.

Die geschichtliche Entwicklung in Mitteleuropa führte dazu, dass nach den kriegerischen Auseinandersetzungen und der rücksichtslosen Politik von Napoleon I. 1806 das Römische Reich Deutscher Nation aufgelöst werden musste.

Kaiser Franz II. legte die Kaiserkrone nieder. Damit löste sich eine politische Struktur auf, die seit 962 entscheidenden Anteil an der Geschichte und Entwicklung Europas gehabt hatte.

In der Version des Geschichtsbildes der Politik unter Adolf Hitler wurde das abgelöste Reich Deutscher Nation mit seiner tausendjährigen Geschichte als »Erstes Reich« bezeichnet, und es galt – unter Einbeziehung des »Zweiten Reiches« –, alte Traditionen wieder aufzubauen und neu zu entwickeln.

Als Napoleon 1807 auch Preußen niedergeworfen und die Länder Europas an seine Verwandten verteilt hatte, fasste der 20-jährige Kronprinz Ludwig von Bayern den Entschluss, in der Zeit der tiefsten Erniedrigung Deutschlands einen Ehrentempel des Vaterlandes zu bauen. Er wollte die Bildnisse der »rühmlich ausgezeichneten Teutschen« in einem Ehrentempel des Vaterlandes vereinen.

Nachdem die Militärdiktatur Napoleons 1815 in der Schlacht bei Waterloo gescheitert war, setzte Kronprinz Ludwig als König Ludwig I. von Bayern großen deutschen Männern und Frauen aus zwei Jahrtausenden deutscher Geschichte in dem Tempelbau Walhalla bei Regensburg ein Denkmal. Die Ruhmeshalle wurde im Oktober 1842 eröffnet und ist heute eine viel besuchte Kulturstätte.

Nach der Frankfurter Nationalversammlung 1848 und der deutschen

Revolution 1848/49 entstand unter Bismarcks Führung nach dem Sieg über Frankreich 1871 das Deutsche Reich. Als »Zweites Reich« bezeichnet, war es jedoch eine kleindeutsche Lösung, verbunden mit dem um 1875 entstehenden völkischen Gedankengut. Dieses Gedankengut und die Folgen des Versailler Vertrages von 1919 mündeten in den Nationalsozialismus ein und schufen die Basis für das Dritte Reich.

Übergeordnet sah man das »Tausendjährige Reich« in dem Gebiet, das im Vertrag von Verdun im Jahre 843 Ludwig dem Deutschen, dem Enkel Karls des Großen, zuerkannt worden war. Karls Machtbereich schloss auch noch Frankreich ein, als er im Jahre 800 in Rom zum Kaiser gekrönt wurde. Heinrich I. legte 919 die Basis für das »Erste Reich«.

Der Nationalsozialismus hatte somit nur indirekt mit der deutschen Geschichte zu tun; eher mit dem völkischen Gedankengut in Bezug auf das Deutschtum und seine stetige Entwicklung in Mitteleuropa seit Ende des Ersten Reiches. Seit 1875 gibt es den Begriff »völkisch«, eine um 1900 vor allem vom Alldeutschen Verband vertretene Verdeutschung des Wortes »national« im Sinne von antisemitisch-national.

Im Wesen des Nationalen sah Hitler in der Ostorientierung Deutschlands sowie der Bekämpfung des Bolschewismus eine Chance für die Zukunft des deutschen Volkes. Der hauptsächliche Hintergrund war die Siedlungsdichte, die dort nur einen Bruchteil derjenigen Deutschlands beträgt (z. B. Polen 1/2; Baltikum 1/8 ; Weißrußland 1/5; Rußland ca. 1/20 usw). Schon der Deutsche Orden sorgte im 14. Jahrhundert für eine stärkere Besiedelung des Baltikums. Und warum versucht man heute, den Osten Europas möglichst schnell in die Europäische Union einzubinden?

*

Fast alle Mitglieder der Hitler-Jugend hatten Volksschulbildung. Es war für mich als HJ-Führer und Schulungsleiter nicht einfach, ihnen an den Heimabenden ein Interesse für geschichtliche Vorgänge abzugewinnen und die weitgesteckten Ziele des Nationalsozialismus, ein Europa unter deutscher Führung, klarzumachen; der »Klönsnack« und das Bier hinterher an der Theke waren oft wichtiger. Ich war bemüht, mich bei den Schulungsthemen den Interessen der Mitglieder anzupassen und alles verständlich darzustellen.

Die Schulungsblätter der HJ über die Geschichte Deutschlands beinhalteten in der Darstellung Fakten, die direkt mit der Vorgeschichte des Dritten Reiches in Verbindung gebracht wurden.

Verpönt in der HJ war das Rauchen, weil dadurch die Leistungen im Sport sinken. Versuche an einer Sportschule in Berlin sollen gezeigt haben, dass etwa fünf Minuten nach dem Genuss einer Zigarette die Treffsicherheit beim Pistolenschießen um ca. 14% sinkt und das Rauchen gesundheitsschädlich ist.
In meiner Jugend rauchten wir zwar nicht, standen diesen Thesen jedoch skeptisch gegenüber.

Inzwischen ist mir eine wissenschaftliche Untersuchung bekannt, die ausweist, dass der Blutdruck nach der Inhalation einer Zigarette innerhalb von fünf Minuten z. B. von 85/155 mmHg auf 115/220 mmHg ansteigt, um dann allmählich wieder abzusinken. Hieraus ist die stark verminderte Treffsicherheit, aber auch das Hochgefühl der Raucher herzuleiten, das durch den Anstieg des Blutdrucks infolge einer Verengung der Blutgefäße entsteht. Durch mangelhafte Durchblutung von Organen und Gliedmaßen können körperliche Schäden auftreten, wie beispielsweise das Raucherbein.

Auf den Heimabenden, die mittwochs meist eineinhalb Stunden dauerten, und den Sportveranstaltungen an manchen Sonntagen, trug man eine uniformierte Kleidung. Im Sommer gehörten dazu eine kniefreie schwarze Hose, Halbschuhe und graue Kniestrümpfe, Braunhemd, schwarzes Halstuch mit Lederknoten, HJ-Armbinde, Schulterklappen, Schulterriemen, Koppel mit Fahrtenmesser sowie ein braunes Schiffchen oder eine braune Mütze mit schwarzem Schirm und einem graubraunen Mantel.

Im Winter trug man entweder kurze Hosen oder schwarze Breeches (-Hosen) mit Stiefeln, wie sie auch von der Reiter-HJ und bei den Motorsportscharen getragen wurden. Die Flieger-HJ und die entsprechende Organisation der Marine hatten eine angepasste Dienstkleidung. So sah die Idealkleidung aus; es wurde jedoch nie so genau genommen. Die wichtigsten Kleidungsstücke jedoch waren das Braunhemd und die HJ-Armbinde.

Zur Uniform gehörte ebenfalls die dem Dienstgrad entsprechende Führerschnur in der festgelegten Farbe. Die Schnur wurde an der linken Schulter und der Brusttasche befestigt. Ich trug als bestätigter Kameradschaftsführer eine fingerdicke rot-weiße Kordel.

Bei den Heimabenden und Sportveranstaltungen begrüßte man sich mit dem Deutschen Gruß – ausgestreckter, erhobener Arm – und sagte »Heil Hitler«. Die Treffen fanden in Rosche statt. Die Anfahrt erfolgte mit dem Fahrrad und später mit dem Motorrad. Der »Hitler-Gruß« war auch in der Schule üblich, wenn der Lehrer die Schulklasse betrat und sich alle Schüler von ihren Plätzen erhoben.

Die Mittwoch-Heimabende endeten gegen 21.30 Uhr. Meine Eltern fand ich in den Wintermonaten zu dieser Zeit meistens schon im Bett vor.

Um 22.00 Uhr begannen die deutschsprachigen Sendungen von Radio Moskau, die ich mir mit großer Neugierde anhörte. Der Sender auf Landwelle (292 kHz) hatte oft Themen über die Arbeiter des Ruhrgebietes auf dem Programm und Beantwortungen von Briefen. Eines Tages begann die Sendung mit der Frage, was die Einzahl des Sprichwortes: »Lügen haben kurze Beine« bedeutet. Die Antwort lautete: »Der Lügner hat ein kurzes Bein«. Es war Joseph Göbbels, der Reichspropagandaminister, gemeint, der infolge einer spinalen Kinderlähmung ein verkürztes Bein hatte. Solche und ähnliche Witze gestalteten die Sendung natürlich besonders interessant.

Auf den Heimabenden oder wenn wir in Dreier-Formation zum Sportplatz oder zu Geländespielen marschierten, sangen wir Marschlieder. Es waren sowohl typische Soldatenlieder wie »Auf der Heide blüht ein kleines Blümelein« als auch Volkslieder, also Volksweisen im Marschtakt, wie: »Horch, was kommt von draußen rein ...«.

Auch Lieder der bündischen Jugendbewegungen der 20er Jahre wurden gesungen und Kampflieder der Falken oder kommunistischer Prägung mit teilweise abgeänderten Texten wie: »Uns're Fahne flattert uns voran/ uns're Fahne ist die neue Zeit .../ja, die Fahne ist mehr als der Tod« oder: »... heute hört uns Deutschland/und morgen die ganze Welt« (à la Lenin!), ursprünglich ein Marschlied der sozialistischen (kommunistischen) Jugend.

Der Grund, warum wir Lieder anderer alter Jugendbewegungen sangen, lag darin, dass es zu dieser Zeit kaum Dichter von Jugend-Wanderliedern gab. Horst Wessel, der Sohn eines Bielefelder Pastors, ermordet als Student 1930, war eine Ausnahme. Von ihm stammt u.a. das Lied: »Die Fahne hoch, die Reihen fest geschlossen«, das Lied, das zu dieser Zeit neben dem Deutschlandlied von Hoffmann von Fallersleben auch als zweite Nationalhymne gesungen wurde.

Verantwortlich für Veranstaltungen der HJ waren die Scharführer. Zwischendurch wurde mal eine Inspektion von höherer Stelle, zum Beispiel von dem zuständigen Gefolgschaftsführer, durchgeführt.

Zweimal nahm ich an Führungskursen teil, in Unna, untergebracht in einem Privatquartier, und im Sommer 1938 in der Flak-Kaserne in Bremen-Huckelriede. Wir betätigten uns vorwiegend in Sport und Geländespielen. In Bremen lernte ich ein nettes Mädchen, Hertha Fuhrmann, kennen, die ich Pfingsten 1939 mit meinem Freund Franz Schirf auf dem Soziussitz meines Motorrades besuchte.

Für uns Hitlerjungen war es selbstverständlich, dass wir am 1.Mai zusammen mit den anderen Organisationen unseres Jugendverbandes wie dem Bund Deutscher Mädchen (BDM) u.a. und der SA an den Umzügen und Kundgebungen teilnahmen. Diese verliefen, im Gegensatz zu den Zeiten der Weimarer Republik, stets friedlich.

Diese Maiveranstaltung fand in den Städten statt, bei uns in Uelzen. Auch in Rosche gab es manchmal Umzüge, die jedoch wenig Beteiligung fanden.

Die Maifeiern knüpften an altgermanisches Brauchtum an und wurden seit 1933 als Ausdruck des Bekenntnisses zur Volksgemeinschaft als »Tag der nationalen Arbeit« durchgeführt. Es marschierten Betriebsführer und Gefolgschaft in Reih und Glied und bekundeten in kameradschaftlichem Zusammensein ihre Verbundenheit. Die Reden bei den Kundgebungen stellten stets die soziale Komponente aller Werktätigen, die Adolf Hitler für das deutsche Volk forderte, heraus. Da es an diesem Tag noch sehr kalt sein konnte, zeigte sich die Kleidung mit Braunhemd und kurzen Hosen oft problematisch.

Bereits 1889 wurde der 1. Mai als internationaler Feiertag der Arbeiter in Paris festgelegt. Im Volksempfinden gilt der 1. Mai als Beginn der Sommerzeit und wurde in ländlichen Gegenden mit mancherlei Bräuchen verknüpft als Maifest gefeiert, oft verbunden mit der Wahl einer Maikönigin oder einem Maikönig.

Auch die Walpurgisnacht im Harz – die Nacht zum 1. Mai – gehört zu den Sitten und Gebräuchen. Bei uns stellte man in meiner Kindheit am 1. Mai einen mannshohen Birkenzweig als Maibaum vor der Haustür an der Straße auf. In manchen Gemeinden war es üblich, einen Maibaum auf dem Dorfplatz aufzustellen. In anderen Gegenden gab es diese Bräuche zu Pfingsten oder an anderen Feiertagen im Mai. Auch nach 1945 wurde der 1. Mai in der Bundesrepublik Deutschland zum gesetzlichen Feiertag erklärt, jedoch ohne eine vorgegebene Aussage.

Zu den Aufgaben der HJ-Organisation gehörte es, sich aktiv den Aufgaben des Winterhilfswerkes zu widmen und Behörden, Verbände, Kreisdienststellen usw. zu unterstützen. Unter dem Motto »Keiner soll hungern und frieren« wurden Kleider- und Geldsammlungen als soziale Hilfsaktionen durchgeführt, um Kleinrentner und andere Bedürftige zu unterstützen.

Wir wurden im Winter einmal im Monat mit Sammelbüchsen ausgestattet, gingen von Haus zu Haus und boten Plaketten des Winterhilfswerks mit verschiedenen Motiven zum Verkauf für 20 Pfennige an. Manches Mal erhielten wir zusätzliche Spenden von einer Reichsmark und mehr.

Diese Sammelaktionen gab es auch zu anderen Anlässen zum 1. Mai oder zur Unterstützung der Auslandsdeutschen. Bei Letzterem wurde an diesem Tag die Bevölkerung aufgefordert, blaue brennende Kerzen ins Fenster zu stellen.

Außerdem führte die Hitler-Jugend Buntmetall- und Altpapiersammlungen durch, um die Einfuhren von Rohstoffen zu beschränken oder einzusparen.

Deutschland strebte an, autark zu sein!

Alle diese Aktivitäten wurden auch von Seiten anderer Organisationen ehrenamtlich, ohne Vergütung für die Zeit, die man für diese sozialen Aufgaben aufwenden musste, ausgeführt.

Man traf sich bei der HJ auch sonnabends oder sonntags, insbesondere, wenn es sich um größere Veranstaltungen handelte, wie Sportfeste in Verbänden von mehreren Gefolgschaften oder auf Landkreisebene. Wir trafen uns oft in Bevensen, heute Bad Bevensen. Bei Nichtteilnahme an einer Veranstaltung war eine mündliche Entschuldigung erwünscht.

Die Räumlichkeiten für die Zusammenkünfte wurden kostenlos von den Gemeinden oder von Mitgliedern der NSDAP, der SA (Motorsport-SA, Reiter-SA, Sportflieger-SA usw.) zur Verfügung gestellt. Die Sportabteilungen der SA gab es in vielen Orten, wie es dort auch entsprechende Abteilungen in der Hitler-Jugend gab.

Anfang 1938 wurde ich als Scharführer eingesetzt. Ich hatte damit die Verantwortung für drei Kameradschaften mit rund 35 Mitgliedern. 1939 übernahm ich formal eine Gefolgschaft. Mir unterstand somit eine Einheit von etwa 100 Mitgliedern. Mit der Dienstgradbestätigung eines Scharführers trug ich die grüne Kordel zur Uniform. Die Kordel eines bestätigten Gefolgschafts-Führers war grün-weiß.

Die entsprechende Bestätigung eines Dienstgrades erfolgte erst dann, wenn man sich in seiner Tätigkeit als Führer dieser Einheit bewährt hatte.

Die Kameradschaftspflege im Sport und Spiel, zweimal im Jahr auch in größeren Verbänden in fremden Orten und Landschaften, gab der Jugend auf dem Lande Abwechslung.

*

In Verbindung mit den Schulungsblättern und den Anregungen im Elternhaus beschäftigten mich die allgemeinen Probleme dieser Zeit, ausgelöst durch den interessant gestalteten Religions- und Deutschunterricht meines Klassenlehrers Dr. Thorau. Mein Vater war belesen; er interessierte sich für sachbezogene Bücher, die er aus der kleinen Schulbücherei ausleihen konnte.

Als Religionslehrer hatte mein Klassenlehrer die Gabe, interessante Verknüpfungen zwischen Judentum, Christentum, Martin Luther, Calvin, Mohammed, den Göttern des Altertums und den modernen Strömungen herzustellen. Er sprach von den vier wichtigsten Gottesbeweisen, zum Beispiel dem ontologischen, der aus dem bestehenden Begriff des höchsten Wesens schon dessen Dasein folgert (Descartes, Leibnitz, Hegel). Dem setzt Kant seinen moralischen Gottesbeweis entgegen, der das vorhandene Sittengesetz zur Beweisgrundlage für das Dasein eines unbedingten höchsten Willens macht.

Von Haus aus bin ich im christlichem Glauben eines Martin Luthers erzogen. Es wurden damals in der evangelischen Kirche neue religiöse Glaubensrichtungen publik, die bei den Menschen in meiner dörflichen Umgebung Verwirrung auslösten. Mein Interesse daran wurde dadurch enorm gesteigert.

Nach der 1927 in Thüringen gegründeten »Kirchenbewegung« Deutsche Christen, die in ihrem religiösen Gehalt stark von der bündischen Bewegung beeinflusst worden war, entstand bereits 1932 die »Glaubensbewegung« Deutsche Christen, die in Preußen von den Nationalsozialisten gesteuert und gefördert wurde. 1933 strömte die Mehrheit der Pfarrer und des Kirchenvolkes dieser Richtung zu.

Im Herbst 1933 kam es zu offenkundigen Gegensätzen, so dass schon 1936 ihre Auflösung erfolgte. Ich erinnere mich noch an die Verunsicherung, die sich aus den Gesprächen meiner Eltern mit unseren Nachbarn ergab. Inzwischen entstand die »Deutsche Glaubensbewegung« aus völkisch-religiösen Bünden, die eine »arteigene Frömmigkeit« ohne dogmatische Bindung erstrebte und sich zum Nationalsozialismus bekannte. Bereits 1935 begann ihre sektiererische Zersplitterung und sie fiel somit in die Bedeutungslosigkeit zurück.

Seit 1934 setzte sich die Bekennende Kirche, eine Bewegung innerhalb der protestantischen Kirche, gegen die Bestrebungen der Deutschen Christen ein.

Die Deutschen Christen wollten das Alte Testament abschaffen, da die alttestamentarischen Schriften die Basis der jüdischen Religion bilden. Die Bekennende Kirche stand in ihrem Kirchenkampf im Gegensatz zu Politikern, die aus weltanschaulicher Sicht das Christentum in seiner heutigen Art zurückdrängen wollten, wie Himmler, Rosenberg, Bormann u.a.. Es folgten harte Widerstände und Verfolgungen. Hier möchte ich insbesondere den Pastor Martin Niemöller nennen. Selbst das Reichskirchenministerium unter Kerrl bemühte sich vergebens, die schlimmsten Auswüchse des Kirchenkampfes und der kirchenfeindlichen Strömungen zu verhindern. Die Bekennende Kirche konnte den Kampf überstehen. Nach 1945 wirkte sie führend bei der Neuordnung der Evangelischen Kirche.

In der katholischen Kirche gab es diese Richtungsspaltungen nicht. Die kirchenfeindlichen Strömungen und die Unterdrückung der kirchlichen Presse führten ebenfalls zu Widerständen gegen Behinderungen kirchlicher Organisationen in ihrer Arbeit.

Diese zerstrittenen Glaubensströmungen bewirkten sicherlich, dass übergeordnete andere ideologisch gefärbte Richtungen für ihre Ziele einen guten Nährboden fanden.

Hervorgetreten ist hier die Zeitschrift »Der Stürmer«. Julius Streicher hatte es sich mit seiner seit 1923 erscheinenden Zeitschrift zur Aufgabe gemacht, das Volk über das Judentum aufzuklären. Wegen seiner politischen Einstellung wurde er als Volksschullehrer aus dem bayerischen Schuldienst entlassen und war bis 1940 Gauleiter der NSDAP in Franken.

Gegen das Verbot meiner Eltern warf ich, da ich mich stets fortschrittlich wähnte, ab und zu einen Blick in ein geliehenes Exemplar.

In den Berichten der Zeitschrift ging es hauptsächlich um die Auslegung der jüdischen Geschichte, wie sie im Alten Testament dargestellt wird und, als Zusammenfassung der Lehren und Vorschriften für die Juden, im Talmud als Lebensgesetze verankert ist. Neben der Thora, den fünf Büchern Mose, flossen in den Talmud auch noch Überlieferungen des nachbiblischen Judentums ein.

Die Offenbarung des Willens Gottes im Alten Testament, auch Ausgangsbasis für das Christentum, ist maßgebend für das Judentum. Die jüdische Religion gewährt die Einheit und den Bestand der Gemeinschaft; sie ist nicht auf das Bestreben zur Bildung eines eigenen Staates ausgerichtet. Das Judentum sieht sich jedoch als das von Jahwe (Gott) auserwählte Volk und als sein Eigentum.

Durch das Zusammenleben mit den anderen Völkern ergab sich die »Judenfrage« bereits schon im Altertum. Dieser Komplex bot genügend Themen für die Zeitschrift »Der Stürmer«. Mir sind noch mich sehr schockierende Aufsätze und Bilder, die mit spitzfindigen Passagen der übelsten Judenhetze verbunden waren, in Erinnerung. In ähnlicher Weise wurden auch die jüdischen Speisegesetze, die teilweise noch auf der Zeit der Vertreibung der Juden aus Ägypten basieren, kritisiert. Das Thema der Beschneidung, die Jesus durch die Taufe ablöste, wurde abfällig behandelt.

Der Nichtjude, der diese Berichte zur Kenntnis nahm, wurde kritisch, zumal oft Erinnerungen aus den 20ern und frühen 30er Jahren wach wurden. Wer sich mit der Geschichte befasste, wusste auch, dass im Mittelalter Christen zum Judentum übergetreten waren, um ungehindert von der damaligen christlichen Glaubensauslegung Geldgeschäfte mit den Fürstenhäusern und anderen Anlegern tätigen zu können.

Somit ist klar zu erkennen, dass es rassische, durch Erbmerkmale bestimmte und durch Gene übertragene Unterschiede zum Judentum nicht gibt. Juden und Nichtjuden leben seit Jahrhunderten zusammen. Es gibt völkische (seit 1875!) oder ethnische Merkmale, die geistig-seelisch durch den Kulturkreis bestimmt sind, in dem man aufgewachsen ist und in dem man lebt. Man spricht hier vom säkularisierten Judentum. Das Judentum ist somit eine Glaubens- und Kulturgemeinschaft.

Der Kulturphilosoph Housten Stuart Chaimberlain hat in seinem Werk »Die Grundlagen des 19. Jahrhunderts« (1899) herausgefunden, dass der

Anteil des Germanentums an der europäischen Kulturentwicklung sehr bedeutend ist. Der Einfluss der Germanischen Kultur reicht von Oviedo (Halle Santa Maria de naranco) in Spanien über die Rechtsaufzeichnungen im 5. – 9. Jahrhundert (Leges Barbarorum) der germanischen Stämme bis zu den Funden auf Gotland. Sein Werk begründete die Rassenlehre des Nationalsozialismus.

Chamberlain heiratete 1908 die Tochter Richard Wagners und war ein großer Anhänger seiner musikalischen Werke und Weltanschauung. Die Stellung der Juden in Deutschland wurde immer wieder durch die verschiedensten Veröffentlichungen unterschwellig negativ beeinflusst, so auch durch die Schrift Richard Wagners »Das Judentum in der Musik« (1850). Seine Werke durften bisher in Israel nicht aufgeführt werden.

*

Adolf Hitler wurde am 20. April 1889 in Braunau am Inn geboren. Nachdem sein Vater verstarb und er dessen Erbe erst mit 24 Jahren antreten konnte, lebte er als junger Mensch in Wien in sehr ärmlichen Verhältnissen. Hitler geriet 1909 als 19-Jähriger hungernd und frierend in bitterste Not.

Seine krebskranke Mutter wurde von dem jüdischen Arzt Eduard Bloch behandelt. Mit Hilfe seiner gemalten Aquarelle, die seine drei jüdischen Freunde für ihn verkauften, konnte sich Hitler über Wasser halten. Auch das Anwaltsbüro Josef Feingold wurde mit seinen Aquarellen ausgestattet. Hitler hatte auch viele jüdische Freunde im Männerheim, in dem er zeitweilig wohnte.

In den Wiener Zeitungen wurden damals zwei stereotype Feindbilder der eingewanderten Ostjuden beschrieben: Die Wanderhändler und die Mädchenhändler, die Frauen aus Osteuropa an die Bordelle in Hamburg und nach Übersee verschacherten. Ferner schürten Antisemiten permanent die Angst vor der jüdischen Weltrevolution.

Hitlers jüdische Freunde konnten ihn gegen diese antisemitische Dauerpropaganda nicht schützen, zumal seine politische Leitfigur u.a. der Wiener Bürgermeister Karl Lueger war, der sich als ausgesprochener Antisemit gab.

Alle diese Erlebnisse spiegelten sich später als Klischees in Hitlers Buch »Mein Kampf« wieder. Der psychisch gespaltene Antisemit Hitler hat noch während des Krieges seinen früheren jüdischen Bekannten und Freunden die Wege geebnet, um in die USA ausreisen zu können.*)

*) Brigitte Hamann: »Hitlers Wien«, 1996

Schule und Schulerlebnisse

Ab Ostern 1937 lief eine Schulreform an, die aber erst 1938 wirksam wurde. Die Hauptform der weiterbildenden Schulen war die Oberschule mit einer Gabelung in einen sprachlichen und einen naturwissenschaftlichen Zweig. Ich hatte den sprachlichen Zweig mit Latein gewählt. Als Sonderform gab es das Gymnasium mit drei Fremdsprachen als Pflichtfächern. Alle anderen Sonderschularten der höheren Schulen liefen aus, auch das Reform-Realgymnasium in Uelzen, das fortan Oberschule für Jungen hieß. Die Gesamtschulzeit wurde von 13 Jahren auf 12 Jahre verkürzt. Mein Jahrgang und auch der nachfolgende profitierten nicht davon. Die Klassen wurden ab sofort mit Jahrgangszahlen bezeichnet.

Mit den Lehrern macht wohl jeder Pennäler auf die unterschiedlichste Art und Weise seine Erfahrungen. In der Untersekunda (10. Klasse) begann der Chemieunterricht bei Dr. Schurig. Anhand von Experimenten erklärte er uns die Chemie. Die Herkunft des Wortes stammt aus dem ägyptischen chemi = schwarz, also Schwarze Kunst, und dabei wechselten in den Reagenzgläsern ununterbrochen die Farben. In der nächsten Stunde fragte er bestimmte Vorgänge ab, die er in seiner sehr kargen Weise erklärt hatte. Wer die erste Frage nicht beantworten konnte, musste stehen bleiben. Die halbe Klasse stand bereits, als ich gefragt wurde. Meine Antwort war richtig. Ich fand eine passende Antwort, da ich bereits ein Jahr zuvor auf der Mittelschule bei Lehrer Bielstein Chemieunterricht gehabt hatte. Im Zeugnis erhielt ich stets eine »2« und bin bis zum Abitur nie mehr gefragt worden.

Unser Geschichtslehrer Studienrat Grosse, genannt Motz, hatte wenig Autorität. Als in seiner Unterrichtsstunde ein Schüler fehlte, verabredeten wir, dass am Schluss der Stunde keiner mehr auf seinem angestammten Platz sitzen sollte. Jeder ging nacheinander zum Papierkorb, um einen Papierschnipsel hineinzuwerfen, und setzte sich anschließend auf den anderen freigewordenen Platz. Als das Ziel erreicht war, gab es spontan ein schallendes Gelächter. Der arme Studienrat war entsetzt, wusste aber leider nicht, was passiert war. Er hatte selbst zwei Jungs auf unserer Schule.

Ein anderes Mal balancierten wir im Winter eine halb mit Schnee angefüllte Butterbrotdose auf dem Kartenständer aus. Als der Schnee fast geschmolzen war, geriet die Dose aus dem Gleichgewicht und fiel wassersprühend mit lautem Krach zu Boden. Da ein Einzeltäter nicht zu finden war, machte Studienrat Grosse eine Klassenbucheintragung wegen flegelhaften Benehmens der Klasse. Die anderen Lehrer unserer Klasse haben darüber nur geschmunzelt.

Eines Tages erhielten meine Eltern von der Schule einen »blauen Brief«, wie man so schön sagt. Unser Musiklehrer Kuhlmann – Kutscher, wie wir ihn nannten – hatte sich beschwert, dass ich an einem Freitag die letzten Stunden geschwänzt hatte. Es handelte sich um eine Musik- und eine Orchesterstunde. Im Orchester spielte ich Geige. Den Geigenunterricht erhielt ich nachmittags ein- bis zweimal die Woche in Rosche beim Küster der evangelischen Kirche.

Und was war der Grund meiner Abwesenheit? Ich war mit Albert Bunge nach der vierten Stunde an diesem Freitag mit dem Motorrad nach Munster (Süd-Heide) zu einer Veranstaltung zur Wahl der neuen Heidekönigin gefahren.

Die erste Oper, die wir im Musikunterricht besprachen, war in der Untersekunda »Der Freischütz« von Carl Maria von Weber.

Es interessierte mich, auch bezüglich meines Geigenunterrichts, wie unser Musiklehrer uns die Tongeschlechter erläuterte. Die »Dur«-Tonart, mit dem Dreiklang und der großen Terz, wurde dem weiblichen Tongeschlecht »Moll« mit der kleinen Terz gegenübergestellt. Klanglich war für mich die A-Dur-Musik immer die schönste.

Für die Zensuren in Musik mussten wir auf Instrumenten vorspielen oder es wurden Notendiktate geschrieben. Dazu gab unser Musiklehrer den Pariser Kammerton »a« auf dem Klavier an und spielte anschließend langsam eine Melodie, deren erklingende Töne von uns in ein Notenblatt als Notenzeichen einzutragen waren. Ich freute mich, dass ich fast immer eine »2« erreichen konnte.

Den Kunstunterricht erteilte Studienrat Schäffer. Er führte uns anhand von entsprechenden Bildern, mit den entsprechenden Erläuterungen durch die Architektur der Jahrhunderte. Ein wichtiges Unterscheidungskriterium zu dem Baustil, der dem Barock folgte, dem Rokoko, habe ich bis heute behalten: »Schief-rund«. Das galt auch in der Malerei.

In dieser Disziplin wurden wir durch alle Kunstrichtungen geführt, mit Ausnahme des Expressionismus, Kubismus und Ähnlichem. Diese Stilrichtungen waren zu dieser Zeit nicht beliebt und wurden teilweise als entartet angesehen.

Es galt die Auffassung, dass Kunstwerke, die einer ausgiebigen Erläuterung bedürfen, um zu erfahren, was eigentlich dargestellt werden soll, nicht als solche angesehen werden können. Das Motiv müsste unmittelbar zu erkennen und aussagefähig sein.

Zu diesem Thema hatte der bekannte gebürtige Berliner Maler Max Liebermann schon am 28. Dezember 1910 an seinen Freund Franz Servaes geschrieben: »(...) Kunst kommt immer noch von Können und nirgends ist das ... weniger richtig als in der Kunst. Allerdings heißt Können nicht, sein bisschen Handwerk verstehen, wie der Schuster oder Schneider sein Metier kennt, sondern können heißt, seiner Phantasie, seiner Vorstellung sinnlichen Ausdruck geben können.« Er schrieb auch: »(...) und nur wer mit eigenen Augen die Natur anschaut und nebenbei noch die Fähigkeit besitzt, das originell Geschaute wiederzugeben, ist Künstler.«

Möglicherweise hat sich unser Kunstunterricht auch an den Aussagen Adolf Hitlers orientiert, der bei der Einweihungsrede des »Hauses der Deutschen Kunst« in München am 19. Juli 1937 Folgendes sagte: »... Kubismus, Dadaismus, Futurismus, Expressionismus usw. haben mit unserem deutschen Volke nichts zu tun ... Sie sind einfach das gekünstelte Gestammel von Menschen, denen Gott die Gnade einer wahrhaft künstlerischen Begabung versagt und dafür die Gabe des Schwätzens oder der Täuschung verliehen hat ... Kunstwerke, die an sich nicht verstanden werden können, sondern als Daseinsberechtigung erst eine schwulstige Gebrauchsanweisung benötigen, um endlich jenen Verschüchterten zu finden, der einen ... frechen Unsinn geduldig aufnimmt ...«

Uns wurden allerdings nie Aquarelle gezeigt, die Hitler gemalt hatte, obwohl viel darüber gesprochen wurde.

60 Jahre nach Kriegsende hat man in Belgien 21 von Hitler gemalte Aquarelle gefunden. Sie sind im Ersten Weltkrieg entstanden und stehen zum Preis von ca. 146.000 Euro zum Verkauf zur Verfügung. Eine Dame aus Ansbach bot vor kurzem in einem Auktionshaus in Nürnberg ein bisher unbekanntes Aquarell von Adolf Hitler zum Verkauf an. Es ist von ihm signiert und besitzt eine Echtheitsexpertise der Stadt Wien. Das Bild »Bergaden Hoher Göll« entstand 1910.

Bezogen auf die Kunst am Bau richtete Adolf Hitler, infolge harter örtlicher Auseinandersetzungen, nach dem Reichsparteitag in Nürnberg im September 1938 einen Brief an Dr. Roselius in Bremen. Roselius finanzierte in Bremen den Umbau der Böttcherstraße. Mit der Gestaltung dieser Straße war der Künstler und Bildhauer Prof. Hoetger beauftragt worden, dessen Architektur nach Hitlers Meinung einer entarteten Kunst gleichzusetzen sei. Man sollte diese Entartung jedoch nicht verhindern, sondern das deutsche Volk solle in späterer Zukunft selbst über das »Mahnmal« entscheiden.

Zu der Zeit, als die Diskussion über die Böttcherstraße öffentlich geführt wurde, war ich in Bremen auf einem Schulungslehrgang der Hitlerjugend. Auch hier wurde dieses Thema angesprochen.

Roselius hatte in dem väterlichen Betrieb ein Verfahren zur Herstellung von entcoffeiniertem Kaffee (HAG) entwickelt und hohe Gewinne durch den Verkauf des Coffeins an pharmazeutische und andere Industrieunternehmen erzielt. Da der Kunstliebhaber Roselius damals bereits große Spenden in die Künstlerkolonie Worpswede fließen ließ, bekam er dort den Kontakt mit dem Bildhauer Hoetger. Dieser hatte in Worpswede in den 20er Jahren den künstlerisch sehr umstrittenen Bau mit dem »Caffé Worpswede« errichtet. Das Caffé heißt heute in der Umgangssprache »Kaffee Verrückt«.

Auch mein Biologie-Unterricht hat Erinnerungen hinterlassen. Als wir mit unserem Biologie-Lehrer, Dr. Hartmuth Schurig, über die Mendel'schen Vererbungsgesetze sprachen und das Spiel bei den Kreuzungen mit den roten und weißen Blüten der Wunderblume und deren Mischungen zu Ende war, stellte ein Mitschüler die Frage bezüglich der erblichen Auswirkungen bei den Menschen. Nach einer kleinen Diskussion in verschiedenen Richtungen wies unser Biologie-Lehrer darauf hin, man könne im Großen und Ganzen davon ausgehen, dass menschliche Charakter-Eigenschaften und Wesenszüge etwa zu einem Drittel von der Erbmasse bestimmt werden. Zwei Drittel der menschlichen Eigenschaften und Verhaltensweisen seien auf Einflüsse aus der Erziehung und der Umwelt zurückzuführen. Hiermit sprach er auch die Frage der Rassentheorien an, die damals hoch aktuell war.

Ein Christ wird anders erzogen als ein Jude und lebt normalerweise in einer anderen Umgebung. Deshalb bestimmen schon die äußeren Einflüsse die Verhaltensweise dieser Menschen, die zwei sehr unterschiedlichen

Religionen angehören. Auch diese Unterschiede dienten den Nationalsozialisten als Vorwand zur Ermordung der Juden.

Jude ist, so die Gesetze des Judentums, wer von einer jüdischen Mutter geboren oder zum Judentum übergetreten ist. Darauf beruht auch der Ariernachweis, den Staatsbedienstete, zurück bis zur dritten Generation, führen mussten.

So wie es selbstverständlich war, dass wir einige der markanten Gedichte deutscher Dichter auswendig lernen mussten, wie zum Beispiel Friedrich von Schillers »Die Glocke«: »Festgemauert in der Erden steht die Form aus Lehm gebrannt ...«, so mussten wir auch Passagen aus der Literatur, die wir lasen, auswendig lernen, wie aus »Julius Caeser« von Shakespeare die Brutus-Rede: »Friends, romans and countryman, lend me your ears, I come to bury Caesar, not to praise him ...«.

Englisch-Unterricht gab Studienrat Bünger, genannt Popanz. Zu seinem 42. Geburtstag hatten wir ihm einen Glückwunsch an die Tafel geschrieben mit dem Hinweis: »42 Jahre und noch keine Frau.«

Anfang Februar 1938 kam er in den Unterricht mit der neuesten englischen Times-Ausgabe unterm Arm, gerade am Bahnhofskiosk in Uelzen gekauft. Sogar in dieser kleinen Stadt mit ihren etwa 14 000 Einwohnern gab es schon damals ausländische Zeitungen.

»Jetzt wollen wir mal sehen, was die Engländer dazu sagen!« Gemeint war die Entlassung des Generalfeldmarschalls von Blomberg am 2. Februar 1938 wegen Meinungsverschiedenheiten mit Hitler. Seit 1936 leitete von Blomberg die Wiederaufrüstung der Wehrmacht. Wir Schüler mussten die englischen Texte übersetzen. Ich fühlte mich, des schwierigen Textes wegen, nicht sehr glücklich!

Das politische Ergebnis aus der »Times« war, dass Blomberg einen zwielichtigen Umgang in seinem Zivilleben gehabt haben soll und in der Führungsebene somit nicht mehr tragbar war. Er ist im März 1946 in amerikanischer Haft gestorben.

An Besonderheiten aus anderen Unterrichtsstunden in dieser Klassengemeinschaft kann ich mich nicht mehr erinnern.

*

Ab Mitte der 30er Jahre wurde in den Zeitungen, im Rundfunk und in den

Wochenschauen der Kinos laufend über die Eröffnung neuer Autobahnabschnitte durch Adolf Hitler berichtet. Dieses oft nach ihm benannte kreuzungsfreie Straßensystem (Straßen Adolf Hitlers) war einer der Schwerpunkte des 1933 auf ausdrücklichen Wunsch Hitlers geplanten Arbeitsbeschaffungsprogamms. Geplant war ein Netz mit 7000 Kilometern. Zum 1. Mai 1937 waren 1141 Kilometer Autobahnen fertiggestellt und 1812 Kilometer im Bau; bei diesem Vorhaben beschäftigte man damals rund 230 000 Arbeiter.

Diese Infrastrukturmaßnahme hatte aber nur einen Sinn, wenn ihre Nutzung umgehend möglich wurde. Der Wunsch Hitlers war es, dass in Zukunft auch jeder Arbeiter seinen eigenen Wagen fahren konnte. Damit sollte auch ein alter Menschheitstraum von der grenzenlosen individuellen Mobilität verwirklicht werden.

Das T-Modell von Henry Ford in den USA war der erste große Schritt auf dem Wege zur Verwirklichung dieses Traumes. In einer Massenproduktion wurden von diesem Model bis 1927 etwa 15 Millionen Einheiten hergestellt. Am Fliesband war der deutschstämmige Otto Kaiser zuständig für die einwandfreie Schlussabnahme und zeichnete jeweils mit OK ab. Das bedeutete: (Alles) in Ordnung! Die Amerikaner haben daraus in ihrer Umgangssprache das »Okay« entwickelt.

Unter den Automobilherstellern in Deutschland begann der Wettlauf, ein preisgünstiges Auto zu produzieren und anzubieten. Die Autounion brachte unter der Marke DKW einen günstigen Zweitakter auf den Markt. Er war ein kleines Wunder. Die Hannomagwerke in Hannover versuchten es mit ihrem Wagen-Typ. Adam Opel – die Aktienübernahme durch General Motors erfolgte 1929 – bot den Typ P4 damals mit 1890 Reichsmark sehr preiswert an.

Zu bemerken ist in diesem Zusammenhang, dass unser Führer nie Wagen der Nobelmarken Maybach oder Horch fuhr, sondern sich stets mit einem Mercedes begnügte, der damaligen Nobelmarke zweiter Klasse.

Von höchster Stelle beauftragt, entwickelte Ferdinand Porsche seit 1934 den Volkswagen. Porsche war vorher in der Entwicklung bei Mercedes-Benz tätig und konstruierte auch den erfolgreichen 5-1-Rennwagen der Autounion. 1938 wurde der Ort Wolfsburg gegründet und dort von Adolf Hitler der Grundstein für das Volkswagenwerk gelegt. Damit auch der Arbeiter die Möglichkeit erhielt, einen Wagen zu erwerben, wurde 1938 ein

Ansparverfahren mit niedrigen Raten entwickelt. Wer diesen Vertrag abschloss, bekam die Zusicherung zu einem Kaufpreis von 990,00 Reichsmark ein Auto erwerben zu können. Nach den ersten Auslieferungen der Volkswagen Mitte 1939 bereitete der Krieg diesem Vorhaben jedoch ein vorzeitiges Ende.

Damit in Zukunft bei einem zunehmenden Kraftfahrzeugbestand die Straßen dem fließenden Verkehr vorbehalten blieben, wurde im Februar 1939 die Reichsgaragenordnung erlassen. Sie regelt in ihrem städtebaulichen Teil das Einstellen von Kraftfahrzeugen außerhalb der öffentlichen Verkehrsflächen bei Wohn- und Arbeitsstätten und machte den Bau von Garagen oder Stellplätzen zur Pflicht.

Diese Verordnung hat auch heute noch Gültigkeit. Von dieser Pflicht kann man sich oft durch die Zahlung von Ablösegebühren an die Gemeinde befreien. Die Folgen sind bereits derzeit durch den Parkplatzmangel deutlich erkennbar.

Nach dem Krieg wurde das Projekt Volkswagen wieder aufgegriffen. Zuerst spöttelnd, bald liebevoll Käfer genannt, wurde er zum Symbol für das deutsche Wirtschaftswunder, und damit schrieb der Volkswagen Automobil-Geschichte.

*

Mit großem technischen und auch propagandistischen Aufwand wurden Mitte der 30er Jahre in dem Solebad Salzgitter, nördlich vom Harz, die Hermann-Göring-Werke zur Eisenerzgewinnung gegründet. Dieses Gebiet, durch die Zusammenlegung von 27 bäuerlichen Gemeinden zu einer Stadt ausgebaut, weist das größte deutsche Eisenerzlager sowie ferner Kali-, Steinsalz- und Erdölvorkommen aus. Auch neue Sozialeinrichtungen wurden hier geschaffen.

Da die National-Sozialisten versuchten, die soziale Komponente, oft durch Gleichschaltung, in den Vordergrund zu stellen, wurde auch auf die Ausgestaltung der Freizeit der Berufstätigen Einfluss genommen. Angestrebt wurde stets das Ziel der körperlichen und seelischen Förderung der Schaffenden. Diese Aufgabe hatte die Organisation »Kraft durch Freude« übernommen.

Die Einrichtung (K.d.F.) war eine Unterorganisation der Deutschen

Arbeitsfront, diese wiederum ein Zusammenschluss der vorangegangenen Arbeitgeber- und Arbeitnehmer-Verbände. Die K.d.F.-Organisation war auf allen Gebieten tätig, die den Zielen der Erholung dienlich waren, z.B. Sport, Volksbildung, Gestaltung der Einrichtungen in den Betrieben, Urlaub, Reisen usw.. Am beliebtesten waren, aus meiner Erinnerung heraus, die K.d.F.-Reisen, insbesondere die Seereisen, die mit verhältnismäßig bescheidenen finanziellen Mitteln bis Norwegen, Madeira und ans Mittelmeer führten – vierzehn Tage für nur 120,00 Reichsmark. Das K.d.F.-Schiff »Wilhelm Gustloff« war das bekannteste der Schiffsflotte. Dieses Schiff lief 1937 bei der Werft Blohm und Voss vom Stapel, als erstes ausschließlich für Kreuzfahrten gebautes Passagierschiff der Welt.

Die Preise für diese Reisen waren erheblich günstiger als bei privaten Unternehmen; man musste aber Mitglieder der Deutschen Arbeitsfront sein, einer gewerkschaftsähnlichen Organisation.

*

Aufgrund meines mehrfachen Schulwechsels, dem Überspringen der Sexta sowie den daraus resultierenden Schwierigkeiten mit der englischen Sprache, dem einjährigen Zwischenbesuch auf der Mittelschule, den damit verbundenen Wissenslücken sowie den Aktivitäten in der Hitler-Jugend erreichte ich das Klassenziel Ostern 1938 nicht.

In Physik und Sport erhielt ich plötzlich nur die Zensur »genügend« statt »gut« und in Englisch »ungenügend«, so dass kein Leistungsausgleich vorhanden war. Eine schlechte Leistung in einem Hauptfach konnte nur durch zwei gute Zensuren in anderen Hauptfächern ausgeglichen werden. Physik und Sport hatten wir bei dem gleichen Lehrer! Ich musste die 12. Klasse ein zweites Mal auf der Oberschule durchlaufen.

Mit der neuen Klasse wechselte ich jetzt in den naturwissenschaftlich-mathematischen Zweig, unter Verzicht auf das »Kleine Latinum«.

Mein früherer Klassenkamerad an der Hindenburg-Schule in Suhlendorf und der Mittelschule in Uelzen, Adolf Meyer, wählte bei der Aufnahme auf dem Real-Gymnasium in Uelzen gleich den naturwissenschaftlich-mathematischen Zweig. Er studierte ebenfalls Bauingenieurwesen, lebt in Leimen bei Heidelberg und lehrte als Prof. Dr.-Ing an verschiedenen Hochschulen und Universitäten und wirkte auch in Südafrika.

*

Wir unternahmen im August 1938 eine Klassenreise nach Süddeutschland an den Bodensee und übernachteten in Jugendherbergen, sahen uns die alten Pfahlbauten an und machten einen Abstecher in die Schweiz bei Konstanz. Der Devisen-Umtausch war auf 3,00 Reichsmarkt pro Tag beschränkt. Wir bestiegen den Pfänder (1064 Meter) bei Bregenz im neuen Teil Deutschlands, der Ostmark – bis März 1938 noch Österreich.

Als ich in Singen am Hohentwiel mit meinem Freund unterwegs war, kamen wir abends zu spät zur Jugendherberge; sie war bereits geschlossen. Wir verbrachten die Nacht sitzend und hockend in einer Telefonzelle am Marktplatz. Ein Polizist machte des Öfteren seinen üblichen nächtlichen Streifengang auch an unserer Telefonzelle vorbei. Zum morgendlichen Frühstück fanden wir uns wieder in der Jugendherberge ein.

Für unsere Klasse war diese Reise ein Erlebnis. Unser begleitender Lehrer lobte Adolf Hitler, der erreicht hatte, was seine Landsleute bereits am 12. November 1918 festlegten, nämlich den Anschluss aller deutschsprachigen Gebiete des Alpenraumes einschließlich des Sudetenlandes an das Deutsche Reich. Eine Volksabstimmung in Tirol und in Salzburg im Frühjahr 1921 bestätigte mit über 90% den Beschluss vom November 1918. Mit Hilfe des Völkerbundes jedoch verhinderte die französische Regierung diesen Anschluss.

Der Vierzehn-Punkte-Plan des amerikanischen Präsidenten Wilson zum Selbstbestimmungsrecht für Völker und Volksgruppen, der die Basis für die Beendigung des Ersten Weltkrieges von deutscher Seite war, wurde auch hier mit Füßen getreten. Insbesondere das Drängen der Franzosen nach einem Gewaltfrieden mit dem Deutschen Reich führte zum Versailler Vertrag vom 28. Juni 1919 mit all seinen Konsequenzen.

In dem Abkommen mit dem Deutschen Reich vom 11. Juli 1936 bekannte sich Österreich grundsätzlich als deutscher Staat; somit wurde auch am 10. April 1938 der Anschluss Österreichs an das Deutsche Reich mit 99% der österreichischen Bevölkerung und den westlichen Mächten gebilligt.

Damit war die großdeutsche Lösung erreicht, die die 1871 von Bismarck verwirklichte kleindeutsche, unter Führung Preußens, ablöste. Die Einbeziehung aller Deutschen in ein Reich war auch ein wichtiges Thema auf der Frankfurter Nationalversammlung 1848/49 gewesen, wurde aber von Preußen 1871 blockiert. Im Deutschen Krieg von 1866 hatte Preußen bereits den Deutschen Bund für erloschen erklärt und wollte den damaligen Vielvölkerstaat Österreich mit seinen nicht-deutschen Problemen im Deutschen Reich nicht aufnehmen. Die Großdeutsche Volkspartei bestand in Österreich bis 1934.

Nach dem Zerfall des Reiches der Habsburger 1918, mit dem auch der Verlust der Kohlevorkommen in Böhmen und Schlesien verbunden war, herrschte im Kleinstaat Österreich ein Energiemangel. Die heute sogar noch utopisch anmutenden Projekte der 20er und 30er Jahre zur Energiegewinnung aus den in den Hohen Tauern anfallenden Wassermengen wurden derzeit von dem damaligen Salzburger Landeshauptmann Dr. Franz Rehrl mit Zähigkeit verfolgt.

Da sich die Projekte als machbar erwiesen, wurde die Idee eines Tauernkraftwerkes nach dem Anschluss Österreichs an das Dritte Reich sofort aufgegriffen und mit dem Bau zweier großer Stauseen begonnen, finanziert mit der Reichsmark. Am 16. Mai 1938 erfolgte der erste Spatenstich durch Hermann Göring; an die damaligen propagandistisch hervorgehobenen Presseberichte kann ich mich noch erinnern.

Am 17. November 1944 lieferte das Kraftwerk Kaprun erstmals Strom in das österreichische Verbundnetz. Infolge der Ereignisse des Zweiten Weltkrieges und der Nachkriegsprobleme konnte das Kraftwerk – mit einem großen Aufwand körperlich-menschlicher Leistungen der »Männer von Kaprun« – erst 1955 voll in Betrieb genommen werden. Das diesbezügliche Denkmal zwischen zwei Stauseen ist sehr beeindruckend!

Nach der Eingliederung Österreichs in das Deutsche Reich verdichtete sich auch im Sudetenland, das unter tschechoslowakischer Verwaltung stand, die Forderung nach einem Anschluss an Deutschland. Bereits am 4. März 1919 hatten hier die Deutschen für das Selbstbestimmungsrecht demonstriert. Es wurden 1919 54 Deutsche ermordet und kurze Zeit darauf 354 deutsche Volksschulen und 47 deutsche Mittelschulen geschlossen. Rund 40 000 deutsche Staatsangestellte wurden rechtswidrig entlassen.

Infolge der »Nadelstiche« durch die Tschechen (Bericht des britischen Geschäftsträgers in Berlin G.O. Forbes an seinen Außenminister Halifax am 10. September 1938) waren bereits am 20. September 1938 über hunderttausend Deutsche kurzfristig nach Deutschland geflohen.

Am 19. September 1938 wurde dem tschechischen Staatspräsidenten Eduard Benesch der »Anglo-französische Plan« dieser Staaten übermittelt, der die Herausgabe des Sudetenlandes, mit über 50% deutscher Bevölkerung, forderte und die Annullierung des militärischen Hilfeversprechens im Konfliktfalle beinhaltete.

Am 26. September 1938 hielt Adolf Hitler eine Rede im Berliner Sportpalast, in der er feststellte, dass nahezu 600 000 Deutsche die Tschechoslowakei unter diskriminierenden Bedingungen in den vergangenen Jahren hatten verlassen müssen.

Am 28. September 1938 trafen sich in München Neville Chamberlain (Großbritannien), Edouard Daladier (Frankreich), Benito Mussolini (Italien) und Adolf Hitler (Deutschland) auf Anregung des britischen Premierministers, um das Münchner Abkommen zu beschließen. Es entsprach in etwa dem oben erwähnten »Anglo-französischen Plan«.

Hiermit hatte Hitler sein Ziel erreicht, alle von Deutschen besiedelten Gebiete, die an das Reich angrenzten, in einem Staat zu vereinen. Auch das Ziel der »Achtundvierziger«, der Anhänger der liberalen und nationalen Bewegung, die in der Revolution von 1848 eine großdeutsche Lösung erstrebt hatte, war jetzt erreicht worden.

Winston Churchill kommentierte das Abkommen am 5. Oktober 1938 im britischen Unterhaus mit den Worten: »Wir haben eine totale durch nichts gemilderte Niederlage erlitten ... Das System ... auf das Frankreich seine Sicherheit gründete, ist hinweggefegt ...«.

Großbritannien wurde in Deutschland in vielen Beiträgen der Zeitungen und Zeitschriften hofiert. Ich nahm diese Anregungen auf und beschäftigte mich mit den Beziehungen zu England. Wir wohnten im früheren Königreich Hannover, das nach dem Krieg von 1866 preußische Provinz wurde und durch das hannöversche Königshaus eng mit England verbunden war.

Aus Erzählungen meiner Eltern und Großeltern aus früheren Zeiten ergaben sich viele interessante Anhaltspunkte für das Interesse an England. Auch von der Schule her war die Geschichte Englands kein Neuland für mich. Überrascht war ich allerdings, als ich erfuhr, dass unser Kaiser Wilhelm II. im Jahre 1897 nicht zu den großen fürstlichen Feierlichkeiten anlässlich des 60. Geburtstages seiner Großmutter, Königin Victoria, nach England geladen worden war, obwohl sie aus einem deutschen, dem hannöverschen Königshaus stammte und Hannover und Großbritannien bis 1837 in Personalunion durch Georg I. verbunden gewesen waren.

Noch schlimmer empfand ich Berichte in englischen Zeitungen, die ich der Schrift »Leben in Erwartung meiner Jugend« von Hans Grimm entnahm. Mit Datum vom 11. September 1897 war in der Wochenzeitschrift »Saturday Review« unter anderem Folgendes zu lesen: »Wenn morgen Deutschland aus der Welt vertilgt würde, gäbe es übermorgen keinen Engländer, der nicht reicher wäre als heute.« Auch der »Spectator« schloss sich dieser Terminologie an; damit begann eine Kriegshetze gegen Deutschland, obwohl die Deutschen seit Bismarcks Zeiten stets um die Freundschaft mit den Briten gerungen hatten.

Nach Bismarck waren die Beziehungen zu England abgekühlt. Ein weiterer psycho-politischer Hintergrund für die feindliche Einstellung der Engländer gegen Deutschland war möglicherweise der Verlust des politischen Grundsatzes des europäischen Gleichgewichtes durch den Sieg der Deutschen 1871 über Frankreich!

Dieser Grundsatz des Gleichgewichtes der Kräfte (Balance of Power) auf dem europäischen Festland wurde besonders von England seit dem 16. Jahrhundert gepflegt und richtete sich in früheren Zeiten vor allem gegen Ludwig XIV. von Frankreich sowie gegen Napoleon.

*

Bei uns Jugendlichen waren zu dieser Zeit Bücher über Idealgestalten der Indianerstämme Nordamerikas, wie von Karl May dargestellt, als Lektüre nicht mehr gefragt. Der Geschichtsunterricht und die Werbung bei Neuerscheinungen, lenkten unser Interesse auf anspruchsvollere Bücher. Gefragten Lesestoff boten für uns Jungen Schriftsteller wie Ernst Jünger mit »In Stahlgewittern«, Hans Grimm mit dem Roman »Volk ohne Raum«, in dem er der afrikanischen Weite die deutsche Raumenge gegenüberstellte, oder Edwin Erich Dwinger, der verwundet 1915 bis 1921 nach Sibirien in russische Kriegsgefangenschaft verbannt worden war. Er hat mit Hilfe seiner Tagebuchaufzeichnungen spannende Bücher über diese Zeit geschrieben, unter anderem »Zwischen Weiß und Rot«. Diese Bücher passten in unsere Zeit, und es war für mich eine Anregung, gegebenenfalls auch ein Tagebuch zu führen.

Diese Titel wurden zum Teil auch von meinem Vater gelesen, da die Hintergründe seinen Kriegserlebnissen entsprachen. Er war kein Freund von Hitler, stand aber bezüglich Hitlers Ablehnung des Versailler Vertrages voll auf seiner Seite. Mein Vater billigte meine Tätigkeit in der HJ, da ich mich wegen meiner beruflichen Zukunft den Lebensbedingungen und der Entwicklung in Deutschland positiv gegenüber stellen müsste.

Staatliche Feiertage waren Anlässe, Privathäuser mit einer Hakenkreuzfahne zu beflaggen, insbesondere am 1. Mai, dem Tag der Arbeit, sowie am 20. April, Hitlers Geburtstag, am Erntedankfest und bei anderen staatlichen Begebenheiten.

Viele Mitbürger – besonders in den Großstädten – sahen eine maßlose Übertreibung in den bombastischen Aufmärschen, den Parteitagen sowie den Paraden mit dem Wald von wogenden Fahnen und Standarten. Wir jungen Menschen, die wir dabei waren, hatten Freude an derartigen Veranstaltungen.

Zurückblickend: War die Partei Hitlers diesbezüglich eine getreue Nachahmung des Stalinismus, nur unter anderen Vorzeichen?

*

Am 7. November 1938 wurde in der deutschen Botschaft in Paris der Legationssekretär Ernst vom Rath in seinem Dienstzimmer von dem polnischen Juden Grynspan ermordet. Durch die Zeitungen entsprechend aufgeputscht und beeinflusst, wurden am Abend und in der Nacht des 9. Novembers in vielen deutschen Städten von aufgebrachten Menschen jüdisches Eigentum, Geschäfte und Synagogen beschädigt oder in Brand gesetzt. Über die direkten Urheber dieser Protestbewegung bestehen Unklarheiten. Einzelne Personen in Uniformen der SS oder der SA sollen dabei gewesen sein.

Als Reichskristallnacht ist dieses Geschehen in die Geschichte eingegangen. Rudolf Heß, der Stellvertreter Adolf Hitlers, veranlasste in der Nacht zum 10. November ein Fernschreiben mit dem Befehl an alle wichtigen Dienststellen, dass keine Brandlegungen an jüdischen Geschäften und dergleichen erfolgen dürfen.

*

Im Nachhinein gesehen hat Hitler im März 1939 einen großen Fehler begangen. Nachdem sich die Slowakei, durch die Lösung von der Tschechoslowakei, am 14. März 1939 selbständig gemacht und sich von Böhmen und Mähren getrennt hatte, erzwang Hitler einen Protektoratsvertrag für den Reststaat mit Prag als Hauptstadt. Dadurch verärgerte Hitler die Vertragspartner des Münchner Abkommens.

Der bereits im Oktober 1938 zurückgetretene tschechische Staatspräsident Benesch lebte seitdem in London. Er stellte seit Dezember 1938 Überlegungen zu Plänen an, eine Methode zu entwickeln, wie man die Deutschen aus ihren Siedlungsgebieten in Mitteleuropa vertreiben könnte, die »human und international finanziert« werden sollte – später als Benesch-Dekrete bekannt geworden.

Die Gesamtzahl der zu vertreibenden Deutschen lag gemäß dem Plan bei etwa 18 Millionen. Die Grundlage des Dekrets bildete anscheinend der Neo-Panslawismus des 20. Jahrhunderts. Um den Panslawismus wachzuhalten, wurde in Moskau 1941 das »Slawische Komitee« mit der entsprechenden Monatszeitschrift »Slawjane« gegründet.

Für die Menschen im deutschen Kulturkreis wird es nie leicht sein, über lange Zeiträume in Frieden zu leben. Es gibt keinen Staat oder geschlossenen nationalen Kulturkreis auf dieser Welt, der von so vielen fremden Nationalitäten unterschiedlicher Sprache und Sitten umgeben ist wie Deutschland. Die Regierungen müssen sehr flexibel sein, um nachbarschaftliche Probleme lösen zu können. Unsere geografische Situation ist bei ihrem Handeln von den Machthabern und Politikern in Mitteleuropa bewusst ausgenutzt geworden. In den vergangenen hundert Jahren hat Deutschland darunter schwer gelitten!

*

Für die technisch interessierten Klassenkameraden gab es 1938 eine Überraschung. Ein schneller Flieger, die Focke-Wulf 200 Condor, schrieb am 10. August 1938 Luftfahrtgeschichte und überflog nonstop mit 360 Stundenkilometern als erstes Verkehrsflugzeug den Atlantik von Berlin nach New York.

Zuerst widmete man sich bei der Focke-Wulf-Flugzeubau AG dem Bau kleiner Privat- und Sportflugzeuge, ehe man ab 1936 auch mit der Entwicklung militärischer Flugzeuge begann. 1938 entstand der zweite Standardjäger der Luftwaffe, die FW 190, der ab 1941 in der »Schlacht um England« zur Fronterprobung kam und sich den britischen »Spitfires« überlegen zeigte.

*

Eine Freude war für mich das vierbändige Brockhaus-Lexikon, das ich Weihnachten 1938 zum Geschenk bekam. Es war gerade neu erschienen. Ich konnte jetzt auf die einfachste Weise meine Wissenslücken ausfüllen und mein Vater hatte in seiner Freizeit etwas zum Schmökern, als Ergänzung zu den Büchern, die er las. Für meine spätere Abiturarbeit »Landflucht« erhielt ich aus dem Brockhaus gute Anregungen.

Neuerdings gab es in meiner Klasse eine »Physikalisch-Technische Arbeitsgemeinschaft«. Wir mussten unter anderem die neu erstellte Kurve der Reichsstraße R 191 zwischen Oldenstadt und Uelzen vermessen und aus der Überhöhung die zulässige Höchstgeschwindigkeit für PKW unter Berücksichtigung der Zentrifugalkraft ermitteln.

Ostern 1939 wurde ich in die Oberprima versetzt. Die Klasse unternahm im Frühsommer 1939 einen Opern-Ausflug nach Hamburg. Wir sahen den »Tannhäuser« von Richard Wagner. Wir besichtigten die Stadt und auch die Reeperbahn. Spät am Nachmittag ging ich mit zwei Freunden zum Nachmittagstanz ins Café Lausen. Es gab Schilder mit der Aufschrift »Swing unerwünscht«. Dieser rhythmische Tanz, als ein wesentliches Element der Jazzmusik, trat etwa ab 1935 in Orchestern stark hervor, was manchen ideologisch verblendeten Zeitgenossen störte. Es gab an diesem Nachmittag kaum jemanden, der den oftmals von der Kapelle gespielten Swing in der typischen Art nicht tanzte. Er konnte sehr einfach ohne Figuren getanzt werden.

Da jetzt Latein wegfiel, konzentrierte ich mich mehr auf das Englische. Als englische Literatur lasen wir bei unserem Englisch-Lehrer Prof. Steinmeier zum Beispiel die Kindergeschichte von »Little Lord Fauntleroy«. Herr Steinmeier war Österreicher und hatte somit den entsprechenden Berufstitel und die mit seiner Herkunft verbundene Aussprache. Seine trockenen Zwischenbemerkungen waren immer amüsant.

Einmal ließ er aus Versehen seine Lektüre auf dem Katheder liegen.

Wir blätterten das Buch durch und fanden dort eine Randbemerkung: (phonetisch) »An daiser Stäle pfläge ich eine Wätz zu mache«. Als wir etwa eine Unterrichtsstunde später diese Stelle der Literatur erreichten und Professor Steinmeier einen Witz ankündigte, brach in der Klasse ein schallendes Gelächter aus, bevor er den Witz begonnen hatte – er konnte nur noch staunen!

Die Lektüre beschreibt die britische Aristokratie. Sie schildert einen alten Lord der auflebt, als er erfährt, dass er einen als Straßenjunge in New York lebenden Enkel hat, ihn nach England holt und durch ihn zum liebenswerten und sorgenden Großvater wird. Das Buch ist 1980 verfilmt und auch ins Deutsche übertragen worden.

*

In den Jahren 1938/1939 wurde ich zu mehreren Hochzeiten in Göddenstedt, Teyendorf, Polau und Rosche eingeladen. Meine Cousine Frieda heiratete in Polau den Bauern Wilhelm Schulze. Sie war somit eine Frau Frieda Schulze geb. Schulz.

In Rosche heiratete 1938 der Sohn der Cousine meines Vaters aus dem Hause Schlademann, der Kaufmann Walter Ritz. Meine Mutter und ich unternahmen bereits 1934 und 1935 Ausflüge auf seinem Lastwagen. Meine Großmutter väterlicherseits stammte von dem Hof Schlademann in Prilip. Das Dorf gehört heute zu der Gemeinde Rosche.

Die Hochzeiten auf dem Lande feierte man allgemein mit rund 130 bis 250 Personen. In seinem Heimatort wurde man als junger Mensch auch ohne Verwandtschaftsgrad zu den Brautleuten eingeladen. Die Jugendlichen im Ort hatten einfach dabei zu sein.

Vor der kirchlichen Trauung versammelte man sich, oft nach einem gemeinsamen Frühstück am Vormittag, rechtzeitig vor dem Gasthaus, in welchem die Feier stattfand. Die jungen, unverheirateten Hochzeitsgäste wurde einzeln aufgerufen und zu Paaren für den Kirchgang und die Hochzeitstafel zusammengestellt. Man blieb bis zum Ende des Festes als Paar beieinander und tanzte miteinander, soweit man sich sympathisch war. Manches Mal dachte man: Ist das 'ne dumme Ziege! Ähnliche Gedanken gab es sicherlich oft auch in umgekehrten Richtung.

Auf diese Art lernten sich junge Menschen auf dem Lande kennen –

natürlich oft gezielt gesteuert durch Eltern und Verwandte.

Als junger Mann trug man einen dunkelblauen Anzug. Dazu gehörte ein weißes Oberhemd mit Krawatte oder einer Fliege. Diese Oberhemden besaßen am Hals einen etwa 12 Millimeter breiten festen Bund mit Knopflöchern vorn und hinten. Mit Hilfe von zwei speziellen Kragenknöpfen wurde an dem Bund ein fester Umlegekragen oder auch ein Stehkragen befestigt. Am häufigsten wurden die sogenannten Mey-Kragen als Wegwerf-Kragen aus weißer Pappe mit Leinenstruktur getragen. Man warf sie nach dem Tragen fort; sie konnten nicht gewaschen werden. Es gab auch qualitativ bessere Erzeugnisse, die aber manchem zu teuer und aufwändig erschienen. Ich trug Maßanzüge, angefertigt von meinem Onkel Adolf. Er wohnte in Nateln und hatte dort in seinem Haus als Schneidermeister eine Werkstatt für Herrenbekleidung. Seine Kundschaft bestand aus den Bauern der umliegenden Dörfer. Seine Frau war eine Schwester meiner Mutter und somit ergab sich eine Doppelverwandtschaft.

Mein Onkel schneiderte mir Anzüge aus »englischen« Stoffen. Er meinte dass sie in Aachen hergestellt, nach England exportiert und danach als englische Ware in Deutschland wieder verkauft werden würden.

Sein Sohn, mein Vetter Adolf, ein Jahr jünger als ich, war an Sonntagen mit seinen Eltern oft bei uns. Manchmal kam mein Vetter Wilhelm aus Teyendorf zu uns. Er war ebenfalls Einzelkind wie ich. In den späteren Jahren trafen wir uns bei den Heimabenden und Sportveranstaltungen der Hitler-Jugend.

Die Schwester meines Vetters Adolf, meine Base Frieda, vier Jahre älter als wir, ging bereits ihre eigenen Wege.

Adolf verstarb im Sommer 1945 in sowjetischer Kriegsgefangenschaft in Schlesien. Seine Schwester Frieda wurde Mutter von fünf Kindern und erkrankte 1946 an einer Lungen-TBC, die sie nicht überlebte. Ihre Tochter Waltraud wanderte später nach Kanada aus. Sie hat heute zwei Kinder.

Der Sohn Gerhard lebte als Drogist in Hamburg und verstarb bereits in den 70er Jahren. Sein älterer Bruder, Georg Wilhelm, Jahrgang 1939, übernahm den Hof in Polau und sein Bruder Siegfried ist als selbständiger Versicherungsfachmann in Lüchow tätig.

Kurz nach der Geburt ihres fünften Kindes Helmut 1946 verstarb Frieda. Er wurde von seiner Tante in Stütensen aufgezogen und absolvierte eine Lehre als Elektriker bei Elektromeister Schüttler in Rosche. In Dietzenbach hat er sich später selbständig gemacht. Bei allen Kindern ist der Familienname jedoch nicht Schulze, sondern Schulz.

In der überlieferten Doppelverwandtschaft trafen wir uns, teilweise mit Ehepartnern, am 10. April 2005 in Lüchow.

*

Im Sommer 1938 begann ich mit der Ahnenforschung und legte einen Familienstammbaum an. Mit dem Motorrad suchte ich die zuständigen Kirchenämter in unserer Region auf, um von meinen Vorfahren die entsprechenden Auszüge aus den Kirchenbüchern über Geburt, Heirat und Sterbedaten zu beschaffen.

Es stellte sich dabei heraus, dass, rückführend etwa bis zum Jahre 1700, fast alle meine Vorfahren aus dem Kreis Uelzen stammen. Insgesamt habe ich etwa 70 amtliche Auszüge aus den Geburts-, Tauf-, Trau- und Sterberegistern vorliegen sowie alte Aufzeichnungen meines Vaters. Ferner besitze ich eine Chronik, die 1983 zur 850-Jahr-Feier Natelns, dem Geburtsort meiner Vorfahren väterlicherseits herausgegeben wurde. Die Auswertung dieser Unterlagen war für spätere Zeit vorgesehen.

Politisches Geplänkel und die Folgen

Von meinem Vater, der die »Allgemeine Zeitung der Lüneburger Heide« las, erfuhr ich im Sommer 1939, dass die politische Lage in Europa kritisch war. Das Problem war Polen.

Die politische Einstellung meines Vaters wurde von seiner Militär- und der Nachkriegszeit beeinflusst. Er verehrte den preußischen General Erich Ludendorff, der seit 1916 der mächtigste Mann in der Obersten Heeresleitung des Ersten Weltkrieges gewesen war. Nachdem 1917 Meutereien das französische Heer erschüttert, die österreichischen und deutschen Truppen am Isonzo die italienische Front durchbrochen hatten und Ludendorff als Generalstabschef unter Hindenburg die Russen bei Tannenberg besiegen konnte, erklärten am 6. April 1917 auch die USA Deutschland den Krieg. Sie wollten ihre Interessen Deutschland gegenüber wahren.

Nach der Kongressrede des US-Präsidenten Wilson am 11. Februar 1918 über sein Vierzehn-Punkte-Friedensprogramm verlangte Ludendorff am 29. September 1918 von der Reichsregierung ein Waffenstillstandsangebot. Er wurde daraufhin im Oktober 1918 vom Kaiser entlassen; er starb Ende 1937. Mein freiheitlich gesinnter Vater war der Meinung, dass erfolgreiche Verhandlungen über einen Waffenstillstand den Versailler Vertrag verhindert hätten und es somit keinen Adolf Hitler und keinen Streit mit Polen geben würde.

Zu erinnern sei in diesem Zusammenhang ferner an die Rede des früheren polnischen Ministerpräsidenten Sikorski im Rathaus von Posen am 10. April 1923 – also nach dem Versailler Vertrag –, der gesagt hatte, man müsse »sogar das Verbleiben Ostpreußens im deutschen Besitz als Gefahr für Polen bezeichnen«. Zu dieser Zeit begann bereits die Vertreibung der Deutschen im Osten.

Das schlechte Verhältnis zwischen dem Deutschen Reich und Polen spitzte sich zu. Es gab keine Möglichkeit, sich über eine Landverbindung durch den Korridor, der seit dem »Versailler Vertrag« bestand und das Reich von Ostpreußen und die an Polen abgetretenen Gebiete trennte, zu verständigen. Der Korridor entstand infolge des »Versailler Diktates« durch das Abtrennen deutscher Gebiete an Polen. Seit Oktober 1938 waren nur ergebnislose Verhandlungen geführt worden.

Bereits in einer Aussprache im Britischen Unterhaus am 15. Juni 1932 über die Minderheiten, hatte Lord Noel-Buxton gesagt: »... Die Frage der deutschen Bevölkerung in Polen ist eine sehr dringliche Angelegenheit«, da man Polen die Annexionen nur unter den Bedingungen zugestanden hätte, »... dass es diesen Gebieten Autonomie gewährt...«. Auch Winston Churchill hatte am 24. November 1932 im Unterhaus über Danzig und den polnischen Korridor geäußert: »Wenn diese Fragen nicht gelöst werden, kann keine Hoffnung auf einen dauerhaften Frieden bestehen.«

Bis 1931 waren, infolge der Entdeutschungsmaßnahmen, bereits eine Million Deutsche aus den von Polen annektierten deutschen Gebieten in das Deutsche Reich geflohen. Da in den Betrieben vielfach Deutsche durch Polen ersetzt wurden, verstärkten sie die Fluchtwelle. Ferner fanden laufend deutschfeindliche Veranstaltungen in Thorn, Krakau, Kattowitz und anderen Städten statt.

Auf der Halbinsel Hela wurden u.a. im Winter 1937 alteingesessene deutsche Fischer ausgewiesen. In anderen Gegenden Polens wurden deutsche Familien enteignet, obwohl bereits am 5. November 1937 eine Erklärung über den Schutz der beiderseitigen Minderheiten von den Regierungen in Polen und Deutschland unterzeichnet worden war.

Die Menschenrechte der deutschen Minderheit wurden weiterhin keinesfalls beachtet. Hierüber gibt es viele Dokumentationen.

Deutsche aus Polen flüchteten auch in die USA, gründeten dort angeblich Nazi-Organisationen, mit der Zustimmung der deutschen Regierung. Am 23. November 1938 fand ein Gespräch zwischen dem amerikanischen Botschafter William C. Bullitt und General Göring in Berlin statt, bei dem dieses Thema auch angesprochen wurde. Göring erklärte, die deutsche Regierung habe deutschen Bürgern untersagt, sich irgendwie an der Bildung solcher Gruppen zu beteiligen, und dass es der sehnlichste Wunsch der deutschen Regierung sei, zu den Vereinigten Staaten bessere Beziehungen herzustellen.

Die deutsche Regierung verhandelte damals weiterhin mit Polen über exterritoriale Verbindungen zwischen dem Reichsgebiet und dem abgetrennten Ostpreußen sowie über die Rückgliederung des Freistaates Danzig. Die Verhandlungen wurden laufend unterbrochen. Die Hetze gegen Deutschland verstärkte sich. Es gab Verletzte und Tote; die Lage wurde immer schwieriger.

Als Hitler zur Lösung der anstehenden Probleme am 24. Oktober 1938 einen Korridor nach Danzig und dessen Rückkehr nach Deutschland gefordert und dafür Polen Gotenhafen als Freihafen angeboten hatte, eröffnete Polen praktisch den Krieg gegen Deutschland: Eine polnische Kavallerie-Einheit fiel in Ostpreußen in den Kreis Neidenburg ein und besetzte deutsche Dörfer. Von einer Königsberger Artillerie gestellt, die die Grenzbevölkerung schützen sollte, fanden 47 Polen den Tod. In Erwartung einer britischen Vermittlung hielt sich Hitler mit einem sofortigen Gegenschlag zurück.*)

Ende 1938 hatten die Polen bereits die Abtretung des Olsa-Gebietes von der Tschechoslowakei erzwungen. Deutschland wurde mit Kriegsdrohungen und am 23. März 1939 mit einer Teilmobilmachung der Streitkräfte gegen Deutschland herausgefordert.

Nach dieser Teilmobilmachung kündigte Hitler den Nichtangriffspakt mit Polen. Am gleichen Tag wurden den polnischen Befehlshabern die Aufmarschpläne für einen Krieg gegen Deutschland bekannt gegeben.

Hitler weigerte sich weiterhin, diese polnischen Maßnahmen als eine ernste Bedrohung anzusehen.

Ab Februar 1939 begannen in Polen verstärkte deutschfeindliche Kundgebungen, zum Beispiel vor der deutschen Botschaft in Warschau mit der Aufforderung: »Fort mit den deutschen Hunden« – ferner auch in Posen, Danzig und Krakau. Entsprechende Berichte brachten auch unsere Zeitungen, so dass sich in Deutschland eine Antipathie gegen Polen entwickelte.

Auch das Ausland mischte sich hier mit Kommentaren gegen Deutschland ein.

Aufgrund der Dauerverfolgungen in Polen waren Mitte August 1939 bereits 76.535 volksdeutsche Flüchtlinge in Lagern Mecklenburgs und Pommerns untergebracht worden. Am 7. August 1939 schrieb die größte polnische Zeitung Ilustrowany Kurjer in Krakau: »... polnische Einheiten überschreiten fortgesetzt die deutsche Grenze, um drüben militärische Anlagen zu zerstören, deutsches Wehrmachtsmaterial ... nach Polen zu schaffen«. Der Welt sollte damit demonstriert werden, dass Deutschland nicht in der Lage ist, seine Grenzen zu schützen.

---

*) Hans Meiser: »Gescheiterte Friedens-Initiativen 1939 –1945«, Seite 24, Verlag Grabert, Tübingen

Die Warschauer Zeitung Depesza schrieb am 20. August 1939: »Wir sind bereit, mit dem Teufel einen Pakt abzuschließen, ... gegen Deutschland .../Das Blut wird in einem kommenden Krieg in solchen Strömen vergossen werden, wie dies seit der Entstehung der Welt noch nicht gesehen worden ist«.

Auf solche Provokationen reagierten deutsche Zeitungen, unter anderem der »Völkische Beobachter«, mit den Hinweisen, dass diese Art der Angriffe gegen Deutschland durch das internationale Judentum gesteuert werden würden – auch unter dem Hinweis auf die Presse-Mitteilung im Londoner »Daily Express« vom 24. März 1933. (Siehe Seite 52)

Meinen Vater stimmten diese Berichte sehr skeptisch. Einerseits sah er die Ungerechtigkeiten des »Versailler Diktates« bezüglich der Annexionen deutscher Gebiete im Osten, andererseits befürchtete er einen Krieg, den er Hitler zutraute. Er fürchtete einen neuen »Schlamassel« wie den im Ersten Weltkrieg. Das Buch von Erich-Maria Remarque »Im Westen nichts Neues«, das er wieder mal las, gab ihm die Erinnerungen zurück.

Die geschilderten diskriminierenden Vorgänge gegenüber der deutschen Minderheit steigerten sich im Sommer 1939 bis ins Unerträgliche. Briefe, die Freunde aus Bordesholm bei Kiel von ihren Verwandten aus Bromberg erhielten, berichteten von nächtlichen Hausdurchsuchungen, die sie über sich ergehen lassen mussten, und von blutigen Auseinandersetzungen in der Stadt. Man sprach vom »Blutbad von Bromberg«.

Mein Vater sah die Situation sehr pessimistisch, zumal bekannt wurde, dass England und Frankreich den Polen Garantiezusagen gegeben hatten. Winston Churchill gab am 16. März im englischen Unterhaus die Stärke der vereinten Seestreitkräfte bekannt gab, die um ein Vielfaches die deutschen Seestreitkräfte übertraf.

Durch Vermittlung des schwedischen Großindustriellen Birger Dahlerus fand am 9. und 10. August 1939 auf »neutralem schwedischem« Boden, auf dem Hof Elisabethbay in Nordfriesland, der dem Schweden Dahlerus gehörte, eine Geheimkonferenz statt. An dem Treffen, welches in der letzten Phase der politischen Auseinandersetzung einen Krieg verhindern sollte, nahmen Vertreter der englischen Regierung und Hermann Göring mit seinem Stab teil.

Man einigte sich, kurzfristig eine Dreier-Konferenz zur Klärung der Streitfragen einzuberufen. Die Engländer reisten anschließend wieder ab.

Einige Tage später verlangten die Engländer eine Fünfer-Konferenz, an der auch Frankreich und Italien teilnehmen sollten. Adolf Hitler soll dieser erweiterten Konferenz ausdrücklich zugestimmt haben.

Weder Frankreich noch Großbritannien zeigten das geringste Interesse, die Polen zum Einlenken zu bewegen. Im Gegenteil, an jenem Tag, dem 25. August 1939, setzte die britische Regierung ihre Unterschrift unter einen britisch-polnischen Schutzvertrag (Beistandsabkommen).

Seit einem Jahr hatte Warschau alle Verhandlungen mit der Deutschen Reichsregierung strikt abgelehnt und wurde von der britischen Regierung in ihrem Verhalten bestärkt. Der britische Historiker Peter H. Nicoll behauptet sogar in seinem Buch »Englands Krieg gegen Deutschland«, dass »Botschafter Kennard den polnischen Staatsmännern ständig geraten hat, nicht zu verhandeln, sondern es auf einen Krieg ankommen zu lassen«.*)

Die Reichsregierung erklärte sich wiederholt bereit, am 30. August mit den Briten über die anstehenden wichtigsten fünf Punkte zu verhandeln, wenn eine mit Vollmachten versehene polnische Persönlichkeit in Berlin erscheinen würde.

In Warschau beschlossen zu dieser Zeit der Außenminister Beck, der Verteidigungsminister Kasparzycki und der Oberbefehlshaber der Streitkräfte, Marschall Rydz-Smigly, nicht zu verhandeln.

*

Mir berichtete ein emeritierter Pastor in Hamburg, der 1931 in Zoppot geboren wurde, von seinen Erinnerungen an die Wochen vor Kriegsbeginn. Als Schüler sei ihnen Mitte August 1939 von Seiten der Schule aus Sicherheitsgründen verboten worden, an den Strand zu gehen und zu baden.

Strandbesucher wurden zu dieser Zeit wiederholt von polnischen Jagdflugzeugen im Tiefflug aus der Luft beschossen. Von polnischen Jägern wurden bereits seit Anfang August 1939 startende und landende Zivilflugzeuge des Flughafens Danzig mit Schusswaffen belästigt.

*

---

*) Peter H. Nicoll: »Englands Krieg gegen Deutschland«, Seite 187, 2001 Verlag Grabert, Tübingen

Hinter den Kulissen gab es eifrige Aktivitäten, Bevollmächtigte für die Konferenz zu ernennen. Aber die polnische Seite blockierte anscheinend alle Bemühungen. Diese Blockade dauerte auch an, als Hitler dem britischen Botschafter Henderson am 29. August 1939 nochmals einen neuen Entwurf für eine Lösung der strittigen Fragen übergeben ließ, worüber am 30. August verhandelt werden sollte. Dieser Entwurf Hitlers beinhaltete eine Volksabstimmung im nördlichen Teil Westpreußens. Entsprechend dem Ausgang der Abstimmungen, sollten exterritoriale Verbindungen zwischen dem Reich und Ostpreußen oder exterritoriale Zugänge Polens zu Häfen an der Ostseeküste vereinbart werden.

Der von London angekündigte polnische Bevollmächtigte erschien nicht. Eine Konferenz kam nicht zustande und alles ging seinen Lauf.

Inzwischen hatte auch der Präsident der Jewish Agency, Chaim Weizmann, den Engländern in einer Note vom 29. August jede Unterstützung zugesagt mit den Worten, »... dass wir Juden an der Seite Großbritanniens stehen und für die Demokratie kämpfen werden«.

Am 30. August wurde in Polen die Allgemeine Mobilmachung befohlen. Erster Mobilmachungstag war der 31. August 1939. An diesem Tag erklärte der polnische Botschafter in Berlin, Lipski, der angeblich gute Verbindungen zu Göring hatte, dem schwedischen Vermittler Dahlerus, er sei davon überzeugt, »... dass im Falle eines Krieges Unruhen in diesem Land ausbrechen und die polnischen Truppen erfolgreich gegen Berlin marschieren würden ...«.*)

*

Am 24. August 1939 wurde unerwartet ein Nichtangriffspakt zwischen Deutschland und der Sowjetunion abgeschlossen. Das brachte zunächst eine totale ideologische Verwirrung für alle, die dahingehend beeinflusst waren, dass der Bolschewismus der größte Feind Deutschlands sei. Man dachte: Na, der Adolf wird das wohl richtig gemacht haben!

Ein bedrohlicher Hintergrund für Deutschland hatte sich Ende Juli 1939 ergeben, als nach langen Verhandlungen sowohl England als auch Frankreich Militärmissionen nach Moskau entsandten. Dadurch war nicht aus-

---

*) Birger Dahlerus: »Der letzte Versuch«, Seiten 108 ff.

zuschließen, dass später der Nichtangriffspakt mit Deutschland unterlaufen werden konnte.

Die ständige menschenrechtswidrige Drangsalierung der deutschen Minderheit in Polen war der Auslöser für den Beginn kriegerischer Auseinandersetzungen.

In vergleichbarer Weise lieferte der Groß-Serbische Größenwahn 1914, durch die Ermordung des österreichischen Thronfolger-Paares am 28. Juni 1914 in Sarajewo den Anlass für den Beginn des Ersten Weltkrieges und somit die Auseinandersetzung im imperialistischen System. Damals begann das europäische Drama des 20. Jahrhunderts.

*

Am 1. September 1939 begann der Feldzug gegen Polen. Den Provokationen war ein Ende gesetzt. Es war ein Abwehrkampf gegen die monatelangen Grenzverletzungen und Vertreibungen der Deutschen aus ihrer Heimat.

In seiner Rede an diesem Tage sagte Hitler: »... ab heute morgen 5.45 Uhr wird zurückgeschossen«. Damit bestätigte er den bereits bestehenden Kriegszustand zwischen den beiden Staaten.

Bereits im Oktober 1938 hatten polnische Truppen das seit 1920 tschechische (schlesische) Olsa-Gebiet ihrem Staatsgebiet einverleibt.

Ursprünglich sollte der Einmarsch in Polen am 25. August beginnen, wurde aber von Hitler verschoben, um diplomatische Versuche einer Annäherung an England und einen letzten Einigungsversuche mit Polen nicht zu blockieren – aber vergebens!

Hitler hatte noch in persönlichen Schreiben an den französischen Ministerpräsidenten Daladier am 27. August und an die britische Regierung am 29. August versucht, Lösungen mit Polen zu finden.

Sowohl England als auch Frankreich erklärten – nach einem kurzfristigen Ultimatum – am 3. September 1939 dem Deutschen Reich den Krieg, nachdem auch ein vorheriger Vermittlungsversuch Mussolinis gescheitert war.

Mit diesen Kriegserklärungen begann der Zweite Weltkrieg und damit die Umstellung der Wirtschaft auf die Produktion von Rüstungsgütern.

Das Ultimatum Englands setzte eine Frist von zwei Stunden von 9:00 bis 11:00 Uhr. Der Chefdolmetscher Dr. Schmidt las es Hitler im Beisein Ribbentrops vor und sagte später:

»...Wie versteinert saß Hitler da und blickte vor sich hin. Er war fassungslos .... Er saß völlig still und regungslos an seinem Platz.«

Noch drei Wochen vorher hatte Hitler geäußert, »... dass die deutsch-englische Zusammenarbeit für die Friedenserhaltung wesentlich ist«. Hitler hatte sogar in Gesprächen mit Dritten angeboten, England militärische Unterstützung zu geben, falls diese Hilfe in ihren überseeischen Gebieten benötigt wird.*)

Reichsmarschall Hermann Göring sagte zu dieser Situation: » Der Himmel sei uns gnädig, wenn wir den Krieg verlieren«.

Weder England noch Frankreich waren von Deutschland bedroht worden. Es ging nur um ethnische Differenzen zwischen Polen und Deutschland – und sicher auch um reine weltweite wirtschaftliche Interessen ganz allgemeiner Art.

Ein Dorn im Auge im Konkurrenzkampf war u.a. den Amerikanern – die die Briten und Franzosen bereits im September mit Waffenlieferungen von mehr als 5,8 Millionen Dollar unterstützten – der weltweit größte und in der Chemie vorherrschende deutsche Konzern, die I.G.-Farbenindustrie.

Eine Ursache für den Ausbruch dieser militärischen Auseinandersetzung wäre nie vorhanden gewesen, wenn es den Versailler Vertrag als Diktat nicht gegeben hätte, und das Waffenstillstandsangebot des Deutschen Reiches vom 4. Oktober 1918 aufgrund der vierzehn Punkte der Friedensordnung des amerikanischen Präsidenten Wilson über das Selbstbestimmungsrecht der Völker angenommen und das Selbstbestimmungsrecht anerkannt und durchgeführt worden wäre.

Jetzt war ein Anlass gegeben, Deutschland im Zentrum Europas nicht wieder zu mächtig werden zu lassen und der damit seit etwa 1900 verfolgten Einkreisungspoltik auch weiterhin Folge zu leisten. Die ersten britischen Bomben fielen bereits am 4. September 1939 auf die Schleusenanlagen im Hafen von Wilhelmshaven.

Noch vor dem Eintreffen der deutschen Truppen am 6. September in Bromberg, das etwa 100 000 Einwohner zählte, hatte sich dort bereits am

---

*) Hamilton Fish: »Der zerbrochene Mythos«, Seite 107 ff.

3. September ein Massaker ereignet. Mindestens 5437 deutsche Einwohner wurden von Polen brutal ermordet. Als Brombergischer Blutsonntag ist dieser Tag in die Geschichte eingegangen.

Das erste Jahr dieses Krieges

Nach 18 Tagen sah man den Krieg in Polen als beendet an.

Vom 1. September an hatte ich ein skizzenhaftes, aber teilweise im Detail präzises Tagebuch geführt.

Am 17. September 1939 erfolgte der Einmarsch sowjetischer Truppen in Polen. Damit hatte Adolf Hitler nicht gerechnet. Die Sowjetunion erklärte Polen noch am gleichen Tage für nicht mehr existent. Somit musste der dem polnischen Botschafter am 21. März 1939 von Hitler überreichte Plan als Verhandlungsbasis über die gegenseitigen Interessen entfallen. Erst am 28. September einigten sich die Sowjetunion und Deutschland in Moskau über eine Gebietsaufteilung und eine Demarkationslinie am Bug.

Zu diesem Zeitpunkt traten bereits die ersten zwischenstaatlichen Missstimmungen auf, obwohl der abgeschlossene Nichtangriffspakt erst vier Wochen alt war. Die Basis für einen weltweiten Krieg war geschaffen.

Warum der »geschichtliche Sonderfall« der Polen-Garantie der Briten vom 23. März, schriftlich erteilt am 31. März, 1939 nicht zu einer Kriegserklärung an die Sowjetunion führte, bleibt im Dunkeln und wird erst 1945 durch die Pax Polonica wirksam. Diese Pax Polonica wird bereits im Juni-Heft 1939 der polnischen Zeitschrift Zocza proklamiert und sollte die Erschütterung Europas ablösen, gleichbedeutend mit Frieden und Gerechtigkeit im Sinne der Polen.

*

Beim Einmarsch der Roten Armee in die Ostgebiete Polens ab dem 17. September sind viele polnische Soldaten und Offiziere in Gefangenschaft geraten und von den Sowjets ermordet worden.

Im April 1943 entdeckten deutsche Soldaten bei dem Dorf Katyn in einem Massengrab über 4.100 erschossene polnische Offiziere. Die Sowjets legten den Deutschen die Morde zur Last, obwohl bei den Kriegsverbrecherprozessen 1946 in Nürnberg diese Behauptungen eindeutig durch Zeugen entkräftet wurden. Wehrmachtsdienststellen hatten bereits damals nach Kriegsbeginn beim Fund der Massengräber das Internationale Rote Kreuz zur Tatsachenfeststellung herbeigerufen. Einige polnische Offiziere hatten noch Tageszeitungen vom September 1939 bei sich, wodurch sich auch der Zeitpunkt der Exekution eindeutig bestimmen ließ.

Durch bestimmte Richtungen in der internationalen Presse wurde jedoch bis in die 80er Jahre hinein weiterhin Deutschland dieser Massenhinrichtungen polnischer Offiziere beschuldigt, bis eines Tages die sowjetische Regierung unter Gorbatschow die Schuld auf sich nahm.

*

Da im Ersten Weltkrieg auch chemische Kampfstoffe eingesetzt worden waren, stellte man bei der deutschen Heeresleitung fest, dass der Gaskrieg ebenfalls eine Form der Kriegsführung werden könnte. Allerdings war im Genfer Gaskriegsprotokoll vom 17. Juni 1925 eine Ächtung ausgesprochen worden. Manche Staaten hatten jedoch diese Protokolle nicht ratifiziert und man wusste nicht, ob sich alle Länder daran hielten. Deutschland war auf einen Gaskrieg nicht vorbereitet.

Daraus ergab sich, dass unsere Schulklasse geschlossen ab Anfang Oktober 1939 zum Kriegshilfsdienst aufgerufen und in der Gas-Munitionsanstalt Munster-Lager, etwa 40 Kilometer von unserem Schulort entfernt, eingesetzt wurde. Vorher waren, entsprechend einem Vor-Abitur, die erforderlichen Arbeiten zu schreiben und Prüfungsaufgaben zu lösen. Ein neuer Lebensabschnitt begann, obwohl die Schulzeit noch nicht abgeschlossen war.

In Munster-Lager hatte ich mir zunächst ein Zimmer gemietet und fuhr über das Wochenende mit der Bahn nach Uelzen und dann mit dem Motorrad nach Hause. Manchmal fuhr ich mit dem Motorrad auch direkt nach Munster.

Unsere Aufgabe in der Munitionsanstalt war es, die Tag und Nacht laufenden, vollautomatischen Füllmaschinen, die Granaten oder Sprühbehälter mit (Schwefel-) Lost abfüllten, zu überwachen. Diesen Kampfstoff nannte man auch Gelbkreuz (Dichlordiaethylsulfid) oder Senfgas. Ferner verluden wir in der Heeresmunitionsanstalt Gasgranaten und Sprühbüchsen.

Am späten Abend des 8. November 1939 hatte die von mir zu überwachende Maschine, wie ich plötzlich bemerkte, einige Tropfen Flüssiggas beim Weitertransport verspritzt. Sofort versuchte ich die auf dem Oberleder meines Schuhes am linken Bein entdeckte feuchte Stelle – anweisungsgemäß – mit Chlorkalk zu neutralisieren.

Nach etwa sechs Stunden, am Morgen des 9. November, spürte ich in meinem Zimmer in Munster auf dem Fußrücken leichte brennende Schmerzen und meine Augen waren rot entzündet. Außerdem empfand ich sehr unangenehme Reizungen im Rachen. Ich meldete mich etwa eine halbe Stunde später bei dem zuständigen Arzt und wurde sofort in das örtliche Lazarett eingewiesen. Dort wurden mein Fuß mit entsprechenden Bädern, vorgeschlagen von dem Amerikaner E.B. Vedder, und meine Augen mit speziellen Augentropfen behandelt.

Nach einigen Tagen löste sich auf meinem Fußrücken die Haut in der Größe einer Handfläche ab. Die feinen, dünnen Nervenenden blieben sichtbar »stehen« und verursachten zunächst starke Schmerzen. Die weitere Behandlung diente vorwiegend der Schmerzminderung und der Steigerung der Regenerationsfähigkeit der Haut und der Augenschleimhäute.

Behandelt wurde ich von einem damals international bekannten Spezialisten auf diesem Fachgebiet, dem Assistenzarzt Dr. Hermann Büscher, Vater eines Mitschülers von mir, der bereits ein Jahr vor mir das Abitur ablegte.

Da ich mich zwangsläufig mit einer der schrecklichsten Arten der Kriegsführung beschäftigen musste und ich selbst mit dem Kampfstoff konfrontiert worden war, schenkte mir Dr. Büscher eines Tages das von ihm verfasste Buch: »Giftgas! und wir?« Er versah es am 6. Januar 1940 mit einer persönlichen Widmung. Die Seite 123 seines Buches gibt direkt meine Situation in der Nacht vom 8. zum 9. November 1939 wieder.

In der Nacht des 9. November wurde im Münchner Bürgerbräukeller ein Bombenanschlag auf Adolf Hitler von dem schwäbischen Handwerker Hans Elser geplant. Hätte Hitler das Lokal eine halbe Stunde später verlassen, wäre er zerfetzt worden.

Kurz vor Weihnachten 1939 ging eine Sensationsmeldung um die Welt: Die Selbstversenkung des deutschen Kreuzers »Graf Spee« im Hafen von Montevideo. Das war am 17. Dezember 1939. Dieser Vorgang hat, nach einem Gefecht mit britischen Kreuzern und aussichtslosen weiteren Seegefechten mit den Briten oder einer Internierung durch Uruguay, einen so weltweiten Eindruck hinterlassen, dass im Hafen von Montevideo ein Denkmal mit dem Anker des Schiffes »Graf Spee« errichtet wurde.

Bei einer Stadtbesichtigung von Montevideo wurden wir an diesem

Monument vorbeigefahren. Die Rückseite des Denkmals konnten meine Frau und ich auch vom Deck unseres Kreuzfahrtschiffes, der »Queen Elizabeth 2«, am 27. November 2005 in etwa 300 Metern Entfernung erkennen.

Der Name des deutschen Kreuzers geht auf den 1861 in Kopenhagen geborenen Maximilian Reichsgraf von Spee zurück, der 1914 als Vizeadmiral in der Schlacht bei den Falkland-Inseln mit seinem deutschen Kreuzergeschwader einem weit überlegenen britischen Geschwader unterlag.

Weihnachten 1939 konnte ich – mit einem kleinen Fußverband – wieder im Elternhaus verbringen, musste aber weiterhin bis Ende Januar 1940 im Lazarett ambulant behandelt werden. Meine Tätigkeit in der Munitionsanstalt nahm ich erst wieder am 22. Februar 1940 auf.

Während der Weihnachtstage 1939 hatte ich, neben den Gesprächen mit meinen Eltern und Großeltern über Krieg und Politik, auch die Muße, über mein Schicksal nachzudenken. Mir blieb in den folgenden Wochen Zeit genug, in dem Buch von Dr. Büscher zu blättern. Sehr erschüttert hat mich schon das erste Kapitel »Der Krieg – ein Schicksal«, dem ein Goethe-Wort vorangestellt war.

Das, was hier so ausführlich dokumentiert ist, haben wir in den folgenden Jahren selbst erleben müssen und erleben es auch heute – wie es der Krieg auf dem Balkan und in anderen Regionen der Welt zeigt.

Dr. Büscher schreibt ferner: »Das Sterben hört nicht auf, wie die Kriege nicht aufhören werden«, auch wenn in den christlichen Kirchen immer wieder von allen Kanzeln und den Altären die Botschaft verkündet wird: »Friede den Menschen auf Erden!«

Aber genauso erschütternd ist es, wenn Dr. Büscher im Vorspann in der Widmung zum Andenken an seine Frau schreibt: »... deren junges, edles Leben an diesem Buche und an der Wissenschaft zerbrach« – an der Wahrheit der aufgezeigten Fakten.

Ab Anfang Januar 1940 nahm ich mir in Uelzen ein Zimmer bei der Familie Dreyer und fuhr jeden Tag mit dem Zug nach Munster. Der Wohnungsinhaber, Oberfeldmeister beim Reichsarbeitsdienst, leitete in Uelzen ein Arbeitsdienstlager. Da dieses Haus in der Nähe des Bahnhofs lag, hatte ich hier schon vorher mein Motorrad untergestellt.

Die große Überempfindlichkeit meiner Augen, die durch die Verdampfung von Lost hervorgerufen wurde, klang erst in den 50er Jahren allmählich wieder ab. Ich trage daher noch heute eine leicht getönte Brille, die sich der jeweiligen Helligkeit anpasst.

Für die Arbeit in der Munitionsanstalt wurden wir mit 0,59 Reichsmark pro Stunde normal entlohnt. Von meinem ersten selbst verdienten Geld kaufte ich mir Ende Oktober 1939 eine Armbanduhr für 65,00 Reichsmark, die ich 25 Jahre später meinem Sohn Georg schenkte. Bei einem von ihm nicht sehr geliebten Segel-Kursus am Wörthersee 1964 fiel die Uhr ins Wasser und ruht nun auf dem Grund des Sees.

Da infolge der Kriegserklärungen an Deutschland weitere kriegerische Auseinandersetzungen nicht mehr zu vermeiden waren, musste die Industrie unmittelbar auf die erforderliche Rüstungsproduktion umgestellt werden. Es wurden nicht nur Schüler zum Kriegshilfsdienst verpflichtet, sondern auch Hausfrauen und Berufstätige, die in ihrem Beruf entbehrlich waren. Viele junge Frauen vertraten die Männer in Dienststellen der Wehrmacht, in Rüstungsfabriken, arbeiteten als Straßenbahnschaffnerinnen oder in kriegswichtigen Betrieben.

*

Im März 1940 begann für uns wieder Schulunterricht, wir brauchten aber keine weiteren Prüfungen außer den Vorprüfungen im Herbst abzulegen.

In Mathematik führte man uns noch kurz in die Differenzial- und die Integralrechnung ein. Auch die Fourier'sche Reihe wurde dargelegt. Unser Interesse am Unterricht war verständlicherweise nicht mehr sehr groß.

In den letzten Physik-Stunden bei Studiendirektor Dr. Hövermann plauderte man nur über allgemeine interessante Neuigkeiten.

Er erzählte von dem Chemiker Otto Hahn, dem es gelungen sei, in einem Atom des Urans den Atomkern zu spalten, was bisher nur durch Zertrümmerung bei leichten Atomen möglich gewesen sei. Er meinte, dass sich hiermit neue Forschungsmöglichkeiten eröffnen würden. Er erläuterte auch andere technische Entwicklungen und äußerte die Meinung, in Zukunft würden die Arbeiter motorisiert in die Fabriken zu ihrer Arbeitsstätte fahren – für mich damals unvorstellbar. Seine Tochter Gertrud war eines der vier Mädchen, die zu meiner früheren Klasse gehörten.

Die Erfindungen von Otto Hahn und seines Mitarbeiters F. Straßmanns – die Kernspaltung des Urans und des Thoriums – führten in der Weiterentwicklung unter anderem weltweit zum Bau von Kernkraftwerken für die Stromerzeugung. Bei der Spaltung von 1 Kilo Uran geht etwa 1 Gramm Masse verloren, wobei 25 Millionen kWh Energie frei werden, etwa soviel wie bei der Verbrennung von 3000 Tonnen Kohle.

Energie, ausreichend finanzierbar und umweltfreundlich erzeugt, ist ausschlaggebend für die Überwindung der Armut auf dieser Welt.

Leider führte diese Erfindung der Kernspaltung durch eine sehr hohe Anreicherung spaltbaren Urans auch zur Herstellung von Atombomben.

Aus den Gesprächen unter uns Schülern ergab sich die Meinung, unsere Lehrer seien keine fanatischen Nationalsozialisten im Sinne Hitlers. Allerdings wurden unsere Chemie- und Turnlehrer sowie unser Schulleiter, Oberstudiendirektor Lendle, anders eingestuft. Selten trug ein Lehrer in der Schule das NS-Parteiabzeichen.

Mitte März 1940 erhielten wir das Reifezeugnis. Weil Krieg war, fand leider nur eine formale Verabschiedung in der Aula statt. Eine Abi-Fete gab es nicht. Da ich während der vergangenen Monate in Uelzen wohnte, ging ich des Öfteren mit der Tochter Hilde meiner Wirtsleute zum Tanzen in den Ratskeller – ein bisschen von der Mutter gesteuert. Das Mädchen war drei Jahre jünger als ich. Eine wirkliche Freundschaft kam nicht zustande. Meine Ansprüche waren anderer Art. Mir gefielen weder das »Bumslokal« noch die leichtfertige Art des Mädchens.

Ich ging lieber mit Freunden in das Tanz-Café Schneider in der Bahnhofstraße. Dort tranken wir während der Tanzpausen unseren speziellen Wein, einen weißen Bordeaux (Haut Sautern), die Flasche zu 6,80 Reichsmark. Es gab dort eine gute Tanzkapelle mit einer Drei-Mann-Besetzung.

Man fand stets eine Tanzpartnerin. Getanzt wurden Foxtrott, Tango, Walzer und der etwa 1938/39 aus England importierte »Lambeth Walk« (»Kennst du Lamberts Nachtkokal/jeder trifft sich dort einmal/ ...«.)

Übers Wochenende fuhr ich mit meinem Motorrad zu meinen Eltern nach Göddenstedt.

Zum 20. März 1940 wurde ich zum Reichsarbeitsdienst nach Negenborn in der Wedemark, nördlich von Hannover, einberufen. Das Dorf war etwas größer als Göddenstedt. Hier wurden wir im Exerzieren und im Hindernisbau ausgebildet.

Der Dienst war stramm, und wir hatten wenig Freizeit. Beim Exerzieren kamen mir die Hinweise meines Großvaters sehr zugute. Wenn ich als kleines Kind mit ihm spazieren ging, achtete er darauf, dass ich nicht über den großen Zeh stolperte; es mussten die Fußzehen nach außen zeigen – wie beim Kommiss.

Nach der Grundausbildung wurden wir zur Regulierung eines Baches, der in die Leine fließt, und zur Trockenlegung eines Moorgeländes durch das Ausheben von Entwässerungsgräben eingesetzt. Hier sollte später landwirtschaftlich nutzbares Gelände entstehen.

Mit geschultertem Spaten marschierten wir eines Morgens in einer Gruppe von etwa 25 Mann zu dem vorbestimmten Gelände. An Ort und Stelle angekommen, wurden vier Mann zu einem Sonderkommando eingeteilt. Sie gingen in den nahe gelegenen Wald, sägten dort zwei etwa zwei Meter lange Äste mit je einer stabilen Gabelung ab und gruben sie stehend mit einem Abstand von etwa einem Meter in den Boden ein. In die Gabelungen wurde ein starker Ast zum Draufsetzen gelegt und schon war der »Donnerbalken« fertig. Er leistete gute Dienste für unsere Mannschaft, falls biologisch wichtige Vorgänge erledigt werden mussten.

Der Reichsarbeitsdienst sollte »die deutsche Jugend ... zur Volksgemeinschaft und zur wahren Arbeitsauffassung, vor allem zur gebührenden Achtung der Handarbeit erziehen.« Normalerweise waren in der sechsmonatigen Arbeitsdienstzeit Kameraden aus allen Berufen vertreten.

Am 28. April 1940 wurde unsere Abteilung nach Himmerich bei Randerath, Kreis Heinsberg im Rheinland, verlegt. Da das Lager nicht so abseits lag wie das bei Negenborn, war das Leben hier angenehmer. Wir arbeiteten vormittags am Westwall, einer stark befestigten Wehranlage gen Westen gegenüber Roermond. Wir wurden mit Omnibussen dorthin befördert.

Da wir uns, infolge ihrer Kriegserklärungen, mit Frankreich und England im Kriegszustand befanden, wurden die Kriegsvorbereitungen von beiden Seiten verstärkt vorangetrieben. Anfang Mai standen sich auf deutscher Seite 2570 Panzer, davon die Hälfte leichte Panzerkampfwagen, und 3432 beste alliierte Panzer sowie leichte britische Panzer gegenüber.

Beim RAD war das harte Exerzieren und das laufende Üben von Spatengriffen bereits seit einiger Zeit eingestellt worden. Diese Übungen sollten dazu dienen, den Reichsarbeitsdienst auf den im August geplanten »Reichsparteitag des Friedens« als Friedenssymbol der Welt eindrucksvoll zu präsentieren.

Am 10. Mai 1940 begann der Westfeldzug mit dem Einmarsch der deutschen Wehrmacht, unter Umgehung der französischen Grenzbfestigungen gegen Deutschland, der Maginot-Linie mit 13 Divisionen Franzosen, über Holland und Belgien nach Frankreich. Der Feldzug erfolgte aufgrund der französischen Kriegserklärung und der bereits im August 1939 erfolgten Mobilmachungen in Frankreich und England.

Den ersten Luftangriff auf die Zivilbevölkerung in der Geschichte in einem Krieg führten die Briten in der Nacht zum 11. Mai 1940 gegen die Stadt Freiburg im Breisgau durch. Militärische Objekte waren nicht in unmittelbarer Nähe vorhanden. In Freiburg existierten keinerlei kriegswichtige Einrichtungen oder kriegswichtige Produktionsstätten, die völkerrechtlich einen Einsatz von Waffen gerechtfertigt hätten.

Der Angriff wurde mit 18 Whitley-Bombern geflogen. Er unterlag einer harten Kritik einiger britischer Journalisten, unter anderem des Schotten Emrys Hughes, der behauptete, derartige Entscheidungen für die Kriegsführung seien bereits 1936 vom britischen Luftfahrtministerium getroffen worden. So begann die systematische Zerstörung von Kulturgütern in Deutschland. Es gab viele Tote unter der deutschen Zivilbevölkerung – unter fortwährender Verletzung des Völkerrechts, der Genfer Konvention vom 6. 7. 1906 und des Kriegsrechts der Haager Landkriegsordnung von 1907 gab es Tote unter der deutschen Zivilbevölkerung.

Nach der harten Kritik des Schotten Emrys Hughes am 11. Mai 1940 und später in seinen Schriften, folgte am 8. Dezember 1953 ein ausführlicher Bericht in der Chicago Tribune über den Luftangriff am 11. Mai 1940 auf Freiburg. Das offizielle Eingeständnis Großbritanniens, den Beginn des Luftterrors nicht den Deutschen zuschieben zu können, erfolgte erst, nachdem der Erste Sekretär des britischen Luftfahrtministeriums, J.M. Spaight sein Buch »Bombing Vindicated« veröffentlicht hatte.

Demgegenüber werden 1981, 36 Jahre nach Kriegsende, in Freiburg die 57 Toten, davon 13 Kinder, einem Bombardement der Deutschen Luftwaffe zugeordnet. Drei Flugzeuge einer Bomberkette, die strategische Ziele in Frankreich angreifen sollten, mussten sich am 10. Mai 1940, nachmittags gegen 16.00 Uhr, ihrer Bombenlast in unmittelbarer Nähe der Stadt Freiburg entledigen. Diese drei verirrten Flugzeuge aus der von Leutnant Seidel geführten Bomberkette konnten, infolge einer Fehlnavigation wegen des schlechten Wetters und der Gewitterwolken, ihr Ziel zur Bombardierung des französischen Fliegerhorstes bei Dijon nicht erreichen. Der Abwurf war ziellos.

Ob gezielt oder ziellos – jedenfalls hat es in Freiburg am 10./11. Mai 1940 innerhalb von etwa zehn Stunden durch Bombenabwurf 57 Tote, darunter 13 Kinder, gegeben. Auch auf die Zivilbevölkerung von Mönchengladbach erfolgte bereits am 11. Mai 1940 ein Luftangriff, der militärisch nicht zu rechtfertigen ist.

Ab 15. Mai 1940 setzte man unsere Arbeitsdienstabteilung für rückwärtige Dienste im Operationsgebiet in Feindesland ein. Wir wurden in kleinere Einheiten aufgeteilt. Zunächst verluden wir in Maastricht-Wijk Granaten, Bomben und Verpflegung. Die Bevölkerung stand uns freundlich gegenüber.

Wir wurden auch entsprechend eingewiesen und erhielten ein Merkblatt, das bei den Soldaten im Soldbuch abgedruckt war: »10 Gebote für die Kriegführung ...«. Wichtig für uns Ziff. 7: »Die Zivilbevölkerung ist unverletzlich. Der Soldat darf nicht plündern oder mutwillig zerstören«, wofür die entsprechenden Strafen angedroht wurden.

Nachdem am 4. Juni die Engländer bei Dünkirchen von den Deutschen geschlagen worden waren und sie dann fluchtartig den europäischen Kontinent verlassen hatten, schlossen die Franzosen am 22. Juni 1940 im Wald von Compiègne mit Deutschland einen Waffenstillstand. Adolf Hitler ordnete an, dass die deutschen Panzer vor der eingeschlossenen englischen Armee anhalten sollen, »um 253.000 englische Soldaten zu schonen und nach der Insel entkommen zu lassen« – eine Geste, frei von Hass.

Bereits Ende Mai fuhren wir auf einem offenen LKW über Löwen, Brüssel und Mons nach Cambrai zum Arbeitseinsatz. Andere Einsatzorte waren Arthiers an der Somme, Montereau und Contance, ferner Caen und Vendôme. Vendôme, eine besonders schöne Stadt, liegt mitten in den Weinbergen. Wir sind oft abends durch die Weinberge gegangen und haben mit den Bauern geplaudert. Für mich problemlos, da ich in Frankreich beim RAD als Dolmetscher eingesetzt war. Ab und zu bekamen wir auch eine Flasche Wein.

Wir Arbeitsdienstler wurden für die Versorgung der Truppe und der Zivilbevölkerung sowie der etwa 1,9 Millionen Kriegsgefangenen in den von deutschen Soldaten besetzten Gebieten eingesetzt.

Die hierfür sichergestellten und beschlagnahmten Lebensmittel in den großen Lägern mussten verladen und verteilt werden. Ich habe manchen Ein- bis Zwei-Zentnersack mit Kartoffeln oder Zucker auf dem Rücken von einer Rampe zum Lkw oder umgekehrt geschleppt.

In Frankreich hatte ich es leichter als in Holland und Belgien, da ich hier nur als Dolmetscher und direkt bei der Verteilung der Lebensmittel, insbesondere bei den schwarz-afrikanischen Kriegsgefangenen, eingesetzt war.

In St. Malo mit seinem schönen Badestrand lernte ich Madeleine, eine 18-jährige Französin, kennen, die mit ihren Eltern aus Paris geflüchtet war. Der Vater war Arzt. Wir sind häufig spazieren gegangen. Unterhielt man sich mit Franzosen und es traten Probleme auf, dann hieß es nur: »C'est la guerre!« – Das ist der Krieg!

Alle Versuche, mit England einen Frieden schließen zu können, scheiterten; so waren auch alle in Deutschland eintrainierten Spatengriffe, insbesondere die Spaten-Präsentiergriffe für den im August geplanten »Reichsparteitag des Friedens« in Nürnberg, umsonst gewesen.

Am 20. August 1940 wurde ich mit 17 weiteren Abiturienten, nachdem ich am 20. Juli zum »Vormann« befördert worden war, vorzeitig zum Studium aus dem Reichsarbeitsdienst entlassen.

Nachdem Moskau an die Baltischen Staaten Litauen, Estland und Lettland Ultimaten gerichtet hatte, wurden diese am 16. Juni 1940 von Sowjettruppen besetzt, wie man den Zeitungen entnehmen konnte. Bereits am 30. November 1939 hatte die Sowjetunion Finnland angegriffen. Diese Aktionen entsprachen nicht dem geheimen Zusatzabkommen zwischen dem Deutschen Reich und der Sowjetunion, wie es dem sogenannten Nichtangriffspakt vom 24. August 1939 beigefügt worden war. Darin waren lediglich die Interessensphären abgestimmt worden, aber nicht die Besetzung von Nachbarstaaten. Diese Aktionen ließen bereits eine mögliche Auseinandersetzung zwischen Deutschland und der Sowjetunion erkennen.

Die Reichsregierung wurde bereits am 18. Juli 1940 mit einem Telegramm ihres Gesandten in Riga darüber informiert, dass sowjetische Offiziere in Gesprächen mit Letten wegen der Truppenansammlungen erklärten, »... dass die Hauptaufgabe der Truppen ein Angriff auf Deutschland sei ...«.

Ein Telegramm mit weiteren Einzelheiten zu den kriegerischen Vorbereitungen für eine Auseinandersetzung mit Deutschland erhielt das Auswärtige Amt von seinem Gesandten in Riga am 1. November 1940.*)

Am 2. September 1940 begann ich mein Studium an der Technischen Hochschule in Hannover als Bauingenieur. Ich mietete mir ein Zimmer direkt in der Innenstadt zwischen Hauptbahnhof und dem Klagesmarkt. Es kostete 45,00 Reichsmark pro Monat und war ein richtiges Plüschzimmer. Wie es der Zufall wollte, ließen sich auch gleichzeitig zwei ehemalige Klassenkameraden mit mir immatrikulieren, Wilhelm Schulze aus Teyendorf und Erich Sorge aus Uelzen, sie studierten Maschinenbau.

Aus technischen Gründen führte man damals Trimester statt Semester ein. Wir drei warteten, aufgrund der Kriegslage, auf unsere Einberufungen zum Militärdienst. Ich hatte mich inzwischen freiwillig zur Flak nach Bremen-Huckelriede gemeldet, weil ich dorthin bereits zu einem Führungs-Kursus bei der Hitlerjugend beordert worden war. Aber meine Freiwilligenmeldung wurde abgelehnt.

Bei der Hitlerjugend hatte ich mich bereits im Oktober 1939 in Rosche abgemeldet. Der NSDAP gehörte ich nicht an; eine Parteizugehörigkeit als Soldat war offiziell nicht erlaubt.

Wir drei ehemaligen Klassenkameraden nahmen mit viel Spaß unser Studium in Hannover auf und genossen die Großstadt. Beim Studium hatten wir keine Schwierigkeiten. Problematisch waren nur die Mathematikvorlesungen bei Professor Schneider. Seine Vorlesungen mussten alle Studenten des Maschinenbaus, des Bauingenieurwesens und der Physik hören. Daher war der Hörsaal stets besetzt.

Der Professor hatte die Eigenschaft, bei den Vorlesungen sehr schnell zu sprechen, und er schrieb die Entwicklungen der mathematischen Formel im gleichen Tempo zum Mitschreiben an die Tafel. Der Pedell war aber mit dem Abwischen der Tafel genauso schnell, um Platz für die nächste Formelentwicklung zu schaffen. Da kam man ins Schwitzen oder man verstand nichts. Aber auch das haben wir überstanden.

Dafür entspannten wir uns abends im GEOPE (im Georgspalast), wo in einem bestimmten Turnus die großen Kapellen zum Tanz und zur Unterhaltung spielten. Die Kapellen Bernhard Eté, John Lossas, Teddi Staufer und andere hatten 20 bis 28 Mitglieder und machten eine tolle Musik.

---

*) Hugo Wellems: »Von Versailles bis Potsdam«, Seite 191, siehe Hans Bernhardt: »Deutschland im Kreuzfeuer großer Mächte«, Seite 287

In einer der Kapellen spielte ein wohlbeleibter Musiker das Saxophon und ging damit bei manchen gespielten Melodien vor der Kapelle auf und ab. Besonders eindrucksvoll wirkte es, wenn das Musikstück mit der Melodie »Jumbo ist ein Elefant ...« gespielt wurde. Die Musiker sangen diese Melodie teilweise mit.

Freitags fanden hier Sonderveranstaltungen mit namhaften Künstlern statt. Man konnte sich auch selbst zu Wort melden und laienhaft etwas vortragen, was oft sehr amüsant war. Man bezahlte etwa 0,50 Reichsmark Eintritt, trank ein Bier oder ähnliches, hatte eine tolle Unterhaltung und tanzte zwischendurch. Junge Damen zum Tanzen gab es genug, insbesondere nachmittags zum 4-Uhr-Tee.

In den Zeiten der Kampfhandlungen, also während des Polenfeldzuges und des Westfeldzuges, war das Tanzen verboten. Zu unserer Zeit war das Tanzen erlaubt.

Diese Kapellen spielten monatlich abwechselnd u.a. im Café Vaterland in Hamburg, im Hohenzollern-Palast (Hozo) in Magdeburg und in vielen anderen Städten Deutschlands.

Ein besonderes Erlebnis war für mich der Auftritt des damals weltbekannten Stars La Jana in einem kleinen Theater in Hannover. La Jana trat hier als Tänzerin auf. Sie spielte auch die Hauptrolle in dem Film »Stern von Rio«. Meine früheren Klassenkameraden und ich hatten Plätze in der ersten Reihe, vorne vor der Bühne.

Ab und zu traf ich mich mit einem Mädchen, um am Maschsee spazieren zu gehen. Sie war drei Jahre jünger als ich und wurde von ihrer Mutter stets streng überwacht.

Besonders an schönen Sommer- und Herbsttagen ging man gern an den 1936 fertiggestellten Maschsee, der in einem sumpfigen Gelände künstlich angelegt worden war, spazieren. Der See ist als Wassersportzentrum inmitten der Stadt ein besonderer Anziehungspunkt. Mehrmals habe ich im Südbad am Maschsee gebadet.

An der Nordseite des Sees steht eine große Statue mit dem Leitspruch »Aufruf zum Aufbau«. Ich meine, es ist eine Arbeit unter der Ideengestaltung des in Salzburg geborenen Bildhauers Josef Thorak, der auch Skulpturen von Hitler, Mussolini und Pilsudski schuf.

Diese Maschsee-Anlage ist in ihrer großzügigen Gestaltung ein typisches Zeichen für den Aufschwung der 30er Jahre. Die Bevölkerung war sehr angetan von dem, was für die Allgemeinheit geschaffen wurde, um die Arbeitslosigkeit zu beseitigen. Als Dorfjunge empfand ich Hannover als mein erstes großes Erlebnis in einer neuen Zeit.

Mein militärischer Einsatz während des Krieges

Leider dauerte das schöne Studentenleben in Hannover nur kurze Zeit. Noch während des Trimesters wurde ich zum 1. November 1940 zum Wehrdienst nach Celle zur Infanterie einberufen. Meine Ausbildung erhielt ich dort in der traditionsreichen »Heidekaserne«. Schon mein Großvater, Georg Clasen, und mein Vater hatten auf diesem Kasernenhof »den Boden geküsst«. Nun musste auch von mir das Robben zum Überleben für den Ernstfall erlernt werden – ein Kriechen in Bauchlage auf den Ellenbogen mit dem Gewehr in den Händen, das nicht verschmutzt werden durfte. Ein neuer Abschnitt meines Lebens begann.

Die militärische Ausbildung war abwechslungsreich, an jedem Tag wurde etwas anderes geübt oder exerziert. Nach 14 Tagen durften wir zum ersten Mal ausgehen und zwar in unserer Ausgehuniform. Vier Wochen dauerte die Grundausbildung im Ersatzbataillon des 1. Inf.-Ersatz-Bat. 194. Ab dem 28. November 1940 wurden wir dem Feldheer zugeteilt und auf den Truppenübungsplatz Fallingbostel verlegt. Ich war im Stab II/117 und zunächst im Stall sowie als Fahrer vom Bock tätig und wurde dann Melder und Gefechtszeichner. Das Leben im Stab gefiel mir, denn wir konnten jeden Sonntag auf Urlaub fahren. Die Unterkünfte empfanden wir als sehr eng. Die Gebäude, insbesondere die Straßen, befanden sich noch im Bauzustand.

Dort auf dem Truppenübungsplatz war man für längere Zeit völlig von der Außenwelt abgeschlossen und freute sich umso mehr, wenn man ein paar Tage Urlaub erhielt und nach Hause fahren konnte. Bis Uelzen waren es etwa 100 Kilometer Bahnfahrt. Von dort fuhr ich mit dem Postbus nach Rosche, wo mein Fahrrad untergestellt war, so wie zu meiner Schulzeit.

Im Weihnachtsurlaub musste ich in Uelzen am Bahnhof auf den Bus warten und schaute mir den Zeitungsständer an, gierig auf Neuigkeiten. Dort sah ich unter anderem den »Stürmer« liegen, mit einer großen roten Überschrift, etwa lautend »Die Juden haben in Deutschland den Kampf verloren«. Neugierig geworden überflog ich den Text der ersten Seite. Die Juden wurden mit Wanderheuschrecken verglichen, die in manchen Gebieten Afrikas eine Landplage darstellen, genauso wie die Juden eine Landplage in verschiedenen Teilen Europas seien, hin und her zögen und keine

Ruhe fänden. Deutschland sei von dieser Unruhe befreit, zumal bis 1935 70% des Viehhandels in Norddeutschland in jüdischer Hand gewesen sei, was sich jetzt geändert habe.

Die erste Seite dieses Hetzblattes hat mich damals sehr schockiert und empört. Es war ein Zufall, dass ich viel später ermitteln konnte, um welche Ausgabe es sich gehandelt hatte. Es war die Ausgabe Nr. 51 des »Stürmer« vom 19. Dezember 1940.

Diese Hetztiraden bekamen auch Adolf Hitler und das deutsche Volk zu spüren, als sie sich in den Kriegsjahren oft vom internationalen Judentum als Gegner angesprochen fühlten.

*

Im Januar 1941 wurde unser Bataillon aufgelöst und wir dem Kompanietrupp 2/117 zugeteilt, um in dieser Einheit weiter ausgebildet zu werden. Am 22. Januar 1941 fuhr ich mit drei Gefreiten für eine Woche nach Utrecht, Den Haag und Amsterdam, um für das Bataillon Einkäufe zu tätigen. Es folgte dann jedoch in den nächsten Wochen ein harter Drill im Üben, wie man feindliche Kampfstände mit den geringsten Verlusten überwältigen kann.

Am 27. März fand dann diesbezüglich eine eingehende Kompaniebesichtigung statt.

Auf Urlaub mussten wir wochenlang verzichten. Wir wurden auf den Abmarsch vorbereitet. Über Ostern 1941 gab es die Möglichkeit, noch von Eltern, Geschwistern, Ehefrauen und sonstigen Angehörigen Besuch zu empfangen. Unser Aufbruch sollte Mitte April erfolgen. Die Bahnanlagen in unserem Bereich wurden deswegen für den öffentlichen Verkehr bereits gesperrt, so dass meine Eltern mich nicht mehr besuchen konnten. Ich fuhr allerdings kurz zuvor noch im Urlaub nach Göddenstedt.

In meinen Aufzeichnungen las ich damals, dass der Führer Adolf Hitler in den letzten Reden den baldigen Beginn von großen entscheidenden Unternehmungen angekündigt hatte, die die Mitarbeit eines jeden, besonders der Soldaten, erforderte.

Wohin die »Reise« ging, darüber gab es nur Gerüchte: Polen, Truppenübungsplatz in Sachsen, Südfrankreich? Der Aufbruch erfolgte am 17. April 1941 mit Märschen und Kriegstransportwagen (Gedeck-Wagen), Feldküchen usw; es ging gen Polen. Der Abmarsch brachte Freude, es war sonniges Wetter und niemand spürte die Dramatik.

Nachdem wir etwa 10 Kilometer von Fallingbostel nach Dorfmark marschiert waren, fand dort die Verladung statt und ab 14 Uhr rollten wir gen Osten.

Unser erster Eindruck des damaligen Polens mit den ärmlichen Siedlungen und den verkommenen Bahnanlagen war nicht gerade ein guter. Um 12 Uhr am 19. April erreichte unser Zug Checiny. Wir marschierten von Checiny weiter auf der Straße Krakau – Radom nach Kielce, wo wir um 21 Uhr unser Quartier erreichten. Hier strotzten die Bürgersteige von Matsch und Dreck und die Menschen liefen in einer Kleidung herum, die man in ihrer Zerschlissenheit und Zerlumptheit kaum beschreiben kann. Mir fielen jedoch auch gut gekleidete Menschen auf. Sie trugen Stiefel aus Juchtenleder, die anscheinend für die ganze Familie vorgesehen waren, denn oft erschienen sie in den Maßen viel zu groß.

Unser Quartier befand sich rund 3 Kilometer außerhalb der Stadt. Wir wurden in verlassenen ehemaligen polnischen Offizierswohnungen untergebracht, die wir uns wohnlich einrichteten. Im Übrigen ging unsere Ausbildung weiter, wie in Fallingbostel, verbunden mit vielen Märschen von 50 Kilometern und mehr am Tag durch das Vorgebirge der Karpaten, das Lysa Gora genannt wird.

Auffallend war, dass es in dem damaligen Generalgouvernement weniger Wald (17%) gab als in Deutschland (29%) und dass das Land dort größtenteils in landwirtschaftlichen Zwergbetrieben (kleiner als ein Morgen, also 25 Ar) bewirtschaftet wurde. Etwa 60% der Fläche dieser Region wurde landwirtschaftlich genutzt.

Über unsere Zukunft gab es gesprächsweise nur die sogenannten Latrinenparolen, zum Beispiel, dass wir auf die Freigabe zum Durchmarsch durch die Sowjetunion warteten, um für Deutschland die Ölfelder im Kaukasus zu sichern.

Wie ich meinem Tagebuch entnahm, hatte ich in diesen Wochen Zeit zum Nachdenken. Ich beschrieb 26 Notizbuchseiten und beschäftigte mich viel mit der Bevölkerung, der Landschaft sowie mit den Rundfunksendungen über Stalin, der am 7. Mai auch das Amt des Regierungschefs übernommen hatte. War das zum Vorteil für uns, fragte ich mich?

Wir kannten natürlich nicht das Telegramm des deutschen Botschafters in Ungarn, der dem Auswärtigen Amt in Berlin bereits am 10. April mitteilte, dass vorzeitig russische Jahrgänge zum Militärdienst einberufen und »Einheiten vom Ural ..., die zum großen Teil motorisiert sind, ... nach der westlichen und südwestlichen Grenze der Sowjetunion« verlegt wurden; also in die Nähe der Grenze zu Deutschland.

Aus meinen Niederschriften klingt viel Skepsis wegen der großen deutschen Truppenkonzentration, zu der auch meine Einheit gehörte. Es wurde den Russen eine Heeresgruppe ‚vor die Nase gesetzt' unter Befehl von Generalfeldmarschall von Reichenau. Wir gehörten zur 17. Armee und unterstanden dem 29. Armeekorps.

Am 16. Mai gab man für die einzelnen Einheiten Tarnbezeichnungen heraus, auch für unsere 111. Division. Ich wurde als einer der Dienstjüngsten an diesem Tag zum Oberschützen befördert, kann mich aber nicht erinnern, dieses Dienstrangabzeichen, den Stern am linken Oberarm, jemals getragen zu haben.

Im Unterricht machte man uns immer wieder mit der Kampfesweise der sowjetischen Armee bekannt. Aber die Tatsache, dass wir noch mit allem von den Russen beliefert wurden, machte uns doch sehr unsicher.

Am 15. Mai nahm ich an einer Übersetzübung mit Pionieren über die Weichsel teil. Ende Mai erlebten wir einen Kameradschaftsabend, bei dem dann die Vorgesetzten ‚ihr Fett abbekamen', das heißt, wir sagten humorvoll, was uns an ihnen nicht gefiel. Am 31. Mai besuchte ich nochmals das Truppenkino, um mir den Film »Ohm Krüger« anzusehen.

Am 2. Juni 1941, es war der zweite Pfingsttag, brachen wir zu unseren neuen Zielen auf. Tagelang marschierten wir bis an die Weichsel, die wir bereits am 6. Juni überschritten, und weiter ging es über die San. Bei den Märschen war vorgesehen, dass nach 100 Minuten jeweils eine Pause von 20 Minuten einzulegen sei. Wir übten zwischendurch Deckungnehmen vor Fliegeralarm, bereiteten uns aber gleichzeitig beim Zelten ein Lagerfeuer.

Die einfachen Unterkünfte, die wir gelegentlich bei der Landbevölkerung erhielten, waren besser als die der polnischen Bevölkerung, die meistens mit dem Vieh in einem Raum übernachtete. Schwierigkeiten bereitete die Trinkwasserversorgung aus offenen Ziehbrunnen. Es schwamm alles Mögliche in ihnen herum, so dass man sich in dem Wasser kaum waschen mochte.

Wir konnten aber oft sehr schöne kleine römisch-katholische und griechisch-orthodoxe Kirchen bestaunen.

Am 20. Juni waren wir fast an der Demarkationslinie zur Sowjetunion, dem Fluss Bug, angekommen. Wir marschierten noch etwa 28 Kilometer und übernachteten in Zelten. Es sah so aus, als hätten wir das vorgegebene Ziel zunächst erreicht. Alles war ungewiss. Der Start für das nächste Ziel wurde vorbereitet. Wir hatten bereits auf dem Kameradschaftsabend in Kielce auf das Schwimmfest in Odessa angestoßen!

Am 21. Juni fand ein Bataillons-Appell statt, auf dem Major Veith sagte, dass der Bolschewismus unser Erzfeind sei und wir am Vorabend unseres Einsatzes stünden. Anschließend war Abmarsch, um die letzten 10 Kilometer bis zu unserem Einsatzort zurückzulegen. Zwischendurch fand die Ausgabe von 300 Schuss Munition für jeden Gewehrschützen statt. Es gab auch noch eine Puddingsuppe.

Die allgemeine Marschziel-Richtung war seit Tagen bekannt: Luck in der Ukraine.

Etwa sechs Stunden zuvor hatte man uns mitgeteilt, dass unser Regiment 50 um 3:15 Uhr den Grenzfluss Bug zur Sowjetunion überqueren sollte. Wir registrierten auf dem Marsch zu dem Einsatzziel unserer Kompanie in der Ferne bereits Artilleriefeuer und abgefeuerte Leuchtkugeln sowie Artillerie-Aufklärer. Außerdem hörten wir Maschinengewehre rattern. Um 5:00 Uhr morgens erreichten wir den Bug und überquerten ihn mit Booten.

Es war der 22. Juni 1941. Der Ostfeldzug, das »Unternehmen Barbarossa«, begann!

Nördlich und südlich von uns stiegen weithin Leuchtkugeln auf und starker Geschützdonner aus der Ferne drang an unsere Ohren. Aus meinem Tagebuch entnehme ich, dass eine eigenartige frohe Stimmung herrschte, wohl deswegen, weil die psychische Belastung der Unsicherheit gewichen war! Wir mussten uns auf neue Gefahren einstellen.

Wie ich später erfuhr, hat der Reichspropagandaminister Joseph Goebbels an diesem Tag über die Medien die Nachricht verbreiten lassen, die Wehrmacht habe einem Angriff der Roten Armee zuvorkommen müssen.

Unser Vormarsch erfolgte bei gegenseitiger Absicherung ohne Behinderungen.

Wir mussten uns teilweise auch auf die neue Schreibweise mit den kyrillischen Buchstaben einstellen.

»Die Bevölkerung des Grenzdorfes grüßte uns mit erhobener Hand«, wie es in meinen Tagebuchaufzeichnungen heißt. Auch die Zollbeamten grüßten freundlich. Im Bereich des Ortes Starogrod war bisher kein Schuss gefallen. Die Infanterie-Regimenter 50 und 70, nördlich und südlich von uns, hatten die Russen sicherlich weit zurückgeworfen. Zwei Artillerie-Aufklärer überflogen uns.

Die Urkainer zeigten sich uns gegenüber sehr freundlich und hofften auf ihre Eigenstaatlichkeit; sie waren von den Sowjets anscheinend nicht gut behandelt worden.

Im Krieg gegen Rußland im Frühjahr 1920 hatten die Polen diese Gebiete der Westukraine besetzt und im Frieden von Riga am 18. März 1921 zugesprochen bekommen. Bei der Festlegung der Demarkationslinie Ende September 1939 fielen diese Gebiete jedoch an die Sowjetunion.

Wir verfolgten die Sowjetsoldaten in unserem Bereich Tag und Nacht. Unser Verpflegungstross konnte nicht so schnell folgen, so dass bereits am zweiten Tage die »Eiserne Ration«angegriffen werden musste. Diese hat jeder Soldat stets im Gepäck und ist dauerhaft verpackt und sehr konzentriert. Bei den ersten Kämpfen mit versprengten russischen Truppenteilen wurden unser Leutnant schwer, zwei Unteroffiziere und zwei Mann aus unserem Zug leicht verwundet. Auf staubigen Straßen litten wir unter großer Hitze.

In den Dörfern empfing uns die ukrainische Bevölkerung manches Mal mit »Heil Hitler« und reichte uns Erfrischungen. Teilweise wurden wir nach dortiger Sitte zur Begrüßung auch mit Brot und Salz empfangen.

Am 25. Juni passierten wir mehrere von der Bevölkerung erstellte Ehrenpforten mit Hakenkreuz und blau-gelben Fahnen. Aus meinen Tagebuch entnehme ich: »Die Menschen standen sogar an den Straßen und sangen Dankes-Choräle, wenn wir als deutsche Soldaten vorbeizogen«.

Zwei Tage später wurde unsere 111. Infanterie-Division teilweise durch motorisierte Panzerkräfte abgelöst. Pro Tag marschierten wir stets mindestens 30 Kilometer, seit Pfingsten es bisher etwa 500 Kilometer; dabei mussten oft zwei bis drei Stunden Schlaf ausreichen.

Für ein Nachtgefecht mit versprengten sowjetischen Truppenteilen bei Floto wurde uns über den Bataillionskommandeur ein Lob des Generalfeldmarschalls übermittelt. Die schweren Kämpfe bei der Stadt Dubnow, die wir anschließend durchquerten, und die Kampfhandlungen bei der nördlich gelegenen Ortschaft Luck wurden ebenfalls im Wehrmachtsbericht erwähnt. Hier konzentrierten sich starke sowjetische Streitkräfte, die von unseren Panzern zurückgeschlagen wurden. Wir sahen auf unserem Vormarsch die zerschossenen Tanks und Kraftfahrzeuge an der Straße liegen.

Wir marschierten weiter Richtung Kryminjzj, schieden am 28. Juni aus dem 29. Armeekorps aus und wurden dem 55. Armeekorps zugeteilt.

Der 29. Juni war ein schwarzer Tag für unser Bataillon. Wir bekamen die ganze Macht der geballten Feindkräfte zu spüren, noch stärker als in den vergangenen Tagen. Schweres Artilleriefeuer war auf uns gerichtet, aber wir gaben nie mehr als einige 100 Meter des eroberten Geländes preis. Unsere Infanterie-Geschütze unterstützten uns. Leider erfolgte die routinemäßig vorgesehene Ablösung unseres Bataillons nicht. Wir hatten allerdings beim Vorgehen in unserer Einheit noch keine weiteren Verluste zu verzeichnen. Vor dem südöstlich von Dubnow liegenden Gebirge bauten wir eine Verteidigungslinie auf. Alle 10 Meter lagen zwei Mann.

Am 30. Juni wurde hier dann eine andere Einheit eingesetzt und wir marschierten auf der Straße nach Süden. Zunächst ging es morgens flott voran. Einige Panzer fuhren voraus und nahmen einen Teil unserer Kompanie mit. Später setzte starkes feindliches Artilleriefeuer ein. Wir hatten einige Verluste, so dass wir zurückweichen mussten. Die Panzer hatten allerdings schon vorher, mit einem neuen Ziel, einen anderen Weg eingeschlagen.

Wir versuchten wiederholt durchzubrechen, doch wegen der Stärke des gegnerischen Feuers musste sich das ganze I. Bataillon zurückziehen. Von unserer Kompanie waren mittags nur noch 45 Mann im Einsatz.

Alle diese Details sind mir deshalb gegenwärtig, weil ich als Melder zwischen unserer Kompanie und dem Bataillon eingesetzt worden war.

Das Vor und Zurück, mit Kämpfen hauptsächlich in der Dämmerung in einem Wald mit Verlusten und vielen Vermissten im Bataillon, führte dazu, dass die Sowjets am 2. Juli morgens zurückgewichen waren. Ich selbst brachte einige Verwundete zurück, damit sie von Sanitätern betreut werden konnten. Die gut zu verteidigenden Höhen bei Krjminjzj wurden von den Sowjets verlassen. Gegen Mittag durchquerten wir das Bergstädtchen. Ein Wegweiser zeigte an: Luzk (Luck) 92 km, Schumssk 35 km, in Richtung Osten marschierten wir. Nach 20 Kilometern hatten wir noch keine eigentliche Feindberührung, und auch Versuche, uns mit Bomben zu belegen, fielen seit dem 1. Juli aus. Sowjetische Feldflugplätze, angefüllt mit zerstörten Jägern und Aufklärern, die größtenteils mit Wachstüchern überspannt waren, fanden wir verlassen vor.

Bei den geplanten und dann durchgeführten Gegenangriffen der Sowjets konnten wir per Fernglas beobachten, dass während der Vorbereitungen Offiziere in schwarzen Hosen, abweichend von der normalen Bekleidung, auftraten und auffällig mit Pistolen herumfuchtelten. Es waren augenscheinlich politische Kommissare, die mit Drohungen die Soldaten zum Angriff aufforderten. Es hat aber anscheinend nicht immer genützt.

Um Kriegsgefangene, die aus von uns »überrannten« sowjetischen Truppenteilen stammten, kümmerten wir uns nicht. Das war die Angelegenheit der nachfolgenden Einheiten. Verwundete sowjetische Soldaten wurden von unseren Sanitätern notbehandelt und kamen dann in Gefangenschaft.

Des Öfteren stellten wir fest, dass sowjetische Soldaten mit Spezialgewehren und optischen Zieleinrichtungen ausgerüstet waren. Diese Zielfernrohre stammten alle aus der Produktion der Firma Carl Zeiss in Jena.

Am Morgen des 3. Juli versuchten die Russen uns anzugreifen, wurden jedoch durch unser Artillerie-Feuer daran gehindert. Wir lagen jetzt rund 100 Meter vor der ehemaligen polnisch-russischen Grenze. Die Sowjets waren inzwischen getürmt und wir hatten, wie immer auf den Verfolgungsmärschen, unsere MG-Munition größtenteils verladen.

'Unermesslich', so steht es wörtlich in meinem Tagebuch, 'sind die Anstrengungen und Strapazen – immer nur bis zu vier Stunden Schlaf am Tage bei unzureichender Verpflegung. Besonders die warme Kost fehlt, denn unsere Feldküchen kommen, im Gegensatz zu denen der anderen Bataillone, nicht immer dicht hinter uns her, um uns zu versorgen. Die Füße sind kaputt gelaufen – sieben Tage lang konnten die Stiefel nicht mehr ausgezogen werden. Die Stiefel sind durchnässt, so dass die Füße zum Teil aufgeweicht und blutig gelaufen sind.'

Bei mir traten diese Beschwerden jetzt, nach unseren Märschen von fast 700 Kilometern, zum ersten Mal auf.

Zwei Divisionen marschierten hinter uns, konnten uns aber nicht aufholen. Wir wurden in vorderster Linie eingesetzt und mussten dafür sorgen, dass die Sowjets nicht die Ruhe hatten, eine Verteidigungslinie aufzubauen. »Aber wie lange können wir diese Strapazen noch durchhalten?« – steht in meinem Tagebuch.

Gegen Abend überschritten wir, nach einer mehrstündigen Mittagspause, die ehemalige polnisch-russische Grenze. Wir durchquerten ohne Feindberührung zwei Ortschaften, erkundeten, ob der auf einer Höhe gelegene Wald auch feindfrei war, und schanzten uns für die Nacht mit Hilfe der am Koppel getragenen Spaten wieder ein.

Am 4.Juli morgens ging es wieder weiter. In etwa 1000 Meter Entfernung befand sich ein Dorf, links davon eine Höhe, rechts davor sumpfiges Gelände und Gestrüpp. Ein kleiner Feldweg führte durch Getreidefelder und Dickicht.

Ein Spähtrupp von zehn Mann sollte jetzt erkunden, ob das Dorf feindfrei sei. Zu diesem Spähtrupp, der von einem Unteroffizier geführt wurde, gehörte auch ich. Durch die Deckung des Getreidefeldes gegen den Ort gingen wir etwa 800 Meter bis zu dem Gestrüpp.

Wir hatten das Sturmgepäck abgelegt und uns die Zeltbahn als Schutz gegen den Regen, der schon seit frühmorgens andauerte, umgehängt.

Unsere Uniformen waren bereits vollkommen durchnässt. Die Abstände von Mann zu Mann betrugen etwa 20 Meter. Als wir das Gestrüpp erreichten, sahen wir plötzlich auf der Höhe vor uns Russen in aufrechter Haltung; wir erkannten auch Feldstellungen, man beobachtete uns, wie im Fernglas erkennbar war. Die Entfernung betrug etwa 400 bis 500 Meter.

Ein Melder von uns teilte unsere Beobachtungen der Kompanie mit, ohne beschossen zu werden. Da der Weg nach einem Bogen parallel zu der von den Sowjets besetzten Höhe verlief und wir voll der Beobachtung ausgesetzt waren, wurde es sinnlos, das Dorf zu erkunden.

Aber wie konnten wir jetzt zurückkommen? Einzeln sprangen wir von dem Gebüsch aus über den Weg in ein Roggenfeld, in dem wir wieder längs des Weges über die sanft ansteigende Höhe unter Deckung gebückt zu dem Wäldchen gelangen wollten, in dem unsere Kompanie lag. Als einige von uns gerade das Getreidefeld erreicht hatten, überschütteten uns die Roten von allen Seiten mit einem Kugelregen aus ihren Maschinengewehren, als sei die Hölle los.

Ich war kaum 30 Meter gelaufen, und schon hatte ich als Erster einen Schuss in den rechten Fuß erhalten. »Ich bin verwundet«, stieß ich laut aus; fast gleichzeitig rief mein Kamerad dasselbe. Indem ich meine Wunde betrachtete, dachte ich, dass für mich dieser Feldzug vorbei sei. Ich schleppte mich einige Meter weiter.

Die Sowjets konnten uns von der Höhe aus sicherlich genau beobachten, denn im selben Augenblick wurde ich mit einer zweiten Maschinengewehrsalve überschüttet.

Ein schwaches Brennen im rechten Oberarm verriet mir, dass mich ein zweiter Schuss getroffen hatte. Um vom Feind nicht mehr gesehen zu werden, wälzte ich mich nach links und verbarg mich hinter noch aufrecht stehenden Getreidehalmen. Weit vor mir rief jemand nach einem Sanitäter.

Bald hörte ich in meiner Nähe mehrere Sowjets sprechen; einer sagte in einem fremden Tonfall: »Deutsche Soldaten kommt doch bitte.« Was wollten die Russen mit uns machen? Die Kehle durchschneiden, die Augen ausstechen, uns zerstückeln, wie sie es schon mit vielen deutschen Soldaten gemacht hatten, die in ihre Hände gerieten? In den umkämpften und zurückeroberten Gebieten haben wir diese Grausamkeiten leider feststellen müssen.

Ich schleppte mich einige 100 Meter weiter zurück, bis ich nicht mehr konnte und traf dort liegend einen verwundeten Kameraden mit einem Hüftschuss. Die Russen kamen uns jetzt im Getreidefeld bedenklich näher. Um uns nicht durch das Rascheln im Getreide zu verraten, blieben wir beide ganz ruhig liegen.

Meine Schmerzen waren nicht sehr groß; trotzdem nahm ich eine Antineuralgie-Tablette, die ich zufällig noch besaß.

Die Russen liefen nur wenige Meter an uns vorbei, bauten in unserer Nähe einen Granatwerfer auf und hielten uns für tot.

Wir verhielten uns weiterhin ruhig. Ich schlief dann infolge meiner Erschöpfung fast 1½ Stunden. Geweckt wurde ich durch das Feuer unserer eigenen Infanterie-Geschütze und Granatwerfer, denn unsere Kompanie unternahm einen Angriff auf die vom Feind besetzte Höhe, aber von links aus, und brachte sie in unsere Hand.

Da die Einschläge der eigenen Waffen zum Teil in sehr bedenklicher Nähe lagen, versuchten mein Kamerad und ich uns noch einige Meter weiterzuschleppen. Meinem Kameraden fiel es sehr schwer, und er stöhnte vor Schmerzen. Die Schmerzen meiner beiden Wunden konnte ich ertragen, der Blutverlust verringerte sich.

Die Stunden im Getreidefeld erschienen mir unendlich lang. Nach der zweiten gezielten Maschinengewehr-Salve, die mich wissen ließ, dass ich vom Feind beobachtet wurde, gab ich die Hoffnung auf, jemals meine Eltern wiederzusehen zu können. Welche Gedanken würden sie sich darüber machen, wie ich zu Tod gekommen sein könnte? Ich versuchte ein Gespräch mit dem Herrgott und dankte ihm für mein bisheriges Leben, das vor mit gedanklich ablief. Ich bat ihn, mich zu beschützen, meinen Eltern Trost zu Spenden und mir meine unrechten Taten zu vergeben.

Spontan erinnerte ich mich an meinen Vater, der im Ersten Weltkrieg in Frankreich 1917 durch einen Granatsplitter eines Artilleriegeschosses, am linken Oberschenkel schwer verwundet worden war. Er hatte das Glück, zu überleben. Über sein eigenes Schicksal und das seiner Kameraden konnte er sich später an Hand von Kriegsberichten nochmals Klarheit verschaffen, um festzustellen, wie mies das so verherrlichte Heldentum sein kann. Er fühlte sich oft beleidigt wegen der Art der Darstellung.

Mit achtzehn Jahren hatte ich das schon erwähnte Buch von Remarque durchgeblättert und war entsetzt über Szenen, die beschreiben, wie ein verwundeter Soldat nach einem feindlichen Artilleriebeschuss das Gehirn seines Freundes in einem Baum wiederfand. Derartige Bilder liefen in meiner stundenlangen Einsamkeit vor meinen geistigen Augen ab. Ich hatte mit allem abgeschlossen.

Remarques Buch war wegen der antimilitaristischen und Antikriegs-Tendenzen politisch nicht erwünscht. Der Roman enthält weniger eine Anklage, sondern die einfachen Schilderungen seiner Erlebnisse an der Front 1916 – 1918 und »rührte damit an das Tabu des Heldentodes.«

Plötzlich bekam ich Mut und versuchte, als es verhältnismäßig ruhig geworden war, am Weg entlang durch Kriechen den etwa 600 Meter entfernten Waldrand zu erreichen. Ich versprach meinem Kameraden, der vor Schmerzen stöhnte und sich nur noch wenige Meter weiterschleppen konnte, Hilfe zu schicken.

Etwa gegen 18.00 Uhr erreichte ich den Wald wieder, wo jetzt nur noch die 1. Kompanie lag. Nach mehr als fünf Stunden, wie mir meine Armbanduhr anzeigte, bekam ich den ersten Verband am Fuß und Oberarm. Inzwischen hatte ich festgestellt, dass eine Kugel einer Maschinengewehr-Salve in meiner umgehängten Gasmaske stecken geblieben war. Diese Kugel hätte als zusätzlicher Unterleibsschuss wahrscheinlich meinen Tod bedeutet. Ich dankte meinem Gott, mich davor bewahrt zu haben. Inzwischen hatte ich eine Menge Blut verloren.

Eine Gruppe von uns suchte das Gelände weiterhin nach Verwundeten ab und fand noch zwei verwundete Kameraden. Der Spähtruppführer und zwei Mann wurden vermisst. Wahrscheinlich waren sie verwundet und in sowjetische Gefangenschaft geraten oder gefallen. Von unserem Spähtrupp ist nur der Melder unverwundet zurückgekommen.

Die Wege waren vom Regen vollkommen aufgeweicht, so dass Fahrzeuge kaum fahren konnten. Der Truppenverbandsplatz lag etwa zwei Kilometer entfernt im nächsten Ort. Ein Panjefahrzeug, ein mit Pferden bespannter Bauernwagen, brachte uns zu der ersten ärztlichen Hilfe.

Auf der Fahrt dorthin starb der Kamerad mit dem Hüftschuss. Ein anderer Kamerad von uns hatte einen Unterschenkelschuss erhalten. Wir übernachteten auf dem Truppenverbandsplatz. Vorher jedoch wurden meine Wunden behandelt. Das sogenannte wilde Fleisch musste herausgeschnitten werden, denn die Knochen meines Fußes waren total durcheinander gewirbelt. Eine Betäubung gab es nicht. Ich lag auf einer Bahre, zwei Sanitäter legten sich quer über mich und der Arzt beschnitt die Wunden und verband den Fuß mit festen Bandagen. Angenehm war das nicht! Die Behandlung meiner Oberarmverwundung verlief einfacher.

Am nächsten Morgen waren mehrere Kameraden in meiner Nähe mit schweren Baucheinschüssen oder anderen schweren Verletzungen verstorben.

Die Leichtverwundeten wie mich fuhr man mit Panjefahrzeugen zum Hauptverbandsplatz in Yampol, der zwei Tage später in ein Feldlazarett umgewandelt wurde. Nachdem sich das Wetter in den vergangenen vier Tagen gebessert hatte, wurde auch ich am 15. Juli mit einem Sanka, einem Sanitätskraftwagen, im Schneckentempo auf morastigen Straßen mit zwangsweisen Zwischenstopps, in das nächste, etwa 50 bis 60 Kilometer entfernte Kriegslazarett Kriminizi gebracht. Den gleichen Weg hatten wir bereits auch auf dem Vormarsch vor Tagen zu Fuß zurückgelegt.

Das Kriegslazarett war in einem klosterähnlichen Bau, in dem sich bisher das Gymnasium befunden hatte, untergebracht worden. Wir lagen mit 16 Verwundeten auf einem Zimmer und wurden von deutschen Krankenschwestern und drei polnischen Schwestern, die sich freiwillig gemeldet hatten, betreut. Die Verständigung mit den Polinnen war recht gut. Vor den Fenstern und auf den Tischen standen stets frische Blumen.

Ich hatte hier Zeit und Ruhe, um über die vergangenen Ereignisse nachzudenken und mein Tagebuch zu führen. Etwa 700 Kilometer waren wir marschiert. Eine wichtige Erkenntnis notierte ich über das körperliche Durchhaltevermögen: ‚Schlappgemacht haben in erster Linie immer starke Alkoholiker und nach längerer Zeit auch überstarke Raucher', die manchmal vorübergehend auf Fahrzeuge (Nachschubfahrzeuge usw.) angewiesen waren.

Ich informierte mich über den Bolschewismus und insbesondere über die Kollektivierungen mit ihren Folgen bei unseren polnischen Krankenschwestern. Sie besaßen anscheinend eine gute Bildung. Anregende Themen für mein Tagebuch.

Da die Sowjetunion nach dem deutschen Sieg über Polen am 17. September 1939 erklärte, dass dieser Staat nicht mehr existiere, sei es notwendig geworden, die ukrainische Bevölkerung zu schützen und besetzte dieses Gebiet.

Bei der Kollektivierung dieser ehemaligen polnischen Gebiete war der Landbevölkerung alles genommen und in großen Staatsbetrieben zusammengefasst worden, in denen die Bauern täglich ihre Arbeit verrichten mussten.

Den Bauern selbst verblieb das Haus, wenn man es so nennen will, ca. 110 Ar Land und Wiese sowie eine Kuh. Von der Milch, die die Kuh hergab, mußten 120 Liter pro Jahr an den Staat abgeliefert werden. Bis zu drei Schweine durfte die Familie ebenfalls halten. Jedoch für ein Schwein reichten die Erträge auf dem kleinen Fleckchen Land nur, wenn man auch noch Zwiebeln und Kohl anbauen wollte.

Diese Angaben machte mir eine Frau in einem Dorfe, die mir auf dem Vormarsch begegnet war. Ich hatte mir ihr Haus angesehen. Es bestand praktisch nur aus einem großen Raum, den man mit Hilfe eines entsprechenden Backofens beheizen konnte. Auf dem Backofen schlief nachts die Familie. Wie das vonstatten ging, wurde mir allerdings nie klar.

Die Stallungen für das Vieh waren anscheinend auch enteignet worden.

Alle persönlichen Arbeiten für den eigenen Lebensunterhalt wurden nebenbei erledigt, da die Familienmitglieder tagsüber im Staatsbetrieb arbeiten mußten.

Selbst unter diesen Verhältnissen leben zu müssen, erschien dem Sowjetbürger noch erträglich, da, wie man ihnen sagte, es ja den Bauern und Arbeitern in anderen Ländern viel schlechter gehen würde.

Am 29. Juli 1941 verließ ich mit einigen Kameraden das Kriegslazarett in der von majestätischen Höhen umgebenen Stadt. Durch die Fürsprache eines ehemaligen Schulkameraden, der hier vor kurzem ebenfalls noch Patient gewesen war und als Assistent des Oberarztes fungierte, wurde ich vorzeitig zurück in den Westen verlegt. Da wir uns täglich, neben der guten Verpflegung, Obst von dem Markt besorgen ließen, war unser Wehrsold voll ausgegeben worden.

Auf unserer Fahrt gen Westen sahen wir die unzähligen zerstörten sowjetischen Panzer und Fahrzeuge. Die »Organisation Todt« war damit beschäftigt, die Rollbahnen für den Nachschub zu befestigen und auszubauen.

Wir erreichten bald die Grenze zum Generalgouvernement, an der die Sowjets eine Bunkeranlage gegen Deutschland teilweise fertiggestellt hatten. In diesen Bunkern war die sowjetische Besatzung seinerzeit von den Sowjet-Kommissaren eingeschlossen und größtenteils angekettet worden; der Grund dafür ließ sich nicht zu erkennen – so steht es in meinem Tagebuch.

In Lubin übernachteten wir in einem Übergangslazarett. Ich wurde dann am 5. August, da ich sitzen konnte, mit 50 weiteren Verwundeten in zwei Tagen über das oberschlesische Industriegebiet mit der Eisenbahn nach Gnadenfrei gebracht.

Am Bahnhof standen Fahrzeuge und Ärzte sowie Personal aus dem Reserve-Lazarett zum Empfang bereit, um uns nach Nimptsch, einer kleinen Bergstadt im Kreise Reichenbach im Eulengebirge zu fahren.

Der Ausflugsort Nimptsch hatte rund 3000 Einwohner. Auf der Fahrt war es ein herrliches Gefühl, wieder von sauber gekleideten deutschen Mädchen begrüßt zu werden. Sie beschenkten uns auf den Bahnhöfen mit Schokolade, Zigaretten sowie Gebäck und Wein.

Mein Fuß befand sich in einem prekären Zustand. Der behandelnde Arzt hatte Sorge, den Fuß retten zu können, und sprach von einer eventuellen Amputation bis zum Knie. Eine Krankenschwester nahm sich meiner an und machte mir laufend, auch nachts, nasse Lysol-Umschläge. Am 1. September waren die Entzündungen soweit zurückgegangen, dass mein Fuß in Gips gelegt werden konnte.

Wir hatten im allgemeinen bis 21.00 Uhr Ausgang. Da ich sehr schlecht gehen konnte, besuchte ich nur einmal das Kino. Ich lernte ein 17-jähriges Mädchen kennen. Wir trafen uns nachmittags und ich übte mich mit ihrer Hilfe im Gehen. Die Zeit im Lazarett verging schnell, da wir Radio und

Zeitschriften zur Verfügung hatten. Die Langeweile überbrückten wir mit Korrespondenzen und Gesprächen.

Hier erfuhr ich, dass der Stellvertreter des Führers, Rudolf Heß, als ehemaliger Weltkriegsflieger mit einem unbewaffneten Messerschmitt-Flugzeuge »Me 110« Deutschland verraten und im Alleingang Deutschland verlassen hatte. Er landete am 10. Mai 1941 in Schottland.

*

Später erfuhr man, dass es seinerseits ein letzter Versuch gewesen sei, weitere kriegerische Auseinandersetzungen mit Großbritannien zu verhindern. Seit dem 23. September 1940 führte er diesbezüglich bereits einen Briefwechsel (via Lissabon) mit seinem Bekannten, Lord Hamilton, der vorgab, entsprechende Beziehungen zu maßgeblichen Regierungsstellen zu haben, um Friedensgespräche einleiten zu können. Rudolf Heß sprang, nach 1300 Kilometer langem Flug, in der Nähe der Besitzungen von Lord Hamilton mit dem Fallschirm ab.

Hess wurde vom britischen Geheimdienst verhaftet und 1946 in Nürnberg vom Internationalen Militärgerichtshof zu lebenslanger Haft verurteilt und verstarb im August 1987 – gemäß den Angaben der Gefängnisleitung der Alliierten – durch Selbstmord im Militärgefängnis in Berlin-Spandau.

Der plötzliche Tod von Rudolf Heß durch Selbstmord wurde jedoch seinerzeit von Augenzeugen und Sachverständigen in Zweifel gezogen. Möglicherweise sollte Heß zum Schweigen gebracht werden, weil Gorbatschow ihn freilassen wollte und die Wiedervereinigung im Raume stand. Das Leben von Rudolf Heß war bis hin zu seinem Tode immer noch von Mysterien und Legenden umrankt.

Ungeklärt ist weiterhin, wer den heimtückischen Mord an Martha und Karl Haushofer verübt hat. Beide waren in die Pläne von Rudolf Heß eingeweiht und sollten im Nürnberger Prozeß aussagen.

Die neuesten Archivfunde aus England, die von deutschen und englischen Historikern eingesehen werden konnten, deuten darauf hin, dass die britische Regierung die deutschen Friedensangebote von Anfang an torpedierte, wie u.a. auch die Bemühungen deutscherseits Ende August 1939 es gezeigt haben.

Churchill spielte auf Zeit, um die USA und die Sowjetunion mit in den Krieg zu ziehen. Um diese Vorhaben zu verschleiern, wurde Rudolf Heß bis zu seinem Tod inhaftiert. Millionen Menschen kostete dieses Verhalten der Engländer die Gesundheit und das Leben. Und wann werden diese Archive endgültig geöffnet?*)

*

Der englische Geheimdienst berichtete nach dem Absprung von Rudolf Heß dem ehemaligen tschechoslowakischen Präsidenten, Eduard Benesch, man habe Heß in eine Falle gelockt. Diese Nachricht stand im Einklang mit Churchills Äußerungen im englischen Rundfunk im November 1939, die aufgrund der Vermittlungsvorschläge der belgischen und niederländischen Königshäuser ausgespochen wurde: »Dieser Krieg ist ein englischer Krieg, und sein Ziel ist die Vernichtung Deutschlands ...«

*

Mein Bettnachbar war gelernter Bäcker. Er wollte später die Meisterprüfung ablegen. Mit zeitaufwändigem Interesse versuchten wir zu ermitteln, wann wir beruflich wohl den finanziellen Gleichstand erreicht haben könnten, wenn es keinen Krieg gegeben hätte. Wir ermittelten anhand der gegenwärtigen Löhne und Gehälter, dass ein Gleichstand bei einem Alter von ca. 42 Jahren vorhanden sein könnte. Zunächst steht der Handwerker finanziell besser da und später vielleicht der Akademiker, also ich als angehender Bauingenieur.

Wir wunderten uns, dass wir auf unserem Vormarsch auf einen verhältnismäßig geringen Widerstand der Sowjets stießen. War es deutscherseits ein Überraschungsangriff gewesen?

Wie wir aus den Wehrmachtsberichten entnehmen konnten, wurden die Sowjetarmeen umgehend umorganisiert – wir hörten von »Kesselschlachten«. Anscheinend waren die bereits vor Monaten in diesen Gebieten konzentriert stationierten Truppen nicht für eine Verteidigung vorbereitet, sondern für Angriffshandlungen ausgebildet worden.

Später konnte nachgewiesen werden, dass die Sowjetunion für den 6.

---

*) »Geheimakte Heß« als DVD in der Langfassung der n-tv Dokumentation

Juli 1941 einen Angriff auf Deutschland geplant hatte. Hitler, der durch die Spionage gut informiert war, konnte Stalin mit dem »Unternehmen Barbarossa« zuvorkommen. Somit war von der Sowjetunion keine Verteidigungslinie aufgebaut worden.

Heute weiß man, dass Stalin bereits am 5. Mai 1941 auf einem Bankett in Moskau gesagt hatte: »... Im Laufe der nächsten zwei Monate können wir mit dem Kampf gegen Deutschland beginnen«. Auf der gleichen vorausplanenden Linie lag auch bereits Stalins Erklärung vor dem Politbüro in Moskau vom 19. August 1939 mit seinem Drang nach Westen, in der er sagte: Deutschland wird dann »... sicher Polen angreifen und die Intervention Englands und Frankreichs wird unvermeidlich sein ... Es ist wesentlich für uns, dass der Krieg so lange wie möglich dauert, damit die beiden Parteien sich erschöpfen ... damit wir gut vorbereitet sind«. Fünf Tage später wurde daraufhin der Nichtangriffspakt Stalin – Hitler geschlossen.

Hitler, der die gewaltsame Ausdehnung des Kommunismus nach Westeuropa mit diesem Vertragsabschluss verhindern wollte, wurde Mittel zum Zweck. Ein detaillierter Angriffsplan gegen Deutschland legte der sowjetische Generalstab bereits am 15. Mai 1941 vor.[*)]

Somit kann der Ostfeldzug kein Angriffs-, sondern ein Präventivkrieg gewesen sein, um dem sowjetischen Angriff am 22. Juni zuvorzukommen.

Ich hatte Zeit, über die vergangenen Monate nachzudenken. Eine Unterschenkelamputation, um dann eventuell als Krüppel das Leben fristen zu müssen, schockierte mich sehr. Das Ergebnis des Zustandes meines Fußes nach Entfernung des Gipsverbandes schien mir noch völlig offen zu sein und das alles, weil ich mich quasi auch noch »freiwillig« zu dem Spähtrupp gemeldet hatte. Aber was wäre geschehen, wenn ich nicht bei dem Spähtrupp verwundet, später vielleicht in sowjetische Kriegsgefangenschaft geraten oder tödlich verwundet worden wäre? Ich hatte großes Glück gehabt!

Meine Verwundung machte mich kampfunfähig. Die zweite auf mich gerichtete Maschinengewehr-Salve war eine Tötungsabsicht gewesen, die gemäß unserer soldatischen Ausbildung als unsoldatisch galt. Es bleibt eine lähmende Erinnerung, dem gewaltsamen Tod ins Auge gesehen zu haben. Seinem Gott bleibt man ewig dankbar.

---

*) Hans Bernhardt: »Deutschland im Kreuzfeuer großer Mächte«, Seite 293 ff.

Uns wurde in der Rekrutenzeit gelehrt, das Ziel sei stets, den Gegner kampfunfähig zu machen und nicht unbedingt zu töten oder hinzurichten. Diese These wurde meinem Vater schon vor dem Ersten Weltkrieg gelehrt.

Meine Gedanken waren zwischendurch immer wieder bei meinen Eltern, die nichts von meinen Schicksal wussten. Ich stand stets in Verbindung mit meinem Herrgott, mit dem ich fortwährend Zwiegespräche hielt, und Mut schöpfte, resultierend aus meiner religiösen Grundeinstellung und Erziehung. Zeitschriften und Zeitungen in Verbindung mit dem Radio gaben uns Abwechslung und die Übersicht über das tägliche Geschehen, auch an der Front.

Anfang Oktober 1941 wurde der Gips von meinem Fuß genommen und zu meiner großen Erleichterung und Freude verlief die Heilung gut. Zwar musste ich jetzt mit einem »Spitzfuß« herumlaufen, aber der Krieg schien für mich zu Ende zu sein, denn ich war nicht mehr kriegsdienstverwendungsfähig.

Etwa vier Wochen später wurde ich aus dem Reserve-Lazarett in Nimptsch entlassen und in die Genesenden-Kompanie des Regimentes 76 nach Hannover-Bothfeld verlegt.

Zunächst erhielt ich vier Wochen Genesungsurlaub. Meine glückliche Mutter freute sich, mich wieder in ihre Arme schließen zu können. Ich sollte natürlich fortwährend berichten. Aber, wenn ich zurückdenke, habe ich meinen tiefen Schmerz in den kritischen Tagen nicht offenbart. Diesbezüglich blieb ich sehr verschlossen, um meine Mutter nicht zu stark zu belasten.

Nach Ende des Urlaubs, wurde ich in Hannover bei meinem Regiment als Ausbilder für junge Rekruten eingesetzt und zum Gefreiten befördert. Ferner erhielt ich das Verwundetenabzeichen in Schwarz.

Da ich wegen meiner Fußverletzung keine normalen Kommissstiefel tragen konnte, diese aber als Ausbilder obligatorisch zur Uniform gehörten, erhielt ich Stiefel nach Maßanfertigung mit Reißverschlüssen an der Rückseite. Die Stiefel waren aus einem sehr weichen Leder gefertigt; ich wurde deswegen stets beneidet.

Ende Februar 1942 bestellte man mich zu unserem Hauptfeldwebel, auch Spieß genannt, auf die Schreibstube. Er eröffnete mir, da ich Abiturient sei und bereits in Hannover auf der Technischen Hochschule studiert habe, dass er mich beim OKH (Oberkommando des Heeres) für eine Spezialtätigkeit gemeldet und zur Verfügung gestellt hätte. Ich bekam die Marschpapiere, um mich in Hillersleben, Kreis Haldensleben, bei einer Sondereinheit des OKH, zu melden. Hillersleben liegt am Rand eines großen Truppenübungsplatzes der Letzlinger Heide.

In den dort vorhandenen Kasernen untergebracht, wurden wir zu einer Spezialabteilung mit rund 30 Mann zusammengestellt und zunächst für unseren Einsatz geschult und entsprechend eingewiesen.

Es gab bereits eine Gruppe, die die Zünderlaufzeit- und Flugbahnmessungen für Flak-Geschosse (Flugzeugabwehr) durchführten. Die Zünderlaufzeiten waren massgebend für das Detonieren der Flakgranate in der Nähe des zu bekämpfenden Zieles. Die Flugbahnmessungen erfolgten über einen Leuchtspureinsatz mit hochempfindlichen Kameras der Firma Carl Zeiss, die in einem vorgegebenen Winkel zur geplanten Flugbahn aufgestellt wurden.

Diese Messungen waren als Kontrolle für die von der Rüstungsindustrie gelieferten Flugabwehrgranaten erforderlich. Die Fluggeschwindigkeit, Zünderlaufzeiten, Vorhaltewinkel und andere wichtige Daten für die Abwehr von feindlichen Flugzeugen wurden von den Funkmessgeräten (FMG, auch als Radar bekannt) ermittelt und beim Geschoss und Geschütz eingegeben. Auf dem Truppenübungs- und Schießplatz konnten entsprechende Versuche und Messungen laufend durchgeführt werden.

Da in Hillersleben die Räumlichkeiten fehlten, wurde die neue erweiterte »Abteilung für terrestrische und ballistische Photogrammetrie« (Messbildverfahren), der ich angehören sollte, im März 1942 nach Alt-Haldensleben verlegt.

Unser Arbeitsplatz befand sich in den Gebäuden des Henkel'schen Gutes. Untergebracht wurden wir mit etwa zehn Mann in dem Gasthaus »Zum Deutschen Kaiser« in der Neuhaldensleber Straße.

Bevor ich mich jedoch »hauptamtlich« mit der Neuentwicklung der dralllosen Röchling-Geschosse befassen musste, war ich bei der Zünderlaufzeitmessung tätig. Ich erhielt den Auftrag, an den Zünderlaufzeitmessungen auf dem französischen Truppenübungsplatz Bourges, etwa 200 Kilometer südlich von Paris, der seit dem Waffenstillstand am 22. Juni 1941 im Wald von Compiègne unter deutscher Kontrolle stand, teilzunehmen.

Unser Marschbefehl, der für den September 1942 ausgestellt wurde, sah vor, zu dritt mit der Bahn über Paris nach Bourges zu fahren. In Paris durften deutsche Soldaten bei der Durchreise die Bahnhöfe nicht verlassen, es sei denn, es war eine Sondergenehmigung erteilt worden. Diese Sondergenehmigung erhielten wir von der Kommandantur des Truppenübungsplatzes in Hillersleben, der wir als Sonderabteilung des OKH unterstellt waren. Mein direkter Vorgesetzter, Feldwebel Höhn, im Zivilberuf Augenoptikermeister, befürwortete die Sondergenehmigung, die uns somit erteilt wurde.

Als wir in Paris auf dem Bahnhof Du Nord ankamen und von Rote Kreuz-Schwestern betreut wurden, entdeckte ich meine Nachbarin aus Göddenstedt, Irmgard Bunge. Wir freuten uns riesig über das unerwartete Wiedersehen und verabredeten uns für den Abend zu einem Besuch in der Oper. Sie hatte die entsprechenden Beziehungen und besorgte die Eintrittskarten. Wir sahen die Oper »Der Rosenkavalier« von Richard Strauss. Es wurde für uns ein sehr schöner Abend. Die Uraufführung dieser Komödie hatte im Januar 1911 in Dresden stattgefunden.

Mein Nachtquartier lag in einem Vorort von Paris, der in längerer Fahrt mit der Metro zu erreichen war. Ich stand als vereinsamter deutscher Soldat mindestens 20 Minuten in einem Gedränge zwischen laut gestikulierenden Franzosen auf dem Bahnsteig und wartete nachts um etwa 0.00 Uhr auf die Ankunft des Zuges. Noch nie empfand ich ein so ausgeprägtes Gefühl der Unsicherheit in Feindesland. Es verlief alles gut, und ich konnte am nächsten Mittag meine Fahrt nach Bourges mit meinen Kameraden fortsetzen. Meine Kameraden führten später weiterhin Zünderlaufzeitmessungen und andere Versuche, wie Flugbahnmessungen usw., bei Kühlungsborn an der Ostsee durch.

Meine weitere Aufgabe bestand darin, die von der Firma Röchling im Saargebiet entwickelten neuen Geschosse, mit einem Kaliber von 20 Zentimetern und darüber, auf ihre Verwendungsfähigkeit zu prüfen. Feuerwaffen bekommen normalerweise einen Drall (eine schnelle Drehbewegung um die Längsachse), um das Geschoss zu stabilisieren und ein Überschlagen während des Fluges zu verhindern. Die Drehung wird dadurch erzeugt, dass im Geschützrohr sogenannte Züge eingeschnitten sind.

Die Neuentwicklung von Röchling verzichtete auf den Drall und ordnete stattdessen am Geschoss vier Stabilisierungsflügel an, die beim Verlassen des Laufes heraussprangen und durch den Luftwiderstand das Geschoss stabilisierten, ähnlich wie bei der Stabilisierung eines Flugzeugs in der Luft. Die Geschosse erreichten eine größere Geschwindigkeit, da die große Reibung an den Rillen beim Rohrdurchlauf entfiel.

Wir fertigten vor den eigentlichen Prüfungen oft Photo- und Filmaufnahmen mit bis zu 400 Bildern pro Minute an, um eine Vorstellung davon zu bekommen, was sich beim Verlassen des Geschützrohres im Einzelnen mit dem Geschoss abspielte.

Um die entsprechenden Kenntnisse zu erlangen, wurde das Raumbild-(Stereo-)verfahren angewandt, bei dem bei der Wiedergabe jedem Auge nur das ihm zugeordnete Bild zugeführt wird. Aufnahmen, die das Geschoss beim Verlassen des Geschützrohres zeigten und von zwei benachbarten Standpunkten aufgenommen worden waren, wurden nach dem Vektrographenverfahren mit Hilfe von Prismen-Vorsatzlinsen in polarisiertes Licht, mit zwei senkrecht aufeinanderstehenden Schwingungsrichtungen, zerlegt.

Beim Betrachten der auf die Leinwand projizierten Bilder durch eine entsprechend polarisierte Brille sah man räumlich, wie das Geschoss das Rohr verließ und die Stabilisatoren sich ausspreizten, um zu stabilisieren.

Die Wirkung dieser Geschosse erprobten wir vorwiegend durch das Beschießen von Kalkfelsen in den Alpen. Um derartige Versuche durchzuführen, hielt ich mich Ende 1942 und auch 1943 mit einigen Mitarbeitern mehrmals in der Ostmark (Österreich) auf.

Im Frühjahr 1943 zum Unteroffizier befördert, wurde ich zuständig für die Auswertung der photographischen Aufnahmen, auch bezüglich der Beurteilung der Wirkung dieser neuartigen Geschosse nach einer von mir entwickelten Auswertungsmethode.

Meine Beförderung zum Unteroffizier und die eines Kameraden wurden in einem größeren Kreis ausgiebig gefeiert. In einer Gastwirtschaft in Hundisburg, etwa drei Kilometer von »Ollen« (Alt-Haldensleben), unserem Standort entfernt, gab es neben einem Imbiss genügend Bier und Schnaps. Der neue Dienstgrad wurde »begossen« mit einem Korn, versetzt mit Waffenöl! Singenderweise trafen wir spät nachts, nach einem fröhlichen Waldmarsch, wieder in unserem Quartier in Althaldensleben ein.

An eine Dienstreise im August 1943 in das Gesäuse, Durchbruchstal der Ennstaler Alpen, mit der westlich davon gelegenen Stadt Admont, erinnere ich mich noch sehr gut. Wir wohnten in dem Ort Johnsbach, der am Ende eines Seitentales liegt, mit Blick auf das Hochtor-Massiv.

Das Geschütz für die Versuchsgeschosse wurde in etwa 10 Kilometer

Entfernung mit Schussrichtung auf die ausgesuchte Felswand gerichtet. Unsere beiden hoch spezialisierten Telekameras wurden etwa zwei Kilometer vor dem entsprechenden Kalkfelsen mit Blickrichtung auf die Felswand aufgebaut. Der Abstand der Aufnahmegeräte (Basis) untereinander, die ein stereofähiges, dreidimensonales Bild liefern sollten, betrug 1200 Meter Luftlinie.

Vor Beginn des Felsbeschusses fertigten wir Bilder der unbeschädigten Wand an und nach dem Beschuss weitere Aufnahmen für den Vergleich.

Nach Beendigung der Versuchsserie und dem Entwickeln der Bilder wurden diese zur Auswertung in ein entsprechendes Gerät eingepasst. Da die Firma Carl Zeiss aus betriebstechnischen Gründen dieses Auswertungsgerät zur Zeit nicht liefern konnte, wurde uns ein entsprechendes Gerät von der Schweizer Firma Wild zur Verfügung gestellt.

Für das Einspannen, Betrachten und Auswerten der Bilder war eine Basis von 120 Zentimetern beim Auswertegerät vorgesehen (Aufnahmebasis 1200 Meter). Beim Betrachten der Bilder mit beiden Augen sah man die Felswand plastisch, also räumlich vor sich.

Mit Hilfe einer mechanischen Übertragung auf einen Bleistift, der über einem Papierbogen auf dem Zeichenbrett glitt, konnte man dann einen Abtastpunkt in der Optik des Auswertegerätes räumlich an der Felswand entlangführen und diese Linie somit auf dem Papierbogen aufzeichnen. Durch das Auswechseln der Bilder – vor und nach der Beschießung des Felsens – und der Aufzeichnung der jeweiligen Schichtenlinie in gleicher Höhe konnte man aus der Differenz, mit Hilfe des Planimetrierens die Fläche ermitteln und mit dem Schichtenabstand und dem Verkleinerungsmaßstab multiplizieren. So erhielt man die Kubikmeter Gestein, die ein Granatenschuss bei der Felsabspaltung bewirkt hat.

Diese Schichten sind, je nach der gewünschten Genauigkeit, in Abständen von ein bis fünf Metern, entsprechend des mit aufgenommenen Höhenmaßstabes, fotografisch festgehalten worden. Die Bedienungsanleitungen habe ich damals entwickelt.

Nach diesen Ergebnissen wurden die Geschosse beurteilt. »Böse Zungen« behaupteten, dass die Versuche als Vorversuche für die Beschießung der Befestigungsanlagen der Kalkfelsen von Dover zu werten seien; für die geplante Invasion in England. Diese lief unter der Bezeichnung »Unternehmen Seelöwe«.

Bei dem Aufenthalt im Gesäuse erstieg ich zusammen mit drei Kameraden in der Freizeit zum ersten Mal einen Zweitausender, den Tamischbachturm.

Die Rückfahrt führte mich über Prag, wo ich übernachtete. Spätnachmittags besuchte ich allein das Café Wien. Am Nachbartisch saß der sehr bekannte österreichische Schauspieler Hans Moser. Während der Gespräche mit seinem Tischnachbarn nuschelte er genau so, wie man es aus seinen Filmen kannte.

Weitere Dienstreisen meinerseits waren erforderlich, um Dienststellen des OKH in Berlin über Detailfragen unserer Versuche zu informieren.

Eines Abends besuchte ich in Berlin das heute nicht mehr existierende Theater am Nollendorfplatz und verbrachte anschließend das Nachtessen mit zwei Schauspielerinnen dieses Theaters.

An einem anderen Tage führte mich der Weg in ein damals gut bekanntes Lokal am Alexanderplatz. Es hieß »3000 mm unter der Erde«. Heute gibt es dieses Lokal auch nicht mehr.

In unserer Dienststelle in Haldensleben erlebten wir, außer der alltäglichen Arbeit, nichts Besonderes. Jeder hatte seine Routinearbeit zu verrichten.

*

Als meine Abteilung noch in Hillersleben untergebracht war, galt es als selbstverständlich, zum Wochenende und wenn wir dienstfrei hatten mit einem Triebwagenzug nach Haldensleben zu fahren, um dort in ein Restaurant zum Essen oder in ein Café gehen zu können. Im Sommer konnte man auch in der Badeanstalt an der Ohre und in der Ohre selbst baden.

In der Magdeburger Straße gab es zwei Cafés, Café Partey, in dem man gepflegt sitzen, Kaffee und Kuchen oder Eis zu sich nehmen konnte, und das Café Schmidt, das einen nicht so gutem Ruf genoss. Im Café Schmidt lernte man als Soldat leichter ein Mädchen kennen; es ging hier ungezwungener zu.

Eines Sonntagnachmittags setzte ich mich, da alle Tische besetzt waren, um ein Eis zu essen, an einen Tisch zu zwei jungen Mädchen. Wir kamen ins Gespräch und verabschiedeten uns dann recht freundlich. Eines der Mädchen traf ich einige Tage später mit ihrer jüngeren Schwester im

Café Partey. Ich begrüßte beide und bat sie an meinen Tisch, denn ich war wie so oft alleine.

Aus dieser Bekanntschaft entwickelte sich eine Freundschaft mit Hilde Berger, wir sahen uns oft in dem Café, gingen bummeln oder in die Badeanstalt. Ihre Eltern betrieben in der Magdeburger Straße ein Lebensmittelgeschäft. So ergab es sich, dass mir Hilde oft meine nur monatlich gültigen Lebensmittelkarten in immer gültige Reisemarken umtauschte.

Während des Krieges waren alle wichtigen Lebensmittel rationiert und nur erhältlich über monatlich ausgegebene Kartenabschnitte. Wegen unserer Tätigkeit in einer Sonderabteilung wurden wir nicht durch eine Feldküche oder mit Kasernenessen versorgt, sondern wir waren die meiste Zeit Selbstversorger und erhielten Lebensmittelkarten. Neben dem Wehrsold bekamen wir Tagegelder sowie bei längeren Dienstreisen und im Ausland eine entsprechende Sonderzulage. Damit war nicht ausgeschlossen, auch in einer Wehrmachtskantine gratis und ohne Abgabe von Lebensmittelmarken essen zu können.

Eines Tages wurde ich im Café von den beiden Mädchen, mit denen ich vor Monaten zusammen an einem Tisch gesessen hatte, angesprochen, ob ich ihre Klassenkameradin Edith Stalla schon kennen gelernt hätte. Sie wohne in Alt-Haldensleben, dem Ort, in dem meine Einheit seit Monaten stationiert sei. Ich verneinte diese Frage und bekam den Hinweis, dass dieses junge Mädchen in Magdeburg als chemische Laborantin in einem Labor arbeite und jeden Nachmittag gegen 17.00 Uhr mit dem Zug aus Magdeburg auf dem Bahnhof in Haldensleben ankommt.

Dieser Hinweis ließ mir keine Ruhe. Da ich die Möglichkeit hatte, mir bei unserer Sonderabteilung ein Fahrrad auszuleihen, wartete ich eines Tages die Ankunft des Zuges ab und sondierte die Lage. Ein junges Mädchen schwang sich auf ein Fahrrad und radelte Richtung »Ollen«. Ich fuhr zunächst in dezentem Abstand hinterher, überholte dann und versuchte, ein Gespräch einzuleiten – eiskalte Reaktion.

Ich wiederholte den Versuch zwei Tage später und es wurden während des Radfahrens ein paar Worte gewechselt. Bei der Ankunft vor ihrem Elternhaus ergab sich dann eine unverbindliche Verabredung. Etwa Ende August 1942 begann dann zwischen uns eine Freundschaft.

Beinahe drohte der Freundschaft baldiges Ende. Ediths Freundin Gisela Fehlhauer hatte mich im Restaurant Fürst Bismarck bei einem kleinen

Nachmittagskabarett gesehen, als ich von meinem Tisch, an dem ich mit zwei Freunden saß, aufstand und mich an den Tisch eines anderen Mädchens setzte. Dieses, scherzhaft Knulla genannte Mädchen, genoss wegen ihrer Affären mit Soldaten keinen guten Ruf. Sie war bei der Volksbank beschäftigt. Sie hatte mir für meine Dienstreise nach Frankreich zusätzlich Devisen für Sondereinkäufe beschafft. Ich versprach ihr, dafür einen Einkaufswunsch zu erfüllen und verabredete eine Übergabe; es waren Damenstrümpfe, die es zu dieser Zeit in der gewünschten Qualität bei uns nicht gab.

Gisela Fehlhauer rief Edith am nächsten Tag an und berichtete über meine Bekanntschaft. Die Freundschaft war vorläufig beendet.

Bis sich die Gelegenheit ergab, das Missverständnis aufzuklären, vergingen Wochen. Mitte Dezember endlich fand eine Klärung statt, so dass wir mit sechs Freunden Silvester 1942/43 im Hause einer anderen Freundin, der Edith Bolms in Alt-Haldensleben, feiern konnten. An der Silvester-Party nahmen noch Hilde Reiss und meine Kameraden Walter Jahn und Fritz Böhnstedt teil. Wir trafen uns um 20.00 Uhr. Wegen einer Unpässlichkeit wurde Edith aber erst um 22.00 Uhr erwartet. Wir tanzten bis in den Morgen. Ich war das erste Mal in meinem Leben richtig verliebt. Von dieser Nacht an blieb ich unentwegt gedanklich mit Edith verbunden.

*

Im neuen Jahr arbeiteten wir mit Hochdruck an den Versuchen mit den neuen Geschossen. Neue Kaliber wurden angeliefert, um die Zerstörungswirkungen bei eventuellen feindlichen Befestigungsanlagen, die in Felsen eingebaut waren, zu testen. Weitere Dienstreisen wurden fällig, zum Beispiel nach St. Johann bei Innsbruck und in andere Gegenden der Alpen. Anschließend erfolgte stets die Auswertung in Alt-Haldensleben.

Meine Freizeit ließ mir genügend Spielraum, um mich mit Edith und gemeinsam auch mit ihren Freundinnen zu treffen. Ich wurde mit ihren Eltern bekannt gemacht und es ergaben sich dann Einladungen zum Sonntagsnachmittags-Kaffee.

Später wurden Edith und ich zu den Eltern von Gisela eingeladen. Alle ihre vorhergegangenen anschuldigenden Aktivitäten ihrerseits waren vergessen. Die Eltern wohnten in einem schönen Haus am Stadtrand von

Haldensleben. Mit dem Vater, einem Steuerberater, habe ich mich gut unterhalten können.

Gisela heiratete später und heißt heute Goehrke. Sie wohnt in Neubrandenburg und hat mich und meine jetzige Frau Traude mit ihrem Mann, noch zu DDR-Zeiten, in Hamburg besucht. Wir trafen uns unter anderem auch 1995 in Neubrandenburg.

*

Aus den Wehrmachtsberichten und Zeitungsmeldungen und auch aus Gesprächen mit Urlaubern konnte man entnehmen, dass der Krieg immer bedrohlichere Ausmaße annahm. Es deprimierte mich sehr, wenn ich durch meine Eltern von den gefallenen oder schwer verwundeten Freunden und Bekannten aus meiner Heimat erfuhr. Die Kriegslage ließ erkennen, dass die letzten Reserven mobil gemacht werden mussten. Meine Eltern ließen mir gegenüber sogar durchblicken, dass es mir auf Grund meiner Verwundung und meiner Ausbildung sicher gelingen würde, statt eines neuen Fronteinsatzes einen Einsatz in der Heimat anzustreben. Jeder sah sorgenvoll in die Zukunft.

Anhand von Äußerungen gefangener sowjetischer Offiziere sollen diese von Anfang an gemäß höherem Befehl Berlin als Angriffsziel mit dem Fernziel eines Durchmarsches bis zum Atlantik gehabt haben. Dokumente, die deutsche Offiziere gefunden haben, bestätigten diese These. Wie bereits vom 5. Mai 1941 berichtet, gab es von Stalin auf dem Bankett in Moskau auch einem Trinkspruch: »Ich erhebe mein Glas auf die Ära der Entwicklung und Ausdehnung des Sowjetstaates ... Im Laufe der nächsten zwei Monate können wir den Kampf mit Deutschland beginnen.« Geplant war der 6. Juli 1941. Infolge guter deutscher Spionagetätigkeit ist Hitler durch einen Präventivkrieg dem sowjetischen Angriff 14 Tage zuvorgekommen. Die Sowjetarmee war somit nicht auf Verteidigung eingerichtet, sondern auf Angriff.

Der obige Trinkspruch Stalins ist später von den gefangenen Generälen Naumow und Jewstifejew bestätigt worden. Daraus ist auch zu erklären, wie es zu den großen Kesselschlachten in den ersten Monaten des Krieges kommen konnte, denn in diesen Gebieten waren die eingeplanten Angriffskräfte der Sowjets konzentriert und zu militärischen Angriffseinheiten ausgebildet und zusammengestellt worden. Gedanken darüber machte ich mir schon während meiner Lazarettzeit.

*

Die Versuche unserer Abteilung wurden in Hillersleben, dem Truppenübungsplatz Letzlinger Heide und auf Dienstreisen in die Alpen fortgesetzt und in Alt-Haldensleben ausgewertet.

Der für diese Versuche zuständige Wissenschaftler in unserer Sonderabteilung, Dr. Lohmann, war ein Abteilungsleiter bei der Firma Krupp in Essen gewesen. Er fungierte hier als Inspektor im Rang eines Leutnants, »Schmalspur-Offizier«, wie wir diesen Dienstgrad nannten. Sein Markenzeichen war eine stets sommerlich gebräunte Haut. In seinem Schlafraum neben unseren Diensträumen hatte er für sich eine Höhensonne installiert.

In der Zeit meines späteren Studiums als Bauingenieur in Aachen habe ich Dr. Lohmann wieder getroffen und bei ihm, jetzt Professor, Vorlesungen in der höheren Mathematik zur Schalentheorie gehört. Für meine Diplom-Prüfung waren diese Kenntnisse nicht unbedingt gefordert. In meinem Beruf wirkten sich diese Kenntnisse später jedoch für mich positiv aus.

Anhand meines durch Dr. Lohmann vermittelten Wissens entwarf ich später unter anderem für eine Papierfabrik in Ütersen eine Schalenkonstruktion für Hochbehälter in Stahlbeton, die hochtemperierte Flüssigkeiten aufzunehmen hatte und normalerweise nur als Stahlkonstruktion möglich gewesen wäre. Die dafür prädestinierte Stahlbaufirma, für die wir nur die Fundamente anbieten sollten, verlor somit ihre Chancen für den Auftrag. Das Bauwerk wurde von meiner Firma errichtet. Ich berichtete im Detail im Oktober 1954 in der Fachzeitschrift »Beton und Stahlbeton« darüber. Noch Jahre später wurde in Fachveröffentlichungen bei den Literaturangaben auf meinen Beitrag verwiesen.

*

Die Zeit in Haldensleben verging schleppend. Die Arbeit wurde alltäglicher und die Nachrichten von den Kriegsfronten deprimierender. Dazu gehörten die Nachrichten von den laufenden Bombardements deutscher Städte durch die Engländer und Amerikaner mit den großen Zerstörungen alter Kulturgüter und den vielen Toten unter der Zivilbevölkerung sowie der zermürbende U-Boot-Krieg.

Wir machten uns Gedanken darüber, wie es möglich sein konnte, dass das Völkerrecht und die Haager Landkriegsordnung bei den schweren Luftangriffen so mit Füßen getreten wurden.

Inzwischen berichteten Zeitungen und Radionachrichten immer häufiger über die neue »Vergeltungswaffe V2«, die gegen England eingesetzt werden sollte.

Die erste Fernrakete der Welt war bereits von Peenemünde aus am 3. Oktober 1942 gestartet worden, womit »einer der spektakulärsten, aber auch einer der gefährlichsten technischen Durchbrüche des 20. Jahrhunderts« gelang.

Gemäß dem Versailler Vertrag war es Deutschland jedoch verboten worden, Forschungen auf wehrtechnischem Gebiet, also der Rüstung, durchzuführen.

Bereits in den 20er Jahren wurden aber Überlegungen angestellt, Forschungen auf anderen Sektoren zu betreiben, die nicht vertragsmäßig als wehrtechnisch definiert werden konnten. Wissenschaftler wandten sich der Raketentechnik zu.

Ich erinnere mich noch anhand von Bildern in den Zeitungen und Illustrierten, dass Ende der 20er Jahre die Firma Opel einen Sportwagen vorführte, der rückwärtig mit etwa 15 kreisförmig angeordneten »Auspuffrohren« ausgestattet war und als »Sensation« gepriesen wurde. Es war ein Raketenantrieb.

Während meiner Schulzeit in Suhlendorf las ich in der »Berliner Illustrierten« darüber und betrachtete die zugehörigen Abbildungen.

Später las ich, dass diese Ideen von dem Raketenforscher Hermann Oberth sowie Fritz von Opel stammten. Außerdem erfuhr ich, dass diesbezüglich der erste Sportwagen bereits 1928 vorgeführt worden war. 1929 wurde die Aktienmehrheit der Firma Opel von dem amerikanischen Unternehmen General Motors (GM) übernommen.

Selbstverständlich interessierte sich auch die damalige Reichswehr für derartige Projekte. Wissenschaftler und Militär schlossen einen Pakt und eröffneten 1932 in Peenemünde eine Raketenforschungsstelle. Um hochtechnologische Rüstungsdefizite wettzumachen, wurde hier 1936 die

Heeresversuchsanstalt gegründet. Es entstand das größte Forschungszentrum der Welt.

Der erste Anstoß zu dieser Technik stammte 1912 von dem Russen Ziolkowskij durch seine Veröffentlichung »Die Erforschung der Welträume mittels Rückstoßgeräten«. Die bekanntesten deutschen Forscher und Konstrukteure auf diesem Gebiet waren: Eugen Sänger, Hermann Oberth, der als der »Vater der Raumfahrt« gilt, Walter Dornberger und sein Mitarbeiter Wernher von Braun. Peenemünde wurde in den Jahren 1943/44 oft durch englische Bomber angegriffen und völlig zerstört.

Nach der Kapitulation Deutschlands 1945 begab sich Wernher von Braun, seit 1940 SS-Offizier, mit mehr als 140 weiteren Wissenschaftlern und Forschern in die USA, und es gelang 1958 unter seiner Leitung der Start des ersten Weltraum-Satelliten der USA. Alle weiteren Weltraumraketen sind ebenfalls eine Weiterentwicklung der deutschen V2 und die Marschflugkörper (Cruise missiles) die Nachfolger der V1. Beide Typen stehen als Modell vor dem Eingang zum Informationszentrum in Peenemünde.

Die Sowjetunion erbeutete 1945 die Forschungsarbeiten und Versuchsergebnisse über die neueren Weltraumtreibstoffe und nutzte diesen Entwicklungsvorsprung aus; sie konnte daher bereits am 4. Oktober 1957 ihren ersten Satelliten, Sputnik 1, vor den Amerikanern starten.

*

Abwechslung gab es im trostlosen Haldensleben nur durch die Dienstreisen, die höchstens zehn Tage dauerten, und durch den Jahresurlaub von etwa drei Wochen. Ansonsten brachten die Verabredungen mit Freunden oder den bekannten Mädchen kleine Lichtblicke im täglichen Ablauf des mittlerweile eintönigen Dienstes. Hinzu kam, dass wir modernere Büromaschinen für unsere teilweise überholten Geräte für die Auswertung der Versuche benötigten. Meine elektrisch-mechanische Rechenmaschine Marke Mercedes hatte stets ihre Tücken, wenn es um das Dividieren ging, und blockierte oft. Es war stets eine Aufregung bei der Eingabenkorrektur mit der Null oder der Neun, bis der Rechner wieder endgültig funktionierte.

Ich erfuhr, dass der Berliner Konrad Zuse 1943 das duale System zu einer neuen Rechenmethode entwickelt hatte. Diese bot nicht auszudenkende Möglichkeiten. Der Bauingenieur und Professor Zuse stellte bereits

1938 den ersten programmgesteuerten Rechner der Welt vor, den »Zuse Z 1«. Es gab an Impulsen hierbei nur noch dual das »Ein« und das »Aus« (1 und 0), in den verschiedensten Kombinationen. Er entwickelte zu dieser Zeit gerade den »Zuse Z 3«, den ersten Computer der Welt. Für unsere Arbeit aber zu spät! – Daraus entwickelte sich das Digital-System durch die schrittweise Annahme der dualen Zweiheit. Nach dem Dual-System – also dual übertragen – wurde Konrad Zuse 1974 1000 000 Jahre alt, das sind analog 64 Jahre, so berichtete damals die Zeitung »Die Welt«. Mit dieser Erfindung machten nach dem Krieg die Amerikaner und Japaner ihre lohnenden Geschäfte.

Wir können nur hoffen, dass mit dem in Deutschland nach einem Patent von 1934 entwickelten Magnetbahn-System (Transrapid) nicht das Gleiche geschieht wie mit den vorgenannten Erfindungen. Auf der Versuchsstrecke im Emsland nahm ich bisher an zwei Probefahrten teil mit Geschwindigkeiten bis zu 430 Kilometer pro Stunde. Alle Mitfahrer waren begeistert. Wegen der Technikfeindlichkeit mancher deutscher Bevölkerungsgruppen könnten später international die Japaner wieder die großen Geschäfte tätigen, wie es nach dem Krieg mit anderen deutschen Erfindungen der Fall gewesen war. Wir müssten umgehend eine Referenzstrecke für dieses System vorzeigen können. Bis heute sind wir den Japanern in der Entwicklung noch um einige Jahre voraus.

Anfang der 90er Jahre plante man in Deutschland eine Referenzstrecke Hamburg – Berlin. Nach dem Wechsel der Regierung der Bundesrepublik Ende der 90er Jahre verzichtete man auf eine Referenzstrecke und beschloss später auch einen Ausstieg aus der Kernenergie. Seit einem Jahr ist der Transrapid in China bereits im Einsatz und verbindet Shanghei mit ihrem Flughafen Pudong.

*

An den Wochenenden traf ich mich mit Edith Stalla zu kleinen Spaziergängen und Kinobesuchen und manchmal auch zum Nachmittagskaffee bei ihren Eltern.

Am 16. September 1943 verstarb meine Großmutter mütterlicherseits. Zu der Beerdigung bekam ich zwei Tage Sonderurlaub. Ich war über ihren plötzlichen Tod sehr traurig, ich wähnte sie bei guter Gesundheit. Meine

Mutter sagte mir sinngemäß in Platt: »Oma hatte doch schon immer Wasser in den Beinen, und es wurde in letzter Zeit so schlimm, dass sie sehr über große Schmerzen und Beschwerden klagte; sie wollte nicht mehr leben und nicht mehr leiden. Das sagte sie auch mehrmals dem Arzt. Zur Schmerzlinderung gab er ihr eine starke Spritze. Sie schlief für immer ein.«

*

Silvester 1943/44 feierten wir in einer kleinen Gesellschaft im Haus von Hanna Schmalbruch in der Hagenstraße. Da die Eltern verreisten, stand uns die 1. Etage des Hauses zur Verfügung. Wir feierten in der gleichen Gruppe wie 1942/43. Zusätzlich waren die Haustochter und Hilde Berger, mein Kamerad Gerhard Heym, ebenfalls Unteroffizier, sowie ein über Hilde Berger eingeladener Unteroffizier Günter Naumann aus Haldensleben anwesend, der nach einer leichten Verwundung seinen Urlaub zu Hause verbrachte. Bei den Mädchen galt Günter von der Schule her als der Schmetterling, der von Blüte zu Blüte flattert.

Da im Radio aufgrund der Kriegsereignisse und der fortwährenden feindlichen Luftangriffe auf deutsche Städte mit vielen Toten und Verletzten unter der Zivilbevölkerung – nur »getragene« Musik gesendet wurde, hörten wir Tanzmusik von einem Plattenspieler. Es war eine fröhliche Feier – hinein ins neue Jahr 1944! Zwischendurch stellten wir allerdings fest, dass Gerhard Heym in voller Uniform im Badezimmer in der Badewanne, zum Glück noch ohne Wasser, gelandet war. Nach etwa einer Stunde war der Rausch wieder ausgeschlafen. Am frühen Morgen marschierten wir nach Alt-Haldensleben in unser Quartier zurück.

Am Neujahrstag trafen wir Männer uns verabredungsgemäß nachmittags in Hannas Wohnung, um sie zu reinigen und für ihre Eltern wieder bewohnbar zu machen, die in einigen Tagen aus dem Urlaub zurückkehrten. Schwierigkeiten bereitete es uns, die vielen Abspielnadeln aus den Teppichen herauszufischen. Damals musste, um die Schallplatten zu schonen, nach dem Abspiel einer zweiseitigen Platte eine neue Abspielnadel eingesetzt werden.

Wir unterhielten uns ausführlich mit Günter, der bis vor kurzem noch an der Ostfront war, über die Stimmung und die allgemeinen Verhältnisse bei der Truppe an der Front. Wir waren, seit unseren Verwundungen vor mehr als zwei Jahren, fast nur auf Informationen aus Rundfunk und Zeitungen angewiesen. Seit Ende 1943 befand sich, aufgrund der Übermacht der Alliierten, die deutsche Wehrmacht an fast allen Fronten auf dem Rückzug.

Die Äußerungen von Günter deprimierten. Wenn man auf dem von den sowjetischen Soldaten erzwungenen Rückzug in fremde Dörfer kam, brannten diese teilweise lichterloh, Menschen waren umgebracht und vieles zerstört worden.

Es hieß, deutsche Soldaten seien es gewesen – Deserteure? Die deutschen Soldaten hatten Anweisungen, keine Zivilisten zu töten, wenn diese unbewaffnet waren.

Gegen Sprengungen von Brücken usw. gab es völkerrechtlich keinen Einwand, wenn dadurch die Verfolgung erschwert wurde.

Durch sowjetische Kriegsgefangene, insbesondere höhere Offiziere, war mittlerweile bekannt geworden, dass seit dem 17. November 1941 ein persönlicher Erlass Stalins, Befehl Nr. 0428, existierte. Dieser als »Fackelmänner-Befehl« bezeichnete Erlass besagte, dass sowjetische Partisanen – gekleidet in deutsche Wehrmachts-Uniformen und in die der Waffen-SS – »in 40 bis 60 Kilometern Tiefe ab der Hauptkampflinie alle Siedlungen zu zerstören und die Zivilbevölkerung niederzumachen haben«.

Weiter hieß es in diesem Befehl: »Es ist darauf zu achten, dass Überlebende zurückbleiben«, die über die angeblichen deutschen Gräueltaten berichten können, »dies schürt den Hass auf die Faschisten«.

Angeordnet war ebenfalls, Tote und Zerstörungen mit Tätern in deutscher Uniform zu fotografieren und darauf zu achten, dass später Zeugen diese »angeblichen« Schandtaten und Brandschatzungen durch deutsche Soldaten bestätigen könnten.

Auch auf dem Balkan gab es Kämpfe deutscher Soldaten mit Partisanen in Zivil oder falschen, auch deutschen Uniformen.

Mit Stalins November-Befehl von 1941 begann in der Realität mit Hilfe propagandistischer Hintergründe der Alliierten der Vernichtungskrieg gegen Deutschland, einschließlich der Flächenbombardements gegen die schutzlose Zivilbevölkerung, in Verbindung mit den Zerstörungen von Kulturstätten. Noch am 13. Februar 1945 wurde die Stadt Dresden, mit mehr als 220 000 Toten einschließlich der Flüchtlinge und Vertriebenen, in Schutt und Asche gelegt.

Insgesamt sind in Deutschland etwa 600 000 Menschen, insbesondere Frauen und Kinder, im Bombenhagel ums Leben gekommen und 5,7 Millionen Häuser wurden zerstört. Das war Terror gegen die Zivilbevölkerung!

Die Spitze der Unkultur war der Aufruf des jüdisch-sowjetischen Schriftstellers Ilja Ehrenburg Ende 1944 an die sowjetischen Soldaten, um diese für ihren siegestrunkenen Endkampf zu motivieren. In Flugblättern wurden sie aufgerufen: »Tötet, tötet! Kein Deutscher ist unschuldig, weder die Lebenden noch die Ungeborenen ... brecht den Rassenhochmut der deutschen Frauen! Nehmt sie als rechtmäßige Beute!«

In dem Tagesbefehl Marschall Schukows wurde noch ergänzt: » Sowjetsoldat, habe kein Mitleid im Herzen!«

Die Konsequenzen daraus mussten viele Menschen im Osten Deutschlands am eigenen Leibe erleben. Als später die Disziplin der Soldaten total zu brechen drohte, wurden diese Weisungen widerrufen.

Findige ideologisch ausgerichtete Geschäftemacher wussten, wie man sich einen Namen machen kann und erfanden eine Ausstellung, jedoch nicht über die Kriegsgräuel der Roten Armee, sondern über angebliche Verbrechen der deutschen Wehrmacht an der Zivilbevölkerung in den Jahren 1941 bis 1944. Die diffamierende Anti-Wehrmachts-Ausstellung wurde, mit Hilfe gefälschter »Dokumente«, seit 1997 unter dem Titel: »Vernichtungskrieg – Verbrechen der Wehrmacht 1941 bis 1944« durch deutsche Städte geschleust.

Nachdem ein ungarischer wie auch ein polnischer Historiker die Fälschungen nachgewiesen und damit die Ergebnisse deutscher Historiker bestätigt hatten, wurde die Ausstellung im November 1999 abgesetzt. Ein Kommentator schrieb dazu: »Eine einzige schreiende Anklage gegen eine Armee, die wirklich ungesühnt Verbrechen beging – Stalins Rote Armee.«

Vor mehr als einem Jahrzehnt wurde 27-jährig, einer der Reemtsma-Erben von seiner Familie mit vielen Millionen DM ausbezahlt, weil er nicht bereit war, als Erbe dieses Unternehmen weiterzuführen. Jan Philipp Reemtsma schied aus der Firma aus. Mit dem sogenannten Historiker, namens Heer, einem ehemaligen DKP-Mitglied, tat er sich zusammen, um die angeblichen Gräueltaten der deutschen Wehrmacht der unwissenden Bevölkerung zu präsentieren. Zum großen Teil stammt das Material aus den von Stalin in Auftrag gegebenen und gefälschten Photos aus dem oben geschilderten »Fackelmänner-Befehl« und der NKWD. Im Ausland hatte man nur ein Lächeln für unsere Selbstverstümmelung und Selbstanklage übrig.

Wie mir ein ehemaliges Vorstandsmitglied der Reemtsma-Holdingsgesellschaft, der ebenfalls Burschenschafter war wie ich, erzählte, ist die Inszenierung der Anti-Wehrmachts-Ausstellung möglicherweise eine psychologische Reaktion auf die Freundschaft seines Großvaters mit dem früheren preußischen Ministerpräsidenten und General und späterem Reichsluftmarschall Hermann Göring.

*

Seit Anfang 1944 ließen die Berichte und Diskussionen im Rundfunk und den Zeitungen über Luftangriffe auf Städte und Bahnlinien erkennen, dass uns noch einiges bevorzustehen schien.

Den Krieg durch Verhandlungen zu beenden, schlossen die Alliierten aus. Sie verlangten seit der Konferenz von Teheran Ende November 1943 eine totale Kapitulation Deutschlands. (Siehe Seite 147, oben)

Der Krieg hatte in ein völkerrechtswidriges Chaos gemündet ohne Beachtung der früheren internationalen Vereinbarungen über Menschen- und Grundrechte, die auch aus Humanitätsgründen stets zu beachten sind.

Aufgrund des vorgenannten Stalin-Befehls und des Verhaltens der Roten Armee gegenüber den deutschen Soldaten allgemein sowie der Vernichtung der deutschen Kulturstätten mit den vielen Toten unter der Zivilbevölkerung und anderen ähnlichen Vorgängen, verleiteten Hitler und seine engsten Mitarbeiter zu der Behauptung, dass dafür nur das internationale Judentum verantwortlich gemacht werden könne. Aus dem Verhalten gewisser Kreise der führenden Nationalsozialisten gegenüber den Juden in den 30er Jahren war für diese Annahme eine Basis gegeben. Ferner sahen die Engländer im Deutschen Reich seit Bismarcks Zeiten auch für ihre wirtschaftlichen Interessen einen gefährlichen Konkurrenten, während die Sowjets sowieso nach der Weltherrschaft strebten.

Der Konfliktherd in Europa, in Verbindung mit der Politik Polens Deutschland gegenüber, war somit seit Jahren vorgegebeben.

Die Wannsee-Konferenz im Frühjahr 1942, an der Hitler nicht teilnahm, ist in ihren Auswirkungen gegenüber den Juden, die nach Osteuropa ausgesiedelt werden sollten, als die Ausgangsbasis für den Holocaust weltbekannt geworden.

Hierzu vertritt der bekannte israelische Holocaust-Experte Jehuda Bauer den Standpunkt, dass dafür nicht die Deutschen allgemein verantwortlich sind, sondern weil »... eine zentrale Gruppe von Nationalsozialisten extrem antisemitisch war und die deutsche Gesellschaft beherrschte.«

*

In unserer Spezialabteilung lief der Dienst in gewohnterweise weiter. Vieles, was sich ereignete, machte nachdenklich. Die Bevölkerung resignierte aufgrund der sich verschlechternden Kriegslage mit den schrecklichen Verlusten, der Schilderungen der Ausgebombten aus den zerstörten Städten und den Wehrmachtsberichten, die teilweise noch geschönt wurden.

Die Soldatensender in Frontnähe hatten ihre Sendungen eingestellt. Bei den Soldaten war jetzt durch das Fehlen des so beliebten, von Lale Andersen gesungenen und von Norbert Schulze 1938 in einer Berliner Kellerbar komponierten Liedes über Lili Marleen, die vor dem Kasernentor stand, eine traurige Lücke entstanden. Das Lied, das sonst jeden Abend, besonders in Frontnähe von den Soldatensendern verbreitet wurde, ging zu Herzen und erinnerte an die Heimat. In dem wohl berühmtesten Lied des Zweiten Weltkrieges heißt es:
»Vor der Kaserne/vor dem großen Tor,/stand eine Laterne/und steht sie noch davor,/.../wie einst, Lili Marleen ...«

Es erklang jeweils am Schluss der Sendung bei den Soldaten hüben und drüben, bei Deutschen, Engländern und Amerikanern mit durchschlagendem Erfolg. Mit diesem Chanson mit seinen fünf Strophen konnte oft die trübe Stimmung bei den Soldaten aufgeheitert werden. Damit hatte es jetzt ein Ende.

*

Wenn ich mich mit Edith verabredete und sie abholte, winkte sie mir bisher, mich stets schon erwartend, von weitem aus dem Fenster ihres Zimmers zu, das an der Straßenseite lag.

Nach den verheerenden Bombenangriffen auf Hamburg ab dem 25. Juli

1943 mit seinem Feuersturm und 31647 Toten musste die Familie Stalla ausgebombte Hamburger aufnehmen. So bezog jetzt ein Ehepaar mit einer 18-jährigen Tochter das Zimmer von Edith. Sie bewohnten auch noch eine kleine Küche. Die zu benutzende Toilette befand sich auf dem Hof.

Es wurden an einem Tag innerhalb von zwei Stunden von mehr als 750 alliierten Bombern 1668 Spreng- und 309 000 Brandbomben auf die Stadt abgeworfen. Die Engländer bezeichneten diesen Vorgang als »Operation Gomorrha« (Sündenpfuhl). Bis zum 3. August warfen etwa 3000 Bomber 8319 Sprengbomben ab – die Stadt wurde total vernichtet. Der britische Luftmarschall Arthur Harris, dem in London ein Denkmal errichtet wurde, erteilte der Besatzung des von ihm geführten britischen Bomber Command knapp und umfassend folgenden Befehl: »Sie sollen die alte Hansestadt Hamburg bis auf den Grund zerstören, und zwar im vollsten Ausmaß Ihrer Fähigkeiten und Möglichkeiten!« Dem entsprach der militärische oben genannte Codename.*)

Diese Familie hatte bereits die bis November 1940 erfolgten 64 Luftangriffe auf Hamburg überstanden. Seit Mai des Jahres 1940 waren 101 Tote und 384 Verletzte zu beklagen. Auf Grund des feindlichen Bombardements und der vielen Luftangriffe auf andere deutsche Städte, griff am 14./ 15. November 1940 die deutsche Luftwaffe die englische Industriestadt Coventry an, die 554 Tote zu beklagen hatte. Hier hatte die Luftwaffe das Ziel, die Industrieanlagen zu vernichten, in denen die Flugzeuge erstellt und gewartet wurden, die deutsche Städte zerstörten. Die immer wieder hochgespielte, angeblich geplante Zerstörung der Kathedrale aus dem 13. Jahrhundert war ein nicht zu vermeidender Nebeneffekt.

Infolge des gut funktionierenden Frühwarnsystems in Deutschland (Fliegeralarmsystem) konnten sich die Menschen hier rechtzeitig vor den Luftangriffen in Schutzräumen in Sicherheit begeben. Dadurch erklärt sich die verhältnismäßig geringe Anzahl von Toten bei Luftangriffen auf deutsche Städte in den Anfangsjahren des Krieges.

Die Engländer trauten der Deutschen Luftwaffe Großangriffe nicht zu. Somit waren die Sicherheitsvorkehrungen im Allgemeinen in England noch nicht so gut entwickelt.

---

*) Siehe Ausstellung in Hamburg: »Der Feuersturm über Hamburg«

Das deutsche Frühwarnsystem wurde jedoch wirkungslos, wenn sinnlose und völkerrechtswidrige Zerstörungen von Städten und Kulturstätten durch Bombardements erfolgten. Man kann sich vorstellen, wie deutschen Soldaten zumute war, die auf Fronturlaub in der Heimat eintrafen und sich die zerstörten Städte ansehen mussten. Viele hatten bei den Angriffen Angehörige, Verwandte und Freunde verloren. Mit Frust und einer »Wut im Bauch« gegenüber den Feinden, die durch Disziplin wieder gebändigt werden musste, kehrte der Urlauber dann, um sein Vaterland zu verteidigen, in sein Einsatzgebiet zurück. Diese belastende Erfahrung beeinflusste sicherlich vom einfachen Soldaten bis in die Führungsebene viele Entscheidungen mit verheerenden Nachwirkungen. Es wirkte sich besonders in den Jahren 1943/44 aus. Auf diese Art und Weise hat man somit eine »Tätergeneration« herangebildet – durch die Taten der »Tätergeneration« unserer Kriegsgegner! Von diesen Fakten wurde der Krieg bestimmt – das muss man einfach wahrhaben wollen, frei von Ideologien!

*

Edith zog wegen der Hamburger Familie zur Hofseite um; somit fiel die Erwartungsbegrüßung zum Treffen aus.

Zum 21. Februar 1944, dem 21. Geburtstag und der damit verbundenen Volljährigkeit von Edith, wurde ich mit Freunden zu Stallas zum Nachmittagskaffee eingeladen.

Es gab eine große Pflaumentorte mit Früchten der letzten Ernte aus Stallas Garten. Ich fand in meinem Tortenstück einen Pflaumenkern und legte ihn dezent beiseite. Alle Anwesenden lachten: Ein alter Brauch besagt, dass der Finder eines Pflaumenkernes der nächste Heiratskandidat sein würde. Plötzlich stand die Frage im Raum, ob das Geburtstagskind die Braut sein würde.

Nach all dem, was sich auf den Kriegsschauplätzen ereignete, dem ständigen Rückzug der Truppen, den laufenden Bombardements der deutschen Industrieanlagen und der Städte mit den zerstörenden Folgen, gab es für unseren Einsatz beim OKH kaum noch eine Basis.

Und wie würde mein Leben weitergehen? – Ich traf mich oft am Wochenende mit Edith. Sie war katholisch – ich evangelisch. Ich erinnerte mich an meinen Vater, der während des Ersten Weltkrieges als verwundeter Feldwebel in Celle katholisch gläubige Soldaten sonntags in die Messe führte, weil – den damaligen Vorschriften entsprechend – ein chargierter Katholik nicht zur Verfügung stand.

Ich entsprach den Wünschen von Edith und besuchte mit ihr den Gottesdienst in der katholischen Kirche. Ihre Mutter sang im Kirchenchor und erfreute bei besonderen Anlässen mit ihrer klangvollen Solostimme die Gemeinde.

In Alt-Haldensleben gibt es ein großes Kirchengebäude, das in der Mitte geteilt ist. An der einen Seite befindet sich das Kirchenschiff der evangelischen und an der gegenüberliegenden Seite das der katholischen Gläubigen. Ein Kirchturm in der Mitte des Gebäudes trennt die Gemeinden.

Für mich schien es an der Zeit zu sein, darüber nachzudenken, welche Folgen sich aus einer Verbindung zweier unterschiedlicher Konfessionen ergeben könnten.

Zu Hause im Urlaub informierte ich mich in Büchern und sprach völlig neutral mit meinen Eltern darüber. Ich erinnerte mich außerdem an den sehr informativen Religionsunterricht bei Dr. Thorau auf unserem Gymnasium.

Angeregt durch die Religiösität meines Elternhauses, durch Zeitschriften, Literatur und den Religions- und Deutschunterricht, wurde mein Interesse für alle religiösen Fragen sehr gestärkt.

Infolge meiner täglichen nur zehnstündigen Tätigkeit beim OKH in dem tristen, langweiligen Haldensleben hatte ich Zeit, mich mit entsprechenden Problemen auseinandersetzen.

Ich erinnerte mich oft an den Konfirmandenunterricht von Pastor Schünemann in Rosche, wenn er von dem zwölfjährigen Zimmermannssohn Jesus im Tempel sprach, der den Lehrern seine Fragen stellte. Wie der Pastor erzählte, lebte Jesus nach strengen jüdischen Gesetzen, verkündete diese später als Rabbiner und bezeichnete sich als Messias. Somit erhielt er den Personennamen Jesus Christus (Gesalbter). Er versuchte, die Riten des Judentums zu ändern. Dadurch machte er sich unbeliebt und wurde auf Veranlassung seiner jüdischen Gegner von den römischen Besetzern vor den Toren Jerusalems als Sektierer ans Kreuz geschlagen.

Infolge der von ihm ins Leben gerufenen neuen Religion, ließ er sich von Johannes dem Täufer mit 28 Jahren taufen, um somit die entsprechenden Riten des Judentums, wie zum Beispiel die Beschneidung und die überholten Essensregeln koscherer Speisen, abzulösen. Damit begann sein öffentliches Wirken.

Fünfhundert Jahre später führte man dann, bezogen auf den Namen Christus, eine neue Zeitrechnung ein, die weltweit zum Symbol wurde; eine neue Weltreligion war aus dem Judentum hervorgegangen.

Meine große Neugierde in diesem Zusammenhang stillte ich aus dem vierbändigen Brockhaus-Lexikon. Auch andere Bücher gaben mir Anregungen, in Verbindung mit der Bibel und dem Christentum.

Zur Zeit seiner Taufe stellte Jesus seine Auslegung der alttestamentarischen Gesetze derjenigen der Schriftsteller und Pharisäer gegenüber und hielt viele Riten, Gebräuche und Speisevorschriften für überflüssig. Ferner offenbarte er ein anderes Gottesbild. Die Taufe stand für abgelehnte ähnliche Riten, wie die Beschneidung. Um sein Leben, mit den vielen besonderen Begebenheiten, und seinem Märtyrertod entwickelten sich später besondere Mythen, die für das Christentum die Basis bedeuten.

Eines Tages berichteten die Zeitungen, dass der Großmufti von Jerusalem Hitler einen Besuch abstattete. Auch andere Herrscher aus dem arabischen Raum besuchten Berlin. Mein Interesse an solchen Ereignissen und deren Bedeutung wuchs. Ein Mufti ist ein muslimischer Rechtsgelehrter, der nach islamisch-religiösem Recht Gutachten abgibt.

Überrascht war ich, als ich Jahrzehnte später am Eingang zur Jerusalemer Holocaust-Gedenkstätte Yad Vashem als Begrüßung eine Darstellung dieser Begegnung Adolf Hitlers mit dem Großmufti in Lebensgröße in Augenschein nehmen konnte.

Heute weiß ich, dass das islamische Recht die Zehn Gebote, die wir im Konfirmandenunterricht auswendig lernen mussten, nicht anerkennt und somit den allgemeinen Landesgesetzen entgegenstehen kann: Eine islamische Familie kann zum Beispiel dem Mörder eines Familienmitgliedes Gnade gewähren, so dass die von einem Gericht verhängte Strafe hinfällig wird.[*)]

Ich lebte und lebe im christlichen Kulturkreis und wurde in meiner Jugend immer wieder dazu angeregt, mich intensiv mit derartigen Fragen auseinander zu setzen und las daher nicht nur Bücher von Karl May über »Old Shatterhand« usw., wie meine Altersgenossen.

Ein wesentliches Ereignis, das meine innere Einstellung und Festigkeit

---

*) Koran, Sure 2,178

zu den Problemen des Menschen betrifft, waren meine Erlebnisse, als ich am 4. Juli 1941 verwundet dem Tod ins Angesicht sehen musste.

Intensive Auseinandersetzungen in meiner Jugend mit den Religionen und den sozial-religiösen und ethnischen Problemen in unserer menschlichen Gesellschaft (heute: Siehe Nordirland, Vorderer Orient, Balkan usw.), und meine kurzen Erlebnisse an der Front, führten zu folgenden Ergebnissen:

Die Grundeinstellung zu Gott in den drei größten monotheistischen Weltreligionen:

Judentum:	Jahwe – Gott des Mit-Seins – ist der Drohende. Seine Gesetze sind stets einzuhalten. Nach wie vor wird der Messias als Erlöser erwartet!
Christentum:	Gott, der Allmächtige, strahlt Liebe und Versöhnung aus, die man erwirbt, wenn man seine Sünden bekennt. – Gott erhebt sich über Raum und Zeit.
Islam:	Allah ist groß – und stets gegenwärtig. – Für seine Lehre zu sterben, verspricht er das Paradies! Allah bestimmt das Leben des einzelnen Menschen!

Alle drei Religionen lehren nur einen Gott.

Als Vorstufe, um diesen einen Gott zu erkennen, ist es bei allen drei Religionen erforderlich, Gott zu verkünden und ihn vorzustellen, um dann – nach dem Erkennen Gottes – das Leben entsprechend den Gesetzen dieser Gottheit gestalten zu können.

In diesen drei Stufen stellt sich nur das Christentum durch die Dreieinigkeit (Dreifaltigkeit) in drei Phasen deutlich heraus:

Jesus als Stifter (Verkünder) – Gott als Mittelpunkt (Koordinator aller Phasen) – der Heilige Geist (Weisheit als Wegweisung) als Vollziehung des Lebens im Sinne Gottes, der auch vergeben kann.

Der Vermittler als Verkünder (Bekehrer – Missionar) stößt zuweilen auf große Widerstände. Diese werden dann oftmals – wenn Gruppeninteressen berührt werden – von beiden Seiten mit Machtstreben verbunden, wodurch Religionskriege nicht nur um des Glaubens willen, sondern aus reinen Machtinteressen heraus geführt werden.

Die Geschichte hat hierfür viele Beispiele zu bieten, wie den Dreißigjährigen Krieg!

Alle Religionen haben neben ihrer Grundorientierung immer noch Varianten bezüglich der Auslegung der Lehre und der allgemeinen Lebensführung (Orthodoxie, Protestantismus u.a.).

Mit Bezug auf das Leben der Völker kann man in der säkularisierten Welt feststellen, dass sich die Religionen stets als Leitplanken der Geschichte erwiesen haben.

Man muss auch die grundsätzlichen Unterschiede zur Kenntnis nehmen: Der Islam ist nach westlichem Verständnis mehr als eine Religion. Er ist gleichsam Gesetz und wirkt auf sämtliche Lebensbereiche der Gläubigen ein (gemäß dem Koran und den religiösen Gesetzen der Scharia) verstärkt auch dadurch, dass der Islam die »10 Gebote«, die im Judentum und Christentum als Grundlage gelten, nicht anerkennt. Angestrebt wird ein »Gottesstaat«. Auch strenge Essensregeln spielen oft eine große Rolle im täglichen Leben. Die Juden und Muslime dürften zum Beispiel, laut dem Alten Testament, kein Schweinefleisch essen, da Schweine als unrein gelten. Auf der Flucht aus Ägypten ins Gelobte Land vor über 3000 Jahren konnten die Juden die Schweine wegen ihrer den Menschen ähnlichen Ernährungsweise (Allesfresser) nicht dulden. Der Selbsterhaltungstrieb verbot unter anderem auch das Essen von Schweinefleisch. Dieses Verbot wurde bis heute beibehalten.

Ich liebte ein Mädchen katholischen Glaubens und wollte mich daher mit den religiösen Strömungen auseinandersetzen. Ich wollte und musste mich entscheiden: Worin liegen im menschlichen Zusammensein die gravierenden Unterschiede in unseren Konfessionen?

Die Grundlagen des Christentums sind:
Die 10 Gebote (2. Mose 20,1 – 21 – gemeinsam mit dem Judentum), die Bergpredigt (Matthäus 5-7) und das Glaubensbekenntnis (vergl. Matthäus 10,32 ff.)
sowie das Vaterunser – die an Gott gerichtete Vergebungsbitte.

Die Versöhnung mit Gott nach der Sünde jedoch gestaltet sich unterschiedlich:
Die evangelische Kirche (Luther) geht bei der Versöhnung von dem Gebet des Herrn aus (Lukas 11,1 – 4 und ff.), dem Bittenden die Sünden von Gott zu vergeben, wenn er diese im Gebet aufrichtig bekennt, bereut und Besserung gelobt. Die Gnade Gottes zur Versöhnung gibt der Pastor dem Gläubigen anschließend. Eine allgemeine Beichte in der Kirche geht oft dem Heiligen Abendmahl als Höhepunkt eines Gottesdienstes voraus.

Die katholische Kirche geht davon aus, dass die zu vergebende Sünde durch die persönliche Beichte bekannt sein und aufrichtig bereut werden muss. Nur dann kann, im Zuge eines Gebetes, der geweihte Priester diese Sünden dem Beichtenden direkt vergeben, wie es Jesus auch getan hat (Markus 2,5). Als Höhepunkt des Gottesdienstes wird das Abendmahl in der Messe gefeiert.

In der Gestaltung des Gottesdienstes unterscheiden sich beide Konfessionen dadurch, dass die katholische Kirche viele Handlungen mit feierlichen Gesten darbietet und teilweise mit balsamisch duftendem Weihrauch eine entsprechend festliche Atmosphäre schafft. Außerdem nimmt die Verehrung und Anbetung der Mutter Maria sowie die Heiligenehrung einen großen Raum ein.

*

Wie zu erwarten war, wurde auf Grund der Kriegslage im August 1944 unsere Sonderabteilung des OKH aufgelöst, das »Unternehmen Seelöwe« fand hiermit sein Ende. Alle Angehörigen der Abteilung wurden zu ihren alten Einheiten zurückversetzt. Für mich war das Regiment 76 in Hannover-Bothfeld zuständig.

Bevor ich Haldensleben verließ, lud mich die Familie Stalla zu einem Abschiedsessen ein. Als ich zwischendurch mit Edith allein gelassen, fasste ich den Mut zu fragen, ob sie meine Frau werden wolle – sie hat aus tiefstem Herzen »ja« gesagt. Wir versicherten uns gegenseitiger Treue. Bedrückend war nur, dass der Krieg weiterhin seinen Lauf nahm, und wir einer unsicheren Zukunft entgegensahen. Mit dieser unsicheren Perspektive war ich zwei Tage später in meine Kaserne nach Hannover gefahren. Für die Zukunft blieb uns zunächst nur noch das Briefeschreiben.

In meiner neuen Einheit galt ich zunächst als nicht feldverwendungsfähig und wurde für entsprechende Tätigkeiten eingesetzt. Aber auch rückwärtige Fronteinsätze, zum Beispiel im Westen, waren nicht ausgeschlossen. Die Fronten bedrohten die deutschen Grenzen. Gespräche mit meinen Vorgesetzten über meinen Einsatz ergaben, wie aus meinen Wehrmachtsunterlagen hervorging, dass ich mich bereits zu Beginn meines Wehrdienstes als Reserve-Offiziersbewerber gemeldet hatte. Wenn ich mich trotz meiner Verwundung kv. (kriegsverwendungsfähig) melden würde, werde man mich zu einem Fahnenjunkerlehrgang (Offizierslehrgang) in Hameln anmelden können. Ich stimmte dem zu und wurde Ende August nach Hameln in Marsch gesetzt. Mein hintergründiger Gedanke dabei war, dass der Krieg vielleicht bald ohne einen Fronteinsatz meinerseits ein Ende nehmen würde.

Der Lehrgang bestand aus ca. 30 Unteroffizieren. Die Ausbildung erstreckte sich auf Gelände- und Sandkasten-Führungsaufgaben, Reitunterricht und gesellschaftliche Umgangsformen.

Zu den Sandkastenspielen erinnere ich mich, dass ich, um das Gelände in Augenschein zu nehmen, mit zwei Kameraden mit dem Fahrrad durch die Gegend um Bückeburg fuhr, Skizzen von der Landschaft anfertigte und für den Aufbau einer großen Sandkastenlandschaft auswertete.

An dieser von uns modellierten künstlichen Landschaft wurden Planspiele und Gefechtsübungen auf Führungsebene durchgespielt, die in den nächsten Tagen in der Originallandschaft unter kritischen Hinweisen nachgespielt werden mussten.

Der Reitunterricht machte Freude, zumal ich von Hause aus viel Liebe für Tiere empfand. Nachdem wir im Galopp das »Sattelwischen« gelernt hatten, war der Spaß schon wieder vorbei. Beim Reitunterricht trug man links den Säbel (Degen) und stieg, vom Reitstall aus gesehen, von rechts auf die linke Seite des Pferdes und befand sich somit automatisch im Linksverkehr. Das führte oft zu Problemen mit dem Rechtsverkehr.

Im Lehrfach »Umgangsformen« musste man lernen, bei Begrüßungen Mütze und Blumenstrauß in einer Hand zu halten, in Verbindung mit der Stabilisierung des Säbels an der linken Seite, um die rechte Hand für das Händeschütteln frei zu haben. Wichtig war auch, jede Frau als Dame zu behandeln, solange sie das Gegenteil nicht bewiesen hatte.

Mitte Oktober 1944 verließen wir den Lehrgang als Fahnenjunker-Unteroffiziere, um später zum Leutnant befördert zu werden.

Bevor wir jedoch Hameln verließen, war noch ein Abschiedsball vorgesehen. Wir wurden an einem Sonntagnachmittag in das Hotel Tiemann beordert. Als wir einen zum Kaffeetrinken vorbereiteten Raum betraten, stellten wir fest, dass sich hier etwa 30 junge Mädchen in Gruppen versammelt hatten und schon auf uns warteten, um zum Tisch begleitet zu werden.

Man schaute sich um, plauderte hier und dort ein bisschen, und als man meinte, seinen Typ gefunden zu haben, nahm man zu zweit an einem der Tische zum Kaffeetrinken Platz. Jeder verabredete sich für den Abschiedsball, der einige Tage später im Forsthaus Wehls stattfand.

Meine Tanzdame hieß Karla Prott, und wir tanzten bis in den Morgen. Da es sich um eine geschlossene Gesellschaft handelte, gab es für diese Tanzveranstaltung eine Ausnahmegenehmigung. Im Allgemeinen bestand wegen der Kriegshandlungen ein öffentliches Tanzverbot.

Die jungen Damen hatten sich auf dem Ball so köstlich amüsiert, dass sie als Dank für unseren Kommandeur ein Lied dichteten und es mit Begleitung der Tanzkapelle vortrugen.

Nach Beendigung des Lehrganges wurden wir zu unseren Einheiten zurückversetzt – ich nach Hannover. Karla Prott stammte aus Hannover und hatte gerade ihr Pflichtjahr als Telephonistin in der Hameler Post beendet.

Bevor ich im Januar 1945 zum Truppenübungsplatz Munster-Lager versetzt wurde, trafen wir uns, wenn ich dienstfrei hatte, mehrmals in der Stadt. Die meiste Zeit verbrachten wir jedoch in Luftschutzbunkern; zu allen Tages- und Nachtzeiten musste man mit Fliegeralarm und Luftangriffen rechnen. Ab und zu trafen wir uns in dem Café »Rote Mühle«. Karla, 19 Jahre alt, Vollwaise und katholisch, lebte bei ihrer Tante. Ihr Elternhaus war am 13. Februar 1941 durch einen Bombenangriff der Engländer total zerstört worden. Da ich meiner Edith Treue versprochen hatte, akzeptierte Karla meine Zurückhaltung.

Nach meinem Weihnachtsurlaub von nur wenigen Tagen mußte ich meinen Dienst für die Vorbereitungen meines geplanten Einsatz an der Ostfront auf dem Truppenübungsplatz Munster-Lager antreten.

Wir wurden mit den neuesten Erkenntnissen und Kampfmethoden des Feindes bekannt gemacht. Es bestand eine absolute Urlaubssperre.

Nach der Sommer-Offensive 194, startete die Sowjetarmee im Januar 1945 eine Offensive gegen Ostpreußen. Tausende von Flüchtlingen warteten bei Königsberg, um sich mit Hilfe von Schiffen vor den feindlichen Soldaten in Sicherheit bringen zu lassen. Das hauptsächlich mit Flüchtlingen voll besetzte frühere K.d.F.-Schiff »Wilhelm Gustloff« wurde von dem sowjetischen U-Boot »S 13« versenkt. Dabei kamen 5348 Flüchtlinge, Verwundete, Soldaten und Marinehelferinnen ums Leben, 904 Menschen konnten gerettet werden.

Bevor ich meinen Marschbefehl erhielt, besuchten mich Mitte März 1945 meine Eltern in Munster Es wurde für uns ein bedrückender und trauriger Tag. Im Gasthof heiterte uns beim Mittagessen eine freundliche Bedienung etwas auf. Mein Vater gab ein hohes Trinkgeld, was mich verwunderte. Beim Abschied am Bahnhof weinte meine Mutter bitterlich; zu viele junge Männer in der Nachbarschaft und im Verwandten- und Bekanntenkreis waren gefallen.

Wie ich aus den Gesprächen mit meinen Eltern erfuhr, wurden wegen der fast täglich durchgeführten Bombenangriffe der Engländer auf die Bahnanlagen in Uelzen als Eisenbahnknotenpunkt Sondermaßnahmen erforderlich. Ab September 1944 gab es den Volkssturm, der unter dem Befehl von Parteifunktionären stand und für die Sondermaßnahmen zuständig war. Sogar die älteren Männer aus den Dörfern im Kreise Uelzen mussten für Aufräumungsarbeiten und die Beseitigung von Bombentrichtern eingesetzt werden, um den notwendigen Verkehr der Bahn einigermaßen aufrecht erhalten zu können.

Die Erntezeit war vorbei; die Männer wurden für diese Arbeiten zwangsverpflichtet. Auch mein Vater, Kriegsversehrter aus dem Ersten Weltkrieg, wurde mit seinen fast 60 Jahren für diese Arbeiten eingesetzt.

Alle jungen Männer waren als Soldaten teilweise an der Front oder in anderen wichtigen Bereichen des öffentlichen Lebens tätig. Man musste somit für lebenswichtige Arbeiten außerordentliche Maßnahmen ergreifen.

Obwohl es völkerrechtlich nicht zulässig war, wurden auch Kriegsgefangene für Aufräumungsarbeiten herangezogen. Der Krieg hatte, trotz der permanenten diplomatischen Bemühungen, ihn zu beenden, Formen angenommen, bei denen das Völkerrecht keine Rolle mehr spielte.

Mitte Februar legten alliierte Bomber die an Kunstschätzen reiche Stadt Dresden in Schutt und Asche. Man sprach zunächst von 35 000 Toten.

Da sich zu dieser Zeit große Flüchtlingsmassen in Dresden befanden, Menschen, die vor dem Anrücken sowjetischer Truppen die Heimat verlassen hatten, wurde später die Zahl der Toten von mehr als 220 000 beziffert – vorwiegend Frauen und Kinder; eine Missachtung des Völkerrechts, wie sie größer nicht sein konnte. Dem dafür verantwortlichen britischen Luftmarschall Sir Arthur Harris, auch als »Bomber-Harris« bekannt, setzte man später in London dafür ein Denkmal.

Laut Marschbefehl hatte ich mich in Berlin in der Nähe vom Bahnhof Zoo auf einer Dienststelle zu melden. Da fast alle Bahnstrecken laufend Luftangriffen ausgesetzt waren, wählte ich eine etwas sicherere Nebenstrecke und plante diese über Haldensleben. Die Fahrt sollte von Munster über Uelzen und Oebisfelde nach Haldensleben gehen.

Zu meinen Eltern fuhr ich nicht mehr, ich wollte meiner Mutter einen weiteren schweren Abschied ersparen.

Die Fahrt dauerte zwei Tage. Von unterwegs bestellte ich für mich telefonisch ein Zimmer im Bahnhofshotel in Haldensleben für die Übernachtung. Davon unterrichtete ich umgehend meine Freundin Edith und teilte ihr telefonisch die wahrscheinliche Ankunftszeit meines Zuges aus Oebisfelde mit.

Als ich gegen 18.00 Uhr in Haldensleben eintraf, erwartete sie mich schon und richtete mir Grüße ihrer Eltern aus mit dem Hinweis, dass eine Hotelübernachtung nicht in Frage komme, sondern ihre Eltern mich zu der Übernachtung eingeladen haben. Ich nahm die Einladung natürlich an.

Nach dem Abendessen hielt ich bei ihren Eltern um die Hand ihrer Tochter an. Sie waren damit einverstanden. Der 23. März 1945 – einen Tag nach meinem Geburtstag – für mich ein nachträgliches Geburtstagsgeschenk, das schönste, das ich mir denken konnte.

Am Mittag des nächsten Tages hatte mein zukünftiger Schwiegervater, Franz Stalla, bereits zwei goldende Eheringe in der Stadt zum Abholen bereitlegen lassen. Edith und ich holten die Ringe ab, nachdem sie angepasst worden waren, und wir konnten unsere Verlobung feiern. Ich habe nie erfahren, wie es Franz Stalla möglich war, in dieser entbehrungsreichen Zeit innerhalb von Stunden die goldenen Verlobungsringe zu besorgen. Ein Paar Verlobungsringe, ein paar herzhafte, leidenschaftliche Küsse, verbunden mit Liebe und tiefer Zuneigung, waren die einzigen intimen Beziehungen, die uns als junges Brautpaar miteinander verbanden.

Nebenbei berichtete mir meine Verlobte, dass sie einen schweren Unfall überstanden hatte. Als Magdeburg am 16. Januar 1945 von alliierten Bombengewadern fast völlig zerstört worden war, hatte sie, durch ein Dachfenster im First des Dachbodens ihres Hauses, die Feuersbrunst über Magdeburg beobachtet. Dabei rutschte sie ab und fiel einige Meter hinunter auf den Dachboden. Es gab Verstauchungen und Prellungen, die aber wieder abgeklungen waren. In den Feldpostbriefen, die sie mir schrieb, war davon allerdings nie die Rede gewesen.

Eine Trennung auf unbestimmte Zeit stand uns bevor. Nach allem, was sich täglich in der Welt abspielte, waren es doch deprimierende Tage.

Die Karenzfrist lief ab, es wurde Zeit, mich am 26. März in Haldensleben zu verabschieden und in Berlin meinen Dienst anzutreten, um nach Osten an die Front beordert zu werden. Anscheinend herrschte dort ein Mangel an einsatzfähigen Unteroffizieren und Offizieren.

Die Fahrt mit der Reichsbahn nach Berlin dauerte mehr als zehn Stunden. Durch die laufenden Bombenangriffe der Engländer auf die Hauptstrecken der Bahn und die Bahnhöfe gab es Umleitungen und Verzögerungen. Ganze Stadtteile Berlins waren durch Luftangriffe total zerstört worden.

Nach zwei Tagen erhielt ich einen neuen Marschbefehl nach Wien mit dem Hinweis, dass ich mit einigen anderen Kameraden für die Verteidigung dieser Stadt gegen die am 24. März erwarteten sowjetischen Angriffe vorgesehen sei. Soweit ich es in den ersten Apriltagen erkennen konnte, war Wien noch verhältnismäßig wenig zerstört worden. Jedoch herrschte auch hier eine bedrückte Stimmung. Ich hatte einige Tage Zeit, um mir die Innenstadt von Wien anzusehen und bummelte durch die Straßen und Gassen. Den Stephansdom schloss ich in den Rundgang ein. Vor mir lag eine unsichere Zukunft, die mir hier besonders bewusst wurde.

Unsere Unterkunft befand sich in der Nähe eines kleinen östlich, gelegenen Bahnhofes, von wo aus wir in der ersten April-Woche an die Front abfahren sollten.

Verteidigung von Wien? Es war alles sehr lasch organisiert.

Von den schweren Straßenkämpfen in Wien, die etwa zehn Tage später begannen, blieben wir verschont, wie ich erst später erfuhr.

In einer kleinen Gruppe, ausreichend mit Waffen, Munition und Verpflegung versorgt, bestiegen wir den Zug. Diese Gruppe bestand nur aus Unteroffizieren, Feldwebel und mir als Fahnenjunker-Unteroffizier.

Unser Zug fuhr Richtung Gänserndorf und dann weiter nach Osten. Nach mehreren Stunden Fahrt stiegen wir auf Lastwagen um und erreichten den slowakischen Ort Borksy Mukulas. Hier meldeten wir uns bei einer Felddienststelle und wurden in Quartiere eingewiesen. Ich erhielt in einem Bauernhaus eine einfache Bude mit Strohmatratze.

In den nächsten Tagen fanden kleine Ausbildungsübungen und Kampfschulungen statt; wir waren hier vorläufig als Reserve für die östlich von uns operierende Truppe vorgesehen, die sich auf dem Rückzug befand.

Wir blieben etwa vierzehn Tage in diesem Ort, um uns auf Kampfhandlungen mit den vorrückenden sowjetischen Kampfeinheiten einzustellen.

Ich lernte ein slowakisches Mädchen kennen, das ein wenig deutsch verstand. Wir sprachen darüber, dass ich verlobt sei, was sie an meinem Ring bereits erkannt hatte. Wir unterhielten uns über alles Mögliche, auch über Brautkleider und darüber, dass es bei uns in Deutschland zur Zeit keine Möglichkeiten gäbe, so etwas zu beschaffen, falls ich überhaupt bald nach Hause zurückkommen würde. Wie naiv war man doch in Abschätzung der wirklichen Lage!

Das Mädchen führte mich eines Tages in einen kleinen Laden, und ich kaufte mehrere Meter weißen, in sich gemusterten Seidenstoff. Passendes Geld hatte ich genügend bei mir. Sie meinte, mir die Möglichkeit des Stoffkaufes gegeben zu haben, weil sie mich liebe und große Angst vor dem Krieg und vor den anrückenden Sowjets hätte. Den Klang ihrer Laute in der slowakischen Sprache für ihre Liebesbeteuerungen habe ich noch heute nachahmbar im Ohr (in der Laut-Sprache: »djorno, u jetnu hubitschku!«) Ich hörte diese Worte bei jeder Verabschiedung von ihr.

Es gab zur Zeit in der Slowakei noch fast alles an normalen Gebrauchsgegenständen und Waren zu kaufen. Dieser Staat war bis Ende 1944 vom Krieg verschont geblieben. Aufgrund der geschichtlichen Entwicklung waren die Slowaken sehr deutschfreundlich gesonnen. Da sich im 19. Jahrhundert, unterstützt von den stammesverwandten Tschechen, eine slowakische Nationalbewegung entwickelte, schlossen Auswanderer beider Gruppen im Mai 1918 in den USA einen Vertrag. Dieser beinhaltete, dass nach der Auflösung von Österreich-Ungarn den Slowaken bei der Staatsgründung mit den Tschechen eine Selbstverwaltung zugebilligt werden sollte, was jedoch die Tschechen nicht voll einhielten. Dieser Staat war die Tschecho-Slowakei. In Folge der Sudetenkrise, die im September 1938 beendet wurde, setzte die Slowakei bereits am 14. März 1939 in außenpolitischer und militärischer Hinsicht in Anlehnung an das Deutsche Reich ihre Selbständigkeit durch.

Um einen von den Sowjets im August 1944 in der Slowakei entfesselten kommunistischen Aufstand bei ihrem Vormarsch im Gebiet von Neusohl niederzuschlagen, rückten, auf Wunsch des slowakischen Ministerpräsidenten Tisos, Ende August 1944 deutsche Truppen in die Slowakei ein. Im Oktober besetzte die Rote Armee dann vom Osten her Teile dieses Landes.

Meine Einheit war dazu vorgesehen, den sowjetischen Truppen bei ihrem Vormarsch zur Umklammerung Wiens Widerstand zu leisten. Die Rote Armee wählte jedoch eine südlichere Angriffsrichtung.

Den gekauften Stoff für das Brautkleid – in welchen Illusionen lebte man noch in dieser Zeit? – und meine Reißverschluss-Stiefel verstaute ich auf unseren Begleitfahrzeugen des Trosses, der uns mit Verpflegung versorgte. Statt der Stiefel trug ich fortan die strapazierfähigeren Schnürstiefel, da uns in den nächsten Tagen große Mühen bevorstanden – den Slibowitz tranken wir abends in einer Kneipe aus Biergläsern!

Als wir am 25. April unser Mittagessen aus der Feldküche eingenommen und mit Slibowitz nachgespült hatten, brachte mir der Melder des Bataillonkommandeurs den Befehl, ihm auf dem Hof der Gastwirtschaft in einer Stunde die feldmarschmäßig ausgerüstete Einheit startfertig zu melden.

Der Kommandeur, ein Hauptmann, erklärte, dass die Sowjets die deutschen Linien auf breiter Front zu durchbrechen drohten und wir den Auftrag hätten, uns sofort kämpfend, aber langsam nach Westen zurückzuziehen. Ich erhielt den Befehl, den Rest einer total zerschlagenen Kompanie zurückzuführen. Sie bestand nur noch aus 63 Mann und zwei Unteroffizieren.

Ausgestattet wurden wir mit Munition für Gewehre und zwei Maschinengewehren, Karten und Kompassen sowie Verpflegung für mehrere Tage.

Das Rückzugsziel war, eine Frontlinie nördlich von Wien an der March, dem Grenzfluss zwischen Österreich und der Slowakei, aufzubauen. Die allgemeine Marschrichtung führte nach Zisterdorf in Niederösterreich.

Um unser nächstes Ziel zu erreichen, mussten wir Wälder passieren. Bereits am zweiten Tag wurden wir ständig von feindlichen Aufklärungsflugzeugen (wir nannten diese Doppeldecker wegen der Geräusche Nähmaschinen) verfolgt und auch durch feindliche Artillerie oder nahe Granatwerfer beschossen. Da das Gelände zum Teil sumpfig und das Laufen mit der Ausrüstung sehr beschwerlich war, wurden unsere Kräfte sehr gefordert. Sicherheitshalber zogen wir uns noch mittags aus dem kleinen Kirchdorf Tomky zurück und ruhten uns in einem Wald etwa 500 Meter hinter dem Dorf aus. Die Sowjets waren sofort nachgerückt. Wir schlossen es aus dem intensiven Schreien von Frauen, das nachts bei dem östlichen

Wind zu uns herüberschallte.

Nach einigen Tagen weiterer Strapazen in dem unwegsamen Gelände vernahm einer meiner Unteroffiziere Äußerungen eines Soldaten, dass jemand wegen der großen Anstrengungen nicht mehr mitmachen und nachts, nach Einteilung der erforderlichen Wache, zu den nachrückenden Sowjets überlaufen wollte.

Damit wären wir alle bezüglich Anzahl, Bewaffnung usw. verraten und möglicherweise beschossen, umzingelt und gefangen genommen worden, mit einem ungewissen Schicksal. Wir berieten uns in einer kleinen Gruppe, und ich teilte allen Mitgliedern unserer Mannschaft mit: Wer den Versuch unternimmt, zu desertieren, wird sofort erschossen! Wir übernachteten in einem kleinen Fichtenwald. Ich legte meinen Kopf neben einer Baumwurzel auf meinen Helm, versehen mit einer weichen Unterlage. Als ich frühmorgens aufwachte, hatte nachts jemand die Pistole aus meiner Pistolentasche gezogen und sie mir neben meine Stirn gelegt!

Der geordnete Rückzug ging, unter großen körperlichen Anstrengungen, weiter. Zwischendurch gab es mal Regen und dann wieder Sonnenschein. Beim Regen stülpten wir uns die Zeltplane über den Kopf, die in der Mitte einen Schlitz besaß. Diese Plane trugen wir normalerweise zusammengerollt mit einem Riemchen am Koppel.

Wir erreichten Ende April die March, den Grenzfluss zum damaligen Deutschen Reich. Dort bildete ich mit einem Unteroffizier und acht Mann einen Brückenkopf, organisierte die Bereitstellung von Booten und wir sicherten mit zwei Maschinengewehren die Flussüberquerung. Nachdem meine Kameraden und weitere versprengte Soldaten anderer Rückzugseinheiten das andere Flussufer erreicht hatten, konnten wir den Brückenkopf auflösen.

Wegen des unwegsamen Geländes, das wir in den vergangenen Tagen durchquert hatten, konnten uns die Sowjets nicht so schnell verfolgen, so dass wir unser Ziel ohne Verluste erreichen konnten.

Wir übernachteten dann, eingegraben mit Hilfe unseres kleinen Spatens am Koppel, in einem provisorischen Schützenloch in der Nähe des Flusses, um feindliche Überraschungen auszuschließen.

Ich fühlte mich seit Tagen sehr schwach und unwohl und litt unter leichtem Schüttelfrost. Als wir uns am nächsten Morgen wieder Richtung Westen aufmachten, wurden wir von Unteroffizieren der Feldgendamerie kontrolliert, die Versprengte oder Deserteure ausfindig machen sollten. Unser Marschbefehl war eindeutig, und man wies uns den Weg zu dem angegebenen Ziel bei Zistersdorf.

Dort angekommen, meldete ich meine Rest-Kompanie bei dem Bataillonskommandeur, Hauptmann Meyer. Wir fielen fast »aus den Wolken«, wir waren Klassenkameraden am Gymnasium in Uelzen gewesen. Hans (Tünnes) Meyer teilte mir als Erstes mit, dass ich inzwischen zum Leutnant befördert worden war, aber nicht erreichbar gewesen sei. Noch 1981 feierten wir bei ihm zu Hause in der Schmiedestraße in Uelzen mit Gerd Höber und anderen Klassenkameraden Silvester, und tanzten mit unseren Ehepartnerinnen ins neue Jahr. –

Größte Sorgen bereitete mir mein Befinden. Ich meldete mich sofort beim Feldarzt. Er stellte eine wässrige Rippenfellentzündung fest mit der Diagnose, dass eine vorangegangene Lungenentzündung im Abklingen sei.

Ich musste mich rückwärts auf einen Stuhl setzen und er zapfte mir mit Hilfe eines Sanitäters 900 Kubikzentimeter Flüssigkeit aus den Rippen ab – ohne Betäubung. Anschließend kam ich ins Lazarett und zwei Tage später lag ich in einem Lazarettzug, der aus Güterwagen mit Etagenbetten bestand.

Es war vorgesehen, dass wir in das Kriegslazarett nach Eger gebracht werden sollten; eine lange Fahrt durch tschechisches Territorium über Znaim und Prag.

Der Zug rollte an. Nach Tagen blieben wir längere Zeit auf freier Strecke vor der Stadt Piczek liegen.

Es hieß, der Krieg sei zu Ende, Deutschland habe am Vortage, dem 8. Mai 1945, kapituliert und Adolf Hitler sei vor Tagen durch Selbstmord verstorben. Es hieß auch, man müsse damit rechnen, dass wir in sowjetische Kriegsgefangenschaft kommen würden. Unsere Ratlosigkeit war groß! – Die eigene Kugel, die seinem Leben am 3o. April 1945 ein Ende setzte, war ein Vorgriff, wohl wissend, dass für ihn nach der Gefangennahme kein Gerichtsverfahren vorgesehen war, sondern der Tod durch sofortiges Erschießen. Die Exekution war von Churchill bereits am 14. Dezember 1942 in einer Kabinettssitzung gefordert worden, da Hitler auf einer Anklagebank für die Zuhörer und die Rettung des Empires politisch unberechenbar gewesen wäre.

Am nächsten Tag trafen die ersten sowjetischen Soldaten ein. Alles, was man an Wertsachen im Besitz hatte, wurde versteckt. Die ersten Kontrollen waren oberflächlich, da alle Soldaten im Lazarett-Zug bettlägerig waren.

Wegen der eventuellen späteren eingehenderen Kontrolle ließ man auch die Dienstgradabzeichen usw. verschwinden. Es bot sich an, wichtige Dinge im Kochgeschirr zu verstecken, darüber Papier zu legen und darauf das Streichfett, soweit dieses noch aus der Reiseverpflegung vorhanden war, zu deponieren. Die vorhandene Verpflegung wurde glücklicherweise nie detailliert überprüft.

Nach Tagen erhielten wir als Gefangenen-Verpflegung eine sehr dünne Suppe und täglich mehrere Scheiben Brot, die so grün vom Schimmel waren, dass man sie farblich kaum von den Pflanzen am Bahndamm unterscheiden konnte. Mit diesen Pflanzen, wie Brennesseln, Löwenzahn, Klee und anderen, würzten wir unsere Suppen, soweit es dem Einzelnen aufgrund seines körperlichen Zustandes möglich war, den Güterwagen zu entsteigen, um Pflanzen und Brennholz am Bahndamm einsammeln zu können.

Ich erinnere mich, dass in dieser Zeit freundliches Wetter und Sonnenschein die Atmosphäre und die Stimmung unter uns Gefangenen oft heiter stimmte. Von einer medizinischen Betreuung war keine Rede mehr. Unsere Sanitäter erhielten ihre Anweisungen von den Sowjets. Die Ärzte waren abtransportiert worden.

Nach etwa einer Woche wurde ich, wie andere kranke deutsche Soldaten, die laufen konnten, in einem sowjetischen Militärfahrzeug in ein Hospital nach Pisek gefahren. Dort musste ich einige Zeit warten und unterhielt mich mit einer Krankenschwester, die etwas Deutsch sprach.

Ich wurde untersucht. Ein sowjetischer Offizier verhörte mich und fragte, was es für eine Partei sei, die Deutschland regiere. Ich antwortete ihm, es sei eine Arbeiterpartei mit sozialen und nationalen Zielen. Darauf entgegnete er: »Das sind genau auch unsere Ziele!«

Ich wurde als noch nicht transportfähig für ein Gefangenenlager eingestuft. Wie weit unsere deutschen Militärärzte, die wahrscheinlich die Krankenpapiere bei sich führten, auf die Untersuchungen Einfluss nehmen konnten, ist mir nicht bekannt gewesen.

Die Krankenschwester, mit der ich mich vorher unterhalten hatte, beglückwünschte mich, dass ich wegen meines schlechten Gesundheitszustandes nicht in ein Kriegsgefangenenlager abtransportiert werden würde. Auf meine Fragen berichtete sie, dass beim Einmarsch der Sowjetarmee in Pisek in der Stadt viele deutsche Soldaten, insbesondere deutsche Offiziere, von der Bevölkerung ermordet und an Laternenmasten und Bäumen aufgehängt worden waren. Es seien schaurige Bilder gewesen.

Eines Tages wurden unsere Güterwagen mit Zetteln beklebt. Man konnte daraus entnehmen, dass ein Transport in einen sibirischen Ort vorgesehen war. Der Zeitpunkt war nicht auszumachen.

Neben dem grünen Brot und einer dünnen Suppe ernährten wir uns weiterhin von den Pflanzen am Bahndamm und den anliegenden Getreidefeldern. Die sowjetische Bewachung erlaubte aber nur das Betreten des Bahndammes und eines schmalen Feldrains.

Nach etwa 14 Tagen kamen hin und wieder abends auch Tschechen an unseren Güterzug. Sie wollten tauschen und uns Lebensmittel bringen, wenn wir ihnen eine Gegenleistung anbieten konnten. Beliebt waren natürlich Eheringe, aber auch Zigarettendosen, Geldbörsen usw.

Manchesmal verlangten sie auch keine Gegenleistungen. Die Tschechen hatten inzwischen die moralischen Vorteile, bezogen auf die deutschen Soldaten gegenüber der sowjetischen Soldateska, erkannt und die Unterschiede zu spüren bekommen. Sie wollten sich quasi mit dem Brot und anderem, was sie uns anboten, für das entschuldigen, was in den vergangenen Wochen in ihrer Umgebung mit deutschen Soldaten geschehen war. Sie äußerten sich auch entsetzt darüber, wie ihre Frauen und Töchter unter den Sowjetsoldaten zu leiden hatten.

Die sowjetischen Wachposten duldeten die Besuche der Tschechen an unserem Lazarettzug.

Mir persönlich ging es gesundheitlich unverändert. Mit einigen Kameraden aus anderen Waggons nahm ich Kontakt auf. Es ergab sich, dass wir zu Fünfen die gleiche Idee hatten – nicht nach Sibirien! Wir setzten uns zusammen, ohne dass andere etwas davon mitbekamen, und schmiedeten einen Plan. Manche von uns hatten Kartenmaterial und ich besaß einen Kompass, den ich in meinem Kochgeschirr verborgen hielt. Einer von uns wollte seinen Ehering opfern, um ausreichend Brot für etwa fünf Tage von einem Tschechen besorgen zu können. Wir hatten die Idee, das Notwendigste rechtzeitig im Kochgeschirr zu verstauen.

Nach drei Tagen war alles organisiert. Die Kontrollstreifen der Bewachung wurden präzise im zeitlichen Ablauf ihrer Kontrollen beobachtet.

Eines Abends, nach Einbruch der Dunkelheit, gegen 23:00 Uhr, begann der Aufbruch. Wir marschierten im Gänsemarsch, leicht geduckt durch Getreidefelder und Wiesen in Richtung Südwesten nach Bayern, bis der nächste Tag anbrach. Den Tag verbrachten wir bei glühender Hitze in einem Getreidefeld. Es war etwa Ende Mai. Es lagen bis zur deutschen Grenze fast 100 Kilometer vor uns.

Am zweiten Morgen standen wir vor einem großen Sumpfgelände, das von einem Fluss durchquert wurde. In der Ferne sahen wir eine lange Brücke, anscheinend eine Eisenbahnbrücke, die dieses sumpfige Gelände überquerte und von Militärstreifen bewacht wurde.

Für uns ergab sich die Frage: Wie können wir dieses Sumpfgelände in Richtung Südwesten überqueren?

Nach stundenlangen Beobachtungen stellten wir fest, dass die Ablösung der Streifen an unserer Seite erfolgte, und die abzulösende Streife der Ablösenden stets etwa 800 bis 1000 Meter entgegen marschierte. Wir gingen davon aus, dass sich nachts im Prinzip an der Ablösung nichts ändern würde und erreichten am nächsten Morgen die andere Flussseite.

In der übernächsten Nacht lag etwa 10 Kilometer vor der deutschen Grenze vor uns ein Höhenzug. Dieser war anscheinend stark mit sowjetischen Soldaten besetzt. Wir hatten zu Fünfen große Mühe, uns am Tag zu verbergen, um nicht aufzufallen, da wir noch unsere deutsche Wehrmachtsuniform trugen. Wir beschlossen, in zwei Gruppen getrennt zu versuchen, die deutsche Grenze zu erreichen, um dann wahrscheinlich in amerikanische Kriegsgefangenschaft zu geraten.

Mir schloss sich ein Hannoveraner an, der nach meinem Empfinden verschlossen und arrogant auftrat. Am nächsten Morgen erreichten wir beide ein von einem Dorf einige 100 Meter entfernt liegendes einsames Gehöft. Wir trafen die Bauersfrau bei der Morgenarbeit. Es war zu unserem Glück eine Sudetendeutsche, die für unser Anliegen Verständnis hatte. An der Grenze, die nur noch etwa eineinhalb Kilometer entfernt war, patrouillierten oft sowjetische Streifen. Sie machte uns einen Vorschlag: Da die Heuernte anstand, wollte sie mit einem Rechen über der Schulter vorausgehen, und wir sollten etwa im Abstand von etwa 500 Metern folgen. Bei Gefahr wollte sie die Harke abnehmen, und wir sollten uns im Gebüsch oder in einem Graben versteckt halten, bis die Gefahr vorüber war und sie den Rechen wieder schulterte.

Wir erreichten ohne Komplikationen den Grenzbach und landeten somit in den ersten Juni-Tagen in Bayern!

Wir wollten uns nicht gleich von den Amerikanern schnappen lassen. Wir tasteten uns vorsichtig an ein Dorf nördlich von Hohenau im Böhmerwald heran und kamen mit einem Bauern ins Gespäch. Bei ihm durften wir zwei Nächte auf dem Heuboden übernachten und uns von den Strapazen erholen.

Das Essen war gut, und die Butter wurde dort nicht aufs Brot gestrichen, sondern in Scheiben draufgelegt. Die Familie hatte einen Sohn, den sie auch eines Tages aus dem Krieg zurückerwartete.

Als Marschziel planten wir Deggendorf oder einen anderern Ort mit Bahnanschluss ein. Wir wurden unterwegs stets von der Bevölkerung gewarnt, nicht der amerikanischen Besatzungsmacht in die Arme zu laufen. Es hatte sich dort herumgesprochen, dass die aus sowjetischer Gefangenschaft geflohenen deutschen Soldaten sofort wieder auf Lastwagen verladen und den Sowjets überstellt werden würden. Wir erfuhren aber auch, dass die LKWs jedoch meistens ohne Gefangene bei den Russen eintrafen, weil die Soldaten Fluchtversuche unternahmen. Wie viele Verletzte es beim Abspringen von den Fahrzeugen gegeben hat, war nicht bekannt. Damals war ein Auslieferungsabkommen zwischen beiden Mächten vertraglich vereinbart worden.

Noch am gleichen Tag wurden wir von einer amerikanischen Streife gestellt, verhört und in ein Kriegsgefangenenlager bei Passau eingeliefert.

Hier wurde mir mein Soldbuch, das ich vor den Sowjets retten konnte, abgenommen. Auf einer großen Wiese wurden wir in eines der vielen kleinen Zelte eingewiesen, das schon sehr voll belegt war. Aber wenn man sich schlank machte, passten auch wir beide noch in das Zelt hinein.

Begrüßt wurden wir etwa mit den Worten: »Ihr habt Glück! Der alte Lagerkommandant wurde vorgestern abgelöst ... Wo es nur ging, hat der uns den ganzen Tag schikaniert.« Alle Gefangenen waren sehr wortkarg, jeder musste sein eigenes Schicksal tragen.

Nach dem Verpflegungsempfang am nächsten Tag wurden die neu eingelieferten Kriegsgefangenen vom Kommandanten einzeln verhört.

Unter den Wartenden unterhielten sich zwei über Ansbach. Als ich zum Verhör aufgerufen wurde, stellte ich fest, dass der Kommandant sehr gut deutsch sprach. Er wollte auch von mir etwas über meinen Lebenslauf und

Beruf erfahren. Als ich sagte, ich hätte an der Technischen Hochschule in Hannover ein Bauingenieurstudium begonnen, lachte er auf und erwiderte, dass er dort vor dem Kriege auch studiert habe. Nach einer weiteren kurzen Unterhaltung, in der er Sympathie und Entgegenkommen zeigte, schlug er vor, mich in Bayern zur Erntehilfe entlassen zu können.

Er fragte mich nach dem Ort, wo ich bei Bekannten im Ernteeinsatz arbeiten könnte. Ich erwähnte das vorhin gehörte Ansbach, nur wissend, dass es in Bayern liegt.

Zwei Tage später, am 27. Juni 1945, bekam ich meine Entlassungspapiere ausgehändigt und konnte das Gefangenenlager, das SONNDORF CAMP, Kreis Wolfsstein, verlassen. In meinem Zelt gab es deswegen sehr böse Bemerkungen.

In dem mir völlig fremden Ansbach angekommen, musste ich mir zunächst eine Unterkunft beschaffen und die Behördenwege erledigen. Ich meldete mich beim Arbeitsamt und besorgte mir Lebensmittelkarten.

Auf den Bekanntmachungstafeln vor dem Rathaus und den Polizeidienststellen befanden sich Anschläge, woraus hervorging, dass alle Besatzungsgebiete der Alliierten gegeneinander »hermetisch« abgeschlossen seien. Das bedeutete für mich, dass es zunächst nicht möglich war, aus dem von Amerikanern besetzten Gebiet in das von den Engländern besetzte Norddeutschland zu gelangen.

Die ersten Nächte verbrachte ich zunächst in einer Gastwirtschaft, in der ich auch essen und schlafen konnte. Beim Essen bediente mich eine sehr sympathische Kellnerin. Ihr Mann war ebenfalls Soldat und sicher irgendwo in Kriegsgefangenschaft geraten. Eine Nachricht konnte natürlich noch nicht vorliegen, denn eine Postbeförderung existierte zunächst nicht mehr.

Somit war es auch nicht möglich, meinen Eltern oder meiner Verlobten ein Lebenszeichen zu geben.

In Deutschland herrschte Chaos. Das geschichtlich in seinen Varianten bekannte »Deutsche Reich«, wie es unter Heinrich I. im Jahre 922 n. Chr. entstanden war, ist ausgelöscht worden. Die vier Besatzungsmächte und Polen vertraten über die Zukunft Mitteleuropas unterschiedliche Interessen. Man las darüber täglich in den sporadisch herausgegebenen örtlichen Zeitungen.

Da ich wegen Geldmangels mein Quartier in der Gastwirtschaft in den nächsten Tagen wieder räumen musste, bot mir die junge Kellnerin ein Bett in ihrer Wohnung an. Ich nahm es an. Da sie verheiratet und ich verlobt war, legten wir fest, dass nur das Händchenhalten erlaubt sein sollte.

Inzwischen erhielt ich vom Arbeitsamt den Auftrag, bei einer Schweizer Familie in Ansbach Holz zu hacken, das sie als Brennholz verwenden wollten. Zwei Tage Arbeit machten mich zunächst finanziell wieder flüssig.

Eines Tages wurde in der örtlichen Zeitung bekannt gegeben, dass die Einlagen auf Postsparbüchern von der Militärregierung ab sofort freigegeben worden waren.

Über alle Wirren des Krieges hatte ich mein Postsparbuch gerettet. Es war über Wochen unter dem Futter meiner Uniform versteckt gehalten worden.

Ich konnte über mehr als 1000 Reichsmark verfügen, die ich in den vergangenen Jahren von meinem Wehrsold angespart hatte. Ich erzählte es meiner Wirtin, die es umgehend über Freunde möglich machte, mich zivil einzukleiden und meine zerschlissene Wehrmachts-Uniform fortzuwerfen.

Da ich einen Entlassungsschein aus einem amerikanischen Kriegsgefangenenlager besaß und nach Hause wollte, wurde ich ab und zu bei der amerikanischen Kommandantur vorstellig. Man riet mir jedoch immer wieder davon ab zu versuchen, mich in das britisch besetzte Gebiet zu begeben, da ich damit rechnen müsste, sofort wieder als Kriegsgefangener nach England oder in andere Lager verschickt zu werden.

In diesen Wochen Mitte 1945 trieben die Alliierten auf Befehl des amerikanischen Generales Eisenhower etwa 70 000 deutsche Soldaten auf sumpfigen Rheinwiesen, wie in der Gegend von Andernach, hinter Stacheldraht zusammen. Ohne Obdach und Schutz, tagelang mit nur geringfügigster oder sogar ohne Nahrung, waren die Gefangenen allen Witterungsbedingungen, auch noch während des Winterhalbjahres 1945/46, ausgesetzt. Ein Bekannter, der dort diese belastende Zeit unter menschenunwürdigen Zuständen überlebte, erzählte mir, dass witterungsbedingt an manchen Tagen morgens bis zu 300 und mehr tote Kriegsgefangene auf Lastwagen aus dem Lager transportiert wurden. Sie starben an Unterernährung oder infolge auftretender Seuchen.[*)]

Bei erneuter Vorsprache in der amerikanischen Kommandatur am 15. Juli erklärte man mir, Menschen im wehrfähigen Alter, die als Flüchtlinge

---

*) Berichte von James Baque: »Der geplante Tod«

ihre Angehörigen suchen wollten, könnten nur mit einer entsprechenden Bescheinigung und Identifikation unbehelligt in das britisch besetzte Gebiet einreisen.

Nach einem kurzen entsprechenden Gespräch erhielt ich die erforderlichen Unterlagen. Meine Freude war groß. Am nächsten Tag machte ich mich auf den Weg gen Norden.

Durchgehende Eisenbahnverbindungen gab es nicht. Man fuhr mal einige Kilometer in Güterwagen, wartete auf Versorgungs-Lastwagen, übernachtete an Ortsausgängen, auf Bahnhöfen oder unter Brücken, um die nächste Fahrgelegenheit zu erwischen. Jeder versuchte, jedem zu helfen.

Wenn das Glück es wollte, stand für die nächsten hundert Kilometer auch mal wieder ein Eisenbahnzug zur Verfügung, in dem man zwischendurch schlafen konnte. Auf einem Lastwagen konnte ich südlich von Göttingen die Grenzmarkierung überschreiten und musste das Berechtigungsschreiben an der Demarkationslinie abgeben.

Auf dem Bahnhof in Göttingen stand ein Zug, der am nächsten Tag Richtung Hamburg fahren sollte. Wir warteten hier zu mehreren, und alle hatten nur ein Ziel: nach Hause!

Ein Kamerad wollte nach Magdeburg. Da ich erfuhr, dass örtlich-regional wieder ein Postverkehr eingerichtet worden war, übergab ich ihm einen Brief an meine Verlobte in Haldensleben mit der Bitte, ihn in Magdeburg in den Briefkasten zu werfen.

Der Zug Richtung Hamburg erreichte am übernächsten Tag mittags etwa gegen 13:00 Uhr Uelzen. Ich hatte mein mir heimlich gestecktes Ziel erreicht.

Es war der 21. Juli 1945. An diesem Tag feierte mein Vater den 59. Geburtstag. Nach einem Fußmarsch von rund 20 Kilometern stand ich gegen 18:00 Uhr in der Tür meines Elternhauses. Meine Eltern umarmten mich und meine Mutter brach in Freudentränen aus.

Ich musste ununterbrochen erzählen und aß dabei fast die ganze Torte auf, die meine Mutter zu Vaters Geburtstag gebacken hatte. Mein Hunger war fast nicht zu stillen.

In den nächsten Tagen spielte sich vieles ein und es begann der übliche Tagesablauf auf dem Lande. Die Ernte lief an, und ich half wie früher bei der Einbringung. Die Nachbarn beneideten meine Eltern oder freuten sich mit uns, dass sich bei uns die Kriegswirren so schnell abgeklärt hatten.

Ich war darauf bedacht, meine noch nicht ausgeheilte Rippenfellentzündung behandeln zu lassen, und fuhr jede Woche mit dem Fahrrad nach Suhlendorf zum Arzt. Beschwerden empfand ich nicht mehr. Der kranke Teil meines Rückens ist total verschwartet, so dass ich mich bis 1988 auch in Hamburg noch alle zwei Jahre einer Kontrolluntersuchung unterziehen musste.

Anfang Oktober 1945 stand plötzlich und unerwartet meine Verlobte Edith Stalla vor der Tür. Sie hatte meinen Brief erhalten. Eine Postverbindung nach Göddenstedt bestand zu dieser Zeit noch nicht, so dass mich ihr Besuch völlig überraschte. Die Freude meiner Eltern, endlich meine Verlobte kennen zu lernen, war groß.

In dem Dorf Barneberg, das in der Nähe der Demarkationslinie zwischen dem englisch und dem sowjetisch besetzten Gebiet lag, wohnte die Familie Ziese, Verwandte meiner Verlobten. Durch Ediths Mutter, eine geborene Ziese, wurden entsprechende Kontakte aufgenommen. Zufällig waren bei den Zieses sowjetische Offiziere einquartiert. Somit wurde es möglich, dass meine Verlobte die Grenze passieren konnte und von Lastwagenfahrern, die im Braunkohlen-Bergbaugebiet bei Offleben aus technischen Gründen laufend die Demarkationslinie überfahren mussten, mitgenommen und am Bahnhof auf der Westseite abgesetzt wurde.

Von dort aus erreichte sie durch Umsteigen Uelzen. Hier angekommen, fragte sie sich durch und stieß auf den Lastwagen der Firma Ritz aus Rosche.

Da Walter Ritz mit uns gut bekannt und verwandt war, fuhr Edith zu uns nach Göddenstedt bis vor die Haustür. Öffentliche Verkehrsmittel gab es nicht.

Nach etwa 14 Tagen reiste sie auf dem gleichen Wege wieder nach Haldensleben zurück. Ich konnte sie nur bis Helmstedt begleiten. Ich war im Wehrdienstalter und durfte die Demarkationslinie nicht überschreiten.

Vereinbarungsgemäß ließ Edith in Haldensleben noch im Oktober 1945 unsere Verlobungsanzeigen drucken und verschickte sie an Verwandte und Bekannte.

Alle fünf bis sechs Monate versuchten wir, uns auf irgendeine Art zu treffen. Die einzige Möglichkeit bestand zunächst nur darin, »schwarz über die grüne Grenze« zu gehen und sich dabei nicht schnappen zu lassen, um nicht eingesperrt oder von den Grenzstreifen misshandelt zu werden. Passierscheine, um die Demarkationslinie legal überqueren zu können, gab es von den Besatzungsbehörden nur unter ganz bestimmten Voraussetzungen.

Edith passierte die »grüne Grenze« auch mit Freundinnen zusammen, die bereits verheiratet waren und deren Männer im Westen auftauchten. Übernachtet haben sie irgendwo in Scheunen auf Strohlagern, die hilfreiche Grenzbewohner den Grenzgängern zur Verfügung stellten.

Mir wurde erzählt, dass die Mutter, die Edith nach einem gelungenen Grenzübergang bei den Zieses abgeholte, mit ihrer schönen Stimme laut das Lied: »Nun danket alle Gott, ...« anstimmte.

Bei einer der illegalen Grenzpassagen wurde Edith von sowjetischen Grenzsoldaten festgenommen und musste, wie sie mir später erzählte, um ihre Jungfräulichkeit besorgt sein. Durch ihre Hinweise auf das Offiziersquartier bei ihrer Tante und das Versprechen, dass sie als Grenzsoldaten bei ihrem Vater frei Benzin tanken könnten, durfte Edith die Grenze ohne Behinderungen passieren. Benzin war auch bei den Besatzungssoldaten sehr begehrt.

Meine Studentenzeit

Ich bemühte mich intensiv darum, mein Studium fortsetzen zu können. Leider waren die Hochschulen und Universitäten größtenteils durch Bomben im Kriege zerstört worden. Ich hatte mich bereits wieder im September 1943 an der Technischen Hochschule Hannover fernimmatrikuliern lassen. Ich hoffte, falls meine Abteilung beim OKH aufgelöst werden sollte, wegen meiner mangelnden Feldverwendungsfähigkeit vorzeitig aus dem Militärdienst entlassen zu werden.

Wegen starker Zerstörungen der Gebäude der TH Hannover und des übermäßig starken Andranges von Studenten konnte ich mein zweites Studien-Semester dort nicht beginnen. Gleiche Probleme gab es leider auch an anderen Hochschulen.

Bei einem Besuch der Technischen Hochschule in Braunschweig stellte ich fest, dass dort die Zerstörungen noch größer waren als in Hannover. Man bot mir im Sekretariat allerdings an, mich drei Monate an Aufräumungsarbeiten zu beteiligen, mit der Zusage einer Immatrikulation für das Sommersemster 1946.

Ich meldete mich Ende Januar 1946 bei der die Aufräumungsarbeiten durchführenden Firma Beton & Monierbau AG in Braunschweig an, bekam eine Schaufel in die Hand gedrückt und konnte sofort mit der Arbeit beginnen. Vom Wohnungsamt erhielt ich ein Zimmer bei einer älteren Dame in der Glismaroder Straße zugewiesen. Nach dem Erhalt von Lebensmittelkarten und der Benachrichtigung an meine Eltern, mir möglichst bald ein zusätzliches Lebensmittelpaket zu senden, sah ich jetzt endlich mein Berufsziel vor mir.

Die Zeit verging schnell. Von Braunschweig aus gab es bald einen regelmäßigen Zugverkehr nach Uelzen, so dass ich nach Hause fahren konnte. Hierfür deponierte ich in Uelzen bei Bekannten ein Fahrrad.

Am 15. Mai 1946 wurde ich im Studienfach Bauingenieurwesen immatrikuliert. Immer wissensdurstig, belegte ich außerhalb meines Ingenieurstudiums noch Vorlesungen in Wetterkunde. Damit war dem »Studium Generale«, das bereits seit Jahren allgemein propagiert wurde, Genüge getan. Durch eine breitere Bildung sollte eine Einseitigkeit im Studium verhindert werden.

Im August 1946 besuchte mich meine Verlobte in Braunschweig, und ich wagte es auch, trotz des beschwerlichen Weges Haldensleben zu besuchen. Um einen günstigen Zeitpunkt für den Grenzübertritt zu erreichen, übernachteten wir vor der Grenze in einer Gastwirtschaft. Diese bot in einem kleinen Saal etwa 15 mit Strohmatten ausgestattete, zweietagige Holzbetten an. Der Raum war voll belegt.

Alle hatten das gleiche Ziel: Illegaler Grenzübertritt – manch einer ist aber auch dabei »verlorengegangen!«

Mein erster Besuch klappte prima, auch meine Rückreise, die ich jedoch mit einer Freundin von Edith unternahm, deren Mann ebenfalls im Westen wohnte. Man verabredete sich zweckmäßigerweise für derartige Unternehmungen zu mehreren, da es alleine gefährlich sein konnte.

Am Ende des Semesters fand unerwartet eine kleine Prüfung über einige Fragen aus der Mechanik (Vorlesungspflichtfach) statt. Mir wurde während der Prüfung eröffnet, dass man festgestellt habe, ich sei HJ-Führer gewesen. Unter diesen Umständen verlange die Militärregierung eine Exmatrikulation. Da ich vom Lande stamme, sei es für mich sicher nicht schwierig, dort meinen Lebensunterhalt zu verdienen. Mich traf diese Mitteilung wie ein Schlag!

Die Überlegung meinerseits war, ob diese Exmatrikulation bereits schon im Zusammenhang mit dem Morgenthau-Plan, entworfen 1944 von dem Berater Roosevelts, stehen könnte, der die Reduzierung Deutschlands auf den Status eines Agrarlandes und der Internationalisierung des Ruhrgebiets u.a. vorsah. Er bewirkte 1946/47 auch die Demontagen entsprechender Industrie-Anlagen. Der Plan wurde aber wegen der starken öffentlichen Kritik wieder zurückgenommen.

Die Exmatrikulation fand am 6. September 1946 statt. Ich fuhr sofort zu meinen Eltern. Wir beratschlagten und suchten nach Lösungen.

Diese Methode der Exmatrikulation gab es an allen Hochschulen und Universitäten in der britisch besetzten Zone. Selbst bei Jungmädelführerinnen der unteren Grade wurden an der Hamburger Universität die Exmatrikulationen ausgesprochen.

Nach einer strapaziösen Tages- und Nachtfahrt und dem »schwarz« Überschreiten der Demarkationslinie zur sowjetisch besetzten Zone kam ich müde und abgehetzt in Dresden an. Nach einer Übernachtung im Wartesaal des zerstörten Bahnhofs erhielt ich am nächsten Morgen im Sekretariat der Technischen Hochschule eine Absage, obwohl meine Vor-Informationen erfolgsversprechend schienen. Umgehend unternahm ich einige Tage später eine Reise zu der Technischen Hochschule in Darmstadt – ebenfalls ohne Erfolg.

Würzburg gehörte zu den am stärksten zerstörten Städten Deutschlands. Ich ließ mir sagen, man könne dort an der Universität wegen der schwierigen Unterbringungsmöglichkeiten kaum ein Studium beginnen. Ich wollte aber unbedingt mein Studium im dritten Semester fortsetzen und entschloss mich, da alle Technischen Hochschulen (auch München) keine Kapazitäten frei hatten, mein Studium an dieser Universität fortzusetzen.

Am letzten Tag der Einschreibungsfrist, es war ein Sonnabend, meldete ich mich um 11:30 Uhr im Sekretariat der Universität Würzburg und wurde sofort für ein Physikstudium immatrikuliert. Am 10. Oktober 1946 ließ ich mich für die Naturwissenschaftliche Fakultät einschreiben.

Ein Zimmer erhielt ich bei einem Bauern in Hettstadt, etwa acht bis zehn Kilometer von Würzburg entfernt. Wir mussten jeden Tag mit dem Bus nach Würzburg fahren. In dem Bauerndorf wohnte noch ein Student bei mir im Hause und sieben weitere Studentinnen, die in einem Nonnenkloster untergebracht waren. Alle studierten Medizin.

Ich hatte das Ziel, Ingenieur zu werden, nicht aufgegeben und besuchte auch Vorlesungen, die ich später benötigen würde. Ich belegte unter anderem Volkswirtschaftslehre und Geologie. Ferner besuchte ich in meiner freien Zeit medizinische Vorlesungen, zusammen mit meinen Kommilitonen und Kommilitoninnen aus Hettstadt.

Fasziniert hat mich, als uns Professor Kuhlenkampff während einer Vorlesung über Strahlenphysik berichtete, dass in dem gleichen Vorlesungsraum der Physiker Röntgen 1895 seine Entdeckung der X-Strahlen (Röntgen-Strahlen) vorgeführt und deren Eigenschaften erläutert hatte.

An Sonntagen besuchten mein Mitbewohner und ich – beide evangelisch – oft die Messe in der katholischen Kirche und saßen oben neben der Orgel. Die Orgelspielerin war ein attraktives Mädchen in unserem Alter.

Nach einem Messebesuch bekamen wir bei unserem katholischen Bauern stets ein besonders gutes Mittagessen. Das war für uns wichtig; wochentags erhielten wir in der Stadt für die Lebensmittelmarken ein miserabel schlechtes Essen, meistens Steckrübensuppe oder entsprechendes Steckrübengemüse mit Andeutungen von Fleisch – und das täglich.

Zum Nikolaustag veranstaltete der Pfarrer der Kirchengemeinde abends eine Feier, zu der alle Jugendlichen der Gemeinde eingeladen waren, selbstverständlich auch die dort einquartierten Studenten.

Da ich mit dem Pfarrer Kontakt hatte, bat er mich, den Nikolaus zu spielen. Ich wurde ausgestattet mit einem großen Sack, angefüllt mit den zu verteilenden kleinen Geschenken und selbstverständlich auch mit einer Rute.

Im Detail bekam ich noch »Anweisungen«, wie ich vor allem den Studentinnen aus dem Nonnenkloster gegenübertreten sollte. Sie waren teilweise mit der Rute »zu behandeln«, da einige nachts, zum Schrecken der Nonnen, durch die Toilettenfenster eingestiegen waren.

Im Kloster herrschten bezüglich der Ausgehzeiten strenge Regeln, so dass einige Studentinnen, um die abgeschlossenen Eingangstüren zu umgehen, vorher die Toilettenfenster entriegelten. Dafür sollten diese Studentinnen vom Nikolaus gezüchtigt werden. Es wurde ein vergnüglicher Abend.

Über Weihnachten fuhr ich nach Göddenstedt zu meinen Eltern. Es verkehrten seit einiger Zeit regelmäßig durchgehende Züge nach Hamburg über Uelzen. Ich versuchte drei Tage vor Heiligabend die Fahrt nach Norden anzutreten. Der von mir ausgewählte Zug kam bereits vollbesetzt auf dem Bahnhof in Würzburg an.

Ich zwängte mich mit meinem Koffer noch auf eine Plattform draußen zwischen zwei Personenwagen und war froh, einen Stehplatz ergattert zu haben, obgleich ich hier während der Fahrt großer Kälte und starkem Zug ausgesetzt war. Die Züge waren in den Jahren 1946 und 1947 so eng besetzt, dass keiner die Toiletten benutzen konnte.

Am nächsten Mittag kam ich durchgefroren in Uelzen an. Ich hielt Ausschau nach einem Fahrzeug, das in die Gegend von Rosche fuhr.

Da es vielen Menschen so erging wie mir, hatte sich mancher vorher eine Fahrmöglichkeit bestellt, oder andere waren nach Uelzen gekommen, um Besorgungen zu erledigen. Ich hatte Glück, mitgenommen zu werden, und war nach einem nur kurzen Fußweg abends zu Hause, zur Überraschung meiner Eltern, die mich erst am nächsten Tag erwarteten.

Es war ein schönes, friedliches Weihnachtsfest mit meinen Eltern und meinem Großvater.

Nachdem ich zu Hause Silvester verbracht hatte, begann das neue Jahr 1947 in aller Stille. Mit meiner Edith gab es nur Briefkontakt. Ein normaler Personenverkehr mit der sowjetischen Besatzungszone existierte nicht und das Schwarz-über-die-Grenze-gehen war im Winter zu beschwerlich und weiterhin gefährlich.

Die Rückfahrt nach Würzburg mit der Bahn war problemlos. Im Reisegepäck befand sich natürlich viel Proviant. Er diente nicht nur als Wegzehrung, sondern als Versorgung mit Lebensmitteln für die nächsten Wochen und Monate.

Die Landwirte auf den Dörfern waren Selbstversorger und nicht abhängig von irgendwelchen rationierten Lebensmittelzuteilungen. Manch einer in der Stadt, der keine Beziehungen zum Lande oder Tauschmöglichkeiten hatte, lernte in dieser Zeit das Hungern und auch das Frieren.

Eines Tages meldete sich eine Familie Hauschild aus Hamburg bei meiner Mutter. Seit Jahrzehnten hatten meine Eltern keinen Kontakt mehr mit der Familie. Frau Hauschild war eine entfernte Verwandte meiner Mutter. Sie brachte einen Bisam-Pelzmantel mit, den sie unbedingt gegen Lebensmittel eintauschen wollte. Es ging der Familie in Hamburg ernährungsmäßig sehr schlecht.

Meine Eltern versorgten die Familie über eine gewisse Zeit mit zusätzlichen Lebensmitteln. Den Pelzmantel hatte meine Mutter für ihre zukünftige Schwiegertochter Edith sichergestellt. Sie ließ sich den Mantel später passend machen und eines Tages in eine Jacke umarbeiten.

Inzwischen konnte man bereits auch überregionale Zeitungen erwerben. In einer Zeitung in Würzburg las ich erschütternde Berichte über das Elend der aus den deutschen Ost-Gebieten vertriebenen Deutschen östlich einer festgelegten Demarkationslinie. Es war praktisch die Umsetzung der Benesch-Dekrete, die Benesch 1938 in London publiziert hatte und die auf den Konferenzen von Teheran im November 1943 und Jalta von den Alliierten beschlossen worden waren. Der Vorschlag der Westverschiebung Polens wurde in Teheran von Stalin unterbreitet und fand von den anderen Konferenzteilnehmern zögernd eine Zustimmung.

Teilweise wurden diese Menschen in geschlossenen Transporten in Güterwagen in den Westen gebracht.

Besonders erschütterten mich Anfang 1947 Berichte in einer bayerischen Zeitung über Mütter, die in diesem Winter ihre Kinder in vereisten Güterwagen zur Welt bringen mussten, ohne einen entsprechenden Schutz zu haben und mit dem Neugeborenen an dem vereisten Fußboden festgefroren waren – ich möchte lieber schweigen von dem, vorüber weiter berichtet wurde.

Insgesamt wurden etwa 16,5 Millionen Deutsche im Osten von Haus und Hof aus ihrer Heimat, mit etwa drei Millionen Toten auf den Fluchtwegen, vertrieben.

In Polen besiedelte man die entvölkerten Landstriche neu durch Zwangsumsiedlungen aus den östlichen polnischen Gebieten, die später an die Sowjetunion fielen.

Nach der Vertreibung der Deutschen war man in Polen »froh«, dass man endlich die über »700-jährige Besatzung« abgeschüttelt hatte.

Vae victis! Wehe den Besiegten! Dieser Ausspruch des gallischen Heerführers Brennus, der um 390 v. Chr. Rom erobert hatte, gilt auch heute noch.

Meinen Eltern wurde 1947 eine Vertriebenen-Familie zugewiesen, sie mussten in ihrem Haus ein Ehepaar mit einer Tochter unterbringen. Herr Jäckel war in Hirschberg (Schlesien) als Postbeamter tätig gewesen. Unsere »Gute Stube« und mein Schlafzimmer wurden ihre Wohnung. Da dieser Zustand keinen vorübergehenden Charakter hatte, baute mein Vater dieser Familie später noch eine kleine Küche mit Waschgelegenheiten an in einem Raum, der früher als Kälberstall gedient hatte.

Besuchte ich meine Eltern in den Semesterferien, musste ich auf dem Sofa im Wohnzimmer schlafen, oder ich stellte ein zusätzliches Behelfsbett im Schlafzimmer meines Großvaters auf. Wenn ich meine Edith mitbrachte, nutzten wir beide Möglichkeiten aus.

Mit dem alliierten Kontrollratsgesetz Nr. 46 vom 25. Februar 1947 wurde das Land Preußen staatsrechtlich beseitigt. Leider sind damit auch die preußischen Tugenden und die preußische Moral ins Abseits geraten.

Die englische Besatzung freute sich wahrscheinlich darüber, da Preußen sich 1866 das Königreich Hannover, das gegen Preußen kämpfte, einverleibt hatte, zu einer Zeit als der Herzog von Cumberland Georg V. in Hannover regierte.

Ich bemühte mich von Würzburg aus laufend, an irgendeiner Technischen Hochschule doch noch einen Studienplatz zu bekommen und bewarb mich weiterhin für das mittlerweile 4. Semester.

Eines Tages erhielt ich überraschend eine positive Nachricht von der Technischen Universität in Berlin.

Nach Semesterschluss ließ ich mir von der US-Militärregierung, Land Bayern, einen sogenannten einfachen Rundreise-Interzonen-Pass (Nr. 319 vom 21. April 1947) ausstellen, um ohne Behinderungen, offiziell mit dem Zug und meinem Gepäck, nach Berlin zur Aufnahme des Studiums alle Demarkationslinien der Besatzungsmächte passieren zu können.

Es erfolgte unmittelbar die Einschreibung an der Technischen Universität in Charlottenburg. Da ich Edith sofort per Telefon von meiner Fahrt nach Berlin informiert hatte, trafen wir uns dort bei ihrer verwitweten Tante Änne, die in Berlin-Steglitz in der Schloßstraße eine sehr schöne Wohnung in einem Mehrfamilienhaus im ersten Obergeschoss besaß. Während der Zeit meiner Zimmersuche konnte ich hier einige Tage wohnen. Am nächsten Tag aber hatte ich dabei schon Erfolg, so dass ich meinen Eltern eine entsprechende Nachricht zukommen lassen konnte. Die Vorlesungen sollten demnächst beginnen.

Mitte Mai erhielt ich ein Telegramm von meinen Eltern, dass mit einem Schreiben vom 12. Mai auch eine Zulassung zum Studium an der Technischen Hochschule in Aachen bei ihnen eingetroffen sei.

Ich überlegte mit meiner Verlobten Edith mehrere Tage, wie ich mich nun entscheiden sollte. Die Stadt Berlin war durch Bombenangriffe und Kämpfe bei der Eroberung durch die Sowjets in einen verheerenden Zustand versetzt worden. Seit knapp zwei Jahren waren auch die westlichen Alliierten als bisherige Kriegsgegner anwesend, von den Sowjets aber sozusagen nur geduldet. Man hatte damals in Berlin ein ungutes Gefühl.

Obwohl es für Edith von Haldensleben aus wenig aufwändig war, mich während des Studiums in Berlin laufend besuchen zu können, entschloss ich mich nach reiflicher Überlegung, die Zulassung zum Studium in Aachen anzunehmen.

Besuche von Edith waren jedoch sehr erschwert. Ich setzte mich umgehend in den Zug und konnte, dank meines Rundreise-Interzonen-Passes, völlig unbehindert mit jedem Verkehrsmittel durch alle besetzten Zonen Deutschlands reisen.

Termingerecht ließ ich mich im Mai 1947 in Aachen an der Technischen Hochschule zum vierten Studiensemester immatrikulieren und nahm dort mein Studium im Bauingenieurwesen wieder auf.

Ich hatte Glück und bekam sofort ein Zimmer bei einem älteren Ehepaar in der Trierer Straße 369, unweit des Bahnhofes Rote Erde, mit Straßenbahnanschluss in die Stadt und zur Hochschule. Dieses Ehepaar hatte zwei Söhne im Krieg verloren. Der Kleiderschrank in meinem Zimmer war noch voll von der Garderobe der Kinder, so dass für mich wenig Platz übrig blieb.

Mein Vorlesungsverzeichnis war übermäßig mit Vorlesungen angefüllt. Ich hatte noch Fachgebiete nachzuholen, die auf der Uni in Würzburg nicht gelehrt wurden. Da ich aber unbedingt nach dem 4. Semester, wie es normal war, das Vor-Diplom als Ingenieur ablegen wollte, gab es für mich sehr viel Arbeit.

Im 4. Semester Bauingenieurwesen erfolgten außer meiner nur noch zwei weitere Zulassungen zum Studium. Wir drei lernten uns bald kennen und blieben bis zum Ende des Studiums befreundet. Fritz Pilgram und Auwi Bongard waren bereits verheiratet und wohnten in Köln und Leverkusen.

Wegen der mehrmaligen Unterbrechung meines Ingenieurstudiums war es für mich harte Arbeit, den Anschluss zu finden, um termingerecht nach dem 4. Semester die Vor-Diplom-Prüfung ablegen zu können.

So war der Ablauf: 1. Semester Ende 1940 als Trimester in Hannover, das ich vorzeitig wegen der Einberufung abbrechen musste, das 2. Semester Frühjahr 1946 in Braunschweig beendete ich mit einer zwangsweisen Exmatrikulation, das 3. Semester Physik-Studium 1946/47 absolvierte ich in Würzburg und das 4. Semester begann 1947 in Aachen.

Für die Prüfungsvorbereitungen arbeitete ich Tag und Nacht. Edith und ich waren uns darüber einig, nach dem bestandenen Vorexamen zu heiraten. Meine Eltern und meine zukünftigen Schwiegereltern stimmten dem zu.

Da damals dieses Vordiplom in Verbindung mit einer erforderlichen halbjährigen praktischen Tätigkeit in der Industrie damals dem Fachschulabschluss gleichgestellt war, ergab sich beruflich auch die Möglichkeit, vorzeitig eine Tätigkeit aufzunehmen, soweit man zu dieser Zeit überhaupt die Aussicht hatte, einen Arbeitsplatz zu erhalten.

Die Zukunft im Allgemeinen schien sehr unsicher. Es stand im Raum, ob meine Eltern überhaupt in der Lage sein würden, mein Studium finanzieren zu können. Eine Unterstützung von seiten der Eltern meiner Verlobten war für die nächsten Jahre wegen der Grenzziehung so gut wie ausgeschlossen.

Dennoch gingen wir davon aus, dass unsere Zukunft bezüglich der Finanzierung her als gesichert angesehen werden konnte, soweit meine Eltern in der Lage waren, auch weiterhin eine Intensivlandwirtschaft, einschließlich des Gemüseanbaues betreiben zu können.

Neben den Vorlesungen an der Hochschule bereitete ich mich intensiv auf meine Prüfungen vor. Interessant für mich war unter anderem, dass ich bei den Vorbereitungen zur Mathematikprüfung das zu begreifen lernte, was für mich bisher fast unmöglich erschienen war. Es handelte sich zum Beispiel um die Differenzial- und Integralrechnung, die in der Schule nur sehr kurz gestreift wurde, ohne Klassenarbeiten zu schreiben.

Bei den Vorlesungen in Mathematik im 1. Semester 1940 in Hannover begriff ich, wegen der Art und Weise, wie Professor Schneider die Vorlesungen aufbaute, fast nichts. Trotz der achtjährigen Untätigkeit auf diesem Gebiet wegen meines Kriegseinsatzes konnte ich durch intensives Lernen alle Schwierigkeiten in kurzer Zeit meistern.

Edith, die als chemische Laborantin ausgebildet worden war, arbeitete während der Zuckerrüben-Kampagne im Herbst 1946 und 1947 in der Zuckerfabrik Eilsleben. Von Haldensleben aus war Eilsleben mit dem Zug gut zu erreichen.

Sie erhielt ihre Ausbildung als Laborantin 1940 bis 1941 in Magdeburg und war bis Anfang Februar 1945 mit analytischen Arbeiten im Nahrungsmittel-Untersuchungslabor Dr. Wendel / Dr. Weber beschäftigt. Das Labor wurde bei dem großen Luftangriff der Alliierten auf Magdeburg im Februar 1945, dem Edith von der Dachluke aus zugesehen hatte, zerstört.

Zu dieser Zeit besaß die Reichsmark keinen großen Kaufwert; die Mitarbeiter in der Zuckerfabrik teilweise mit Zucker als Deputat entlohnt.

Durch Ediths Berliner Tante Änne Schweer und ihre Tochter Ursel bot es sich an, den überschüssigen Zucker dort auf dem Schwarzen Markt zu verkaufen oder verkaufen zu lassen. Der Lebensmittelmangel und die damit verbundene Not unter der Bevölkerung war auch in Berlin besonders groß. Edith nutzte diese Gelegenheit aus und brachte ihre Depütat-Ware mit der Bahn zu ihren Verwandten nach Berlin.

Im Herbst 1947 heiratete ihre Cousine Ursel Schweer den Kaufmann Victor Remacle, der belgischer Staatsbürger und Witwer war. An der Hochzeit, zu der ich mit meiner Edith eingeladen war, nahmen etwa acht Personen und die beiden kleinen Zwillinge des Bräutigams, Leoni und Diddi, teil. Die größere Schwester der Kinder, Anita, war nicht anwesend.

Aus der allgemeinen Situation gesehen, nehme ich an, dass die kleine, aber zu der Zeit üppige Hochzeit mit Hilfe der Zuckerverkäufe auf dem Schwarzen Markt finanziert wurde. Gesprochen wurde nie darüber.

*

Während des Wintersemesters 1947/48 legte ich, neben dem Studium im 5. Semester, meine 13 Prüfungen zum Vor-Diplom ab.

Eines Tages stand ich im strömenden Regen in Aachen an einer Straßenbahnhaltestelle und wartete auf die nächste Bahn. Ein junges Mädchen mit Schirm erbarmte sich meiner. Ich durfte unter ihrem Schirm gegen den Regen Schutz suchen. Wir kamen ins Gespräch und trafen uns anschließend häufiger.

Nachdem die örtlichen britischen Militärverwaltungen die vielen Einschränkungen, die der Zivilbevölkerung auferlegt waren, lockerte, plante die Fakultät Bauwesen der Technischen Hochschule eine Karnevalsveranstaltung in einem dafür vorgesehenen Festsaal. Jeder Student sollte möglichst nicht ohne weibliche Begleitung erscheinen. Ich stand vor einem großen Problem. Ohne eine entsprechende behördliche Genehmigung war es Edith nicht möglich, für ein paar Tage aus der sowjetisch besetzten Zone nach Aachen zu kommen. Außerdem gab es Probleme mit der Unterkunft.

Ich durfte, mit Erlaubnis meiner Edith, das Karnevalsfest mit meiner Bekannten, Mechthild Sommer, verbringen, die ich dazu einlud. Sie sagte zu, obwohl sie wusste, dass ich verlobt war. Die Eltern erwarteten natürlich, mich zunächst bei ihnen vorzustellen, was auch geschah. Der Vater war Oberstudiendirektor und leitete in Aachen ein Gymnasium. Mechthild und ich haben uns auf dem Karnevalsfest gut amüsiert. Anschließend wurde ich mehrmals zu ihren Eltern sonntags zum Nachmittagskaffee eingeladen. Aus den Gesprächen ergab sich, dass die Familie mit den Lebensmittelzuteilungen nicht den gewohnten Lebensstil führen konnte.

Die Lebensmittelkarten ließen hierfür keinen Spielraum, und Produkte auf dem schwarzen Markt waren für sie unbezahlbar.

Da ich laufend Lebensmittelpakete von zu Hause erhielt, zweigte ich zwischendurch davon etwas für Mechthilds Familie ab. Man schenkte mir dafür einen alten elektrischen Heizstrahler für mein Studentenzimmer und den Druck eines Bildes des Malers Monet.

Mit Datum vom 5. Mai 1948 erhielt ich mein Diplomvorprüfungs-Zeugnis mit dem Ergebnis »gut«, auch in Mathematik. Alle Prüfungsfächer klappten auf Anhieb. Meine beiden Freunde mussten einige Prüfungen wiederholen.

Da die Prüfungsergebnisse vorher bekannt waren, liefen die Vorbereitungen für unsere Hochzeit schon auf Hochtouren.

Weil ich evangelischen Glaubens und Edith katholisch war und wir uns auf ihren Wunsch in ihrer heimatlichen Kirche trauen lassen wollten, musste ich bei dem örtlichen Pfarrer, den ich schon kannte, eine Eheprüfung ablegen.

Er begann in Ediths Gegenwart das Gespräch mit der Feststellung, dass ich als Protestant den falschen Glauben habe. Er versuchte, das zu erklären. Ich stellte dazu die Frage: Wer hat dann den wirklich richtigen christlichen Glauben, die römisch-katholische Kirche oder die orthodoxe Ostkirche, nachdem sich beide Kirchen im Jahre 1054 getrennt haben?

Auf diese Frage war der Pfarrer anscheinend nicht vorbereitet. Er gab mir die Hand und sagte etwa: Sie haben Ihre Eheprüfung bestanden. Anschließend unterhielten wir uns über Tagesthemen und unsere Hochzeit. Meine frühere Beschäftigung mit der Religion ist mir hier sehr zugute gekommen.

Am 15. Mai 1948 schlossen Edith und ich auf dem Standesamt in Haldensleben die Ehe. Wir wurden in der katholischen Kirche in Alt-Haldensleben getraut. Es gab für meine Eltern Schwierigkeiten, nach Haldensleben anzureisen. Sie benötigten entsprechende Einreisegenehmigungen der örtlichen Behörden in Haldensleben. Wegen der schwierigen Versorgungslage für das Hochzeitsmahl brachten meine Eltern in ihrem Reisegepäck auch Lebensmittel aus den häuslichen Schlachtungen mit.

Lebensmittel waren auch in Haldensleben sehr knapp und rationiert. Aufgrund von Erläuterungen und Begründungen durften meine Eltern diese mit nach Haldensleben bringen.

Aus reiner Schikane musste sich meine Mutter für weitere Kontrollen vor einer Volkspolizistin total entkleiden. Man vermutete bei ihr anscheinend auch noch Wertsachen, die nicht eingeführt werden durften oder von meiner Mutter nicht deklariert worden waren. Sie hat diese Diskriminierung nie vergessen.

Die Hochzeit wurde vorwiegend im Verwandtenkreis der Familien Stalla/Ziese und Menge/Lagemann und der Nachbarschaft mit 27 Gästen im Gasthaus Bierschenk gefeiert. Es waren die beiden Brüder meiner Schwiegermutter Agnes mit ihren Familien anwesend, die beide als Volksschullehrer in der näheren oder weiteren Umgebung ihren Beruf ausübten.

Fritz Ziese, der an einer katholischen Schule in Egeln unterrichtete, war mit seiner Frau Clara gekommen. Der Sohn Werner befand sich noch in sowjetischer Kriegsgefangenenschaft und wurde erst einen Monat später entlassen.

Der Bruder Karl mit Ehefrau Hedwig und Tochter Bärbel kamen aus Barneberg, unmittelbar an der Zonengrenze zum Westen hin gelegen. Diese Familie kannte ich bereits, da Barneberg stets Anlaufpunkt war, wenn Edith und ich uns treffen oder beide gemeinsam die Demarkationslinie »schwarz« überqueren wollten.

Mehr als zehnmal hatten wir beide oder einer von uns in der Zeit von Ende 1945 bis 1947/48, die Familie Ziese deswegen aufgesucht. Oft mussten wir zwei bis drei Tage hier warten und übernachten, bis es mit dem Grenzübertritt endlich klappte. Inzwischen waren auch Grenzführer aktiv geworden, die zur Risikovermeidung alle Möglichkeiten auskundschafteten. Mir ist noch der Name Wittmann in Erinnerung.

Die Cousine Bärbel war acht Jahre jünger als meine Frau und die Berlinerin Ursel zehn Jahre älter; der Cousin Werner hatte etwa mein Alter.

Ediths Cousine Ursel mit ihrer Mutter und den Stieftöchtern Leoni und Diddi, die als Blumenkinder vor uns zum Traualtar gingen, reisten zur Hochzeit aus Berlin an. Nicht anwesend war jedoch der Vater der Kinder, Victor Remacle.

Auch die Familien der Cousine meiner Schwiegermutter, die Familie Menge und Lagemann aus Berlin, Freunde aus der Nachbarschaft, wie die Familien Luthe und Schumachers und Edith Bolms nahmen teil.

Die Hochzeitsreise führte uns am nächsten Tag nach Schierke im Harz in das Hotel Heinrich Heine. Hier verkehrten damals nur hohe Funktionäre der SED und Angehörige der »technischen und wissenschaftlichen Intelligenz«. Wie mein Schwiegervater zu diesen Funktionärs-Kontakten und dem Geschenk für uns gekommen ist, blieb mir stets ein Rätsel.

Nach der Hochzeit begann für mich in Aachen wieder das Studium des laufenden Semesters. Nach wenigen Wochen folgte mir meine Frau nach

Aachen. Da ich in meinem Zimmer ein französisches Bett besaß, konnte Edith, mit Erlaubnis meiner Wirtsleute, bei mir übernachten. Sie bemühte sich intensiv, um für uns eine Wohnung in dem ausgebombten Aachen zu beschaffen, und ich war bestrebt, mein Studium möglichst fristgemäß abschließen zu können. Eines Tages traf sie in der Nähe der Technischen Hochschule auf ein Grundstück mit einem ausgebombten Haus, das wieder instandgesetzt werden sollte. Sie nahm den Kontakt zu dem Eigentümer auf. In einem gemeinsamen Gespräch ergab sich, dass der Eigentümer, Herr Albeck, die Wohnung im ersten Stock für sich selbst wieder herrichten wollte. Für das Erdgeschoss suchte er jemanden, der es auf eigene Kosten ausbauen würde, um dann einige Zeit mit einer geringen Miete dort wohnen zu können.

Das Haus, das der Familie Albeck gehört, lag in der Königstraße 34. Wir fassten zu!

Die Wohnung besaß mit etwa 40 Quadratmetern Wohnfläche zwei Räume mit je zwei Fenstern zur Straße und zum Hinterhof. Die Toilette befand sich im Treppenhaus.

Wir verpflichteten uns, diese beiden Räume bewohnbar auszubauen. Dazu war zunächst erforderlich, die verkohlten Fußböden herauszureißen und neue Fußböden zu legen, die Wände zu tapezieren und die Türen zu streichen.

Alle Arbeiten konnte im Einzelnen jederzeit mit dem Eigentümer abgesprochen und geregelt werden. Er selbst hatte mit der Wiederherstellung seiner Wohnung in der ersten Etage bereits begonnen.

In Göddenstedt besprachen wir die Finanzierung mit meinen Eltern. Neben der Zimmermiete in Aachen von 25,00 Reichsmark pro Monat und dem Lebensunterhalt waren außer der erforderlichen Studienliteratur auch die Semesterkosten sowie die Vorlesungsgebühren von etwa 180,00 Reichsmark einzuplanen. Gemeinsam fanden wir entsprechende Lösungen.

Im Sommersemester 1948 war ich überbesetzt mit Vorlesungen. Meine Frau organisierte mit Hilfe des Hauseigentümers die Beschaffung der Fußbodenbretter und Farbe für die Malerarbeiten. Als Zahlungsmittel dienten teilweise Lebensmittel, die uns meine Eltern durch entsprechende Paketsendungen zur Verfügung stellten.

Die Fußbodenbretter wurden aus waldfrischem Holz geschnitten und mussten in Spezialanlagen getrocknet werden. Über unseren Hauseigentümer knüpften wir Kontakte zu den Talbot-Werken in Aachen, die im Bau von Eisenbahnwagen sehr bekannt waren. Die geschnittenen Bretter wurden dort angeliefert und sollten zum Verlegen innerhalb von 14 Tagen gebrauchsfähig getrocknet sein und in der Königstraße angeliefert werden.

Inzwischen organisierte Edith die Anschlüsse für den Strom zum Aufstellen eines Herdes und den Wasseranschluss für das Waschbecken und vieles mehr.

Am 20. Juni 1948 kam der Schlag – die Währungsreform!

Die Reichsmark wurde als Zahlungsmittel außer Kraft gesetzt und die zurückgestaute Inflation beendet. Jede private Person erhielt durch Umtausch ein Kopfgeld von 60 Deutschen Mark (DM) in zwei Raten (40,00 DM und 20,00 DM). An diesem Tag waren alle Deutsche gleich arm.

Sofort sah man in den Geschäften und Läden alle Waren, von denen die Menschen bisher nur hatten träumen konnten. Es gab fast nichts, das man nicht hätte kaufen können.

Mein Studium finanzierte ich mit Hilfe eines Postsparbuches. Von diesem Geld konnten wir eine Zeit lang leben. Das Guthaben wurde zwar 10 zu 1 abgewertet, stand aber zu 50% sofort zur Verfügung. Jetzt waren schon wieder nicht mehr alle Menschen in Deutschland gleich arm!

Im Briefwechsel mit meinen Eltern – ein Telefon besaßen sie noch nicht – wurde alles weitere abgeklärt. Meine Eltern verkauften über die Erzeugergenossenschaft in Rosche, bei der mein Vater Mitglied war, zunächst Schweine, dann Gemüse und Frühkartoffeln. Ferner verkaufte mein Vater mein Motorrad für 500,00 DM an einen jungen Mann in Göddenstedt, der ab 1. Juli sein Gehalt in der neuen DM-Währung erhalten hatte. 1937 hatte das Motorrad 540 RM gekostet.

Auf diese Weise konnten wir den Wohnungsausbau finanzieren und ich mein Studium fortsetzen.

Das Trocknen der Fußbodenbretter bei Talbot musste bereits in der neuen Währung bezahlt werden und verzögerte sich aus den vorgegebenen Gründen um etwa drei Wochen.

Den Ausbau unserer Wohnung führten wir selbst durch, denn für anfallende Löhne war finanziell kein Spielraum. Die Arbeiten wurden mit Hochdruck am Ende des Sommersemesters von meiner Frau und mir begonnen und in den Semesterferien zu Ende geführt.

Mehrere Tage verbrachten Edith und ich damit, den Fußboden fachgerecht zu verlegen. Es war nicht einfach, da die Fußbodenbretter, wie normalerweise üblich, mit Nut und Feder versehen waren. Nach harter Arbeit hatten wir es aber geschafft.

Auf das Tapezieren verzichteten wir. Ich spachtelte die Wände sorgfältig und wir strichen sie in einem beigen Ton.

Nach Beendigung der Arbeiten gab ich mein Zimmer in der Trierer Straße auf, und wir fuhren zur Freude unserer Eltern nach Göddenstedt und Haldensleben.

Meine Schwiegereltern in der SBZ (Sowjetisch besetzte Zone – damals auch Ostzone genannt) informierten wir ebenfalls über unsere Vorhaben in Aachen. Als wir sie in Haldensleben besuchten, erfuhren wir, dass mein Schwiegervater die Anfertigung eines Schlafzimmers in Auftrag gegeben hatte, und es zu gegebener Zeit zu uns nach Aachen befördern lassen wollte.

Ein Transport schwarz über die Zonengrenze schien doch fast unmöglich und eine offizielle Transportgenehmigung illusorisch zu sein. Aber mein Schwiegervater meinte, einen Weg finden zu können.

In der Ostzone galt zu der Zeit noch die alte Reichsmark. Die sowjetisch besetzte Zone beteiligte sich nicht an der Einführung der Deutschen Mark. Theoretisch allerdings wurde dort am 21. Juni 1948 die Währung 1 : 1 umgestellt, das Bargeld und das Bankguthaben aber gleichzeitig im Verhältnis 10 : 1 abgewertet (DM-Ost!). Wir vereinbarten einen möglichen Termin für die Anlieferung des Schlafzimmers und fuhren nach einigen Tagen wieder nach Aachen zurück.

In unserer neuen Wohnung richteten wir uns zunächst mit Stühlen und Liegen sehr einfach ein und warteten ab. Bevor Anfang November das Wintersemester begann, traf auf dem Bahnhof in Aachen unser Schlafzimmer ein, abgesandt vom Bahnhof Helmstedt.

Es war in heller Eiche gefertigt und mit Nussbaum-Türfüllungen und Bettgestellumrandungen ausgestattet. Die Freude war groß, als wir das Schlafzimmer in unserer selbst ausgebauten Wohnung aufgestellt hatten.

Darüber, wie dieser schnelle Transport ermöglicht wurde, wollte mein Schwiegervater nie sprechen. Auf jeden Fall ging der Transport über Barneberg, wo seine Schwägerin Hedwig wohnte, die einen Kolonialwaren-Laden besaß und sicherlich behilflich sein konnte. Ihr Geschäft bestand schon seit zwei Generationen. Der Lastwagen mit den Möbeln wurde hier in der Nähe zu irgendeinem Zeitpunkt an den Kontrollen vorbei über die Grenze geleitet.

Es gab dort das Fuhrunternehmen Wittmann, das sehr wahrscheinlich auch bei wichtigen Transporten für die sowjetische Armee eingeschaltet wurde. Mein Schwiegervater, der in Alt-Haldensleben eine Tankstelle besaß und über seine alten Geschäftsverbindungen stets dafür sorgte, dass seine Benzin- und Dieselkraftstoff-Lager aufgefüllt waren, verfügte nach der Währungsreform über ein großes Kapital (Wechselkurs 1:1). Der Vermittler für Schlafzimmeraktionen war sicherlich sein Schwager Karl in Barneberg.

Seine Geschäfte machte mein Schwiegervater vorwiegend mit Dieselkraftstoffen, mit dem er teilweise fässerweise die Bauern, Landwirte, Speditionsunternehmen usw. belieferte. Somit konnte er auf diesem Wege entsprechende Kontakte aufbauen. Treibstoff war rationiert und sehr knapp – auch bei den Soldaten der Besatzungsmacht – und somit in jeder Hinsicht ein gutes Zahlungsmittel. Bargeld wurde in solchen Situationen fast als wertlos angesehen. Im Westen gab es bereits die harte Deutsche Mark.

Nachdem das Wintersemester begonnen hatte und wir uns in der Königstraße 34 gut eingelebt hatten, besuchten uns oft meine Kommilitonen. Im achten Semester im Sommer 1949, als die Vorbereitungen für das Hauptdiplom begannen, arbeiteten wir die niedergeschriebenen Vorlesungen oder die Übungsarbeiten bei mir zuhause durch. Unsere Wohnung lag nur etwa 500 Meter von der Technischen Hochschule entfernt.

Meine Frau versuchte weiterhin in ihrem Beruf tätig zu werden. Es bestand jedoch kaum eine Hoffnung. Sie erhielt eines Tages ein Angebot eines Lebensmittel-Labors in Düren, etwa 35 Kilometer von Aachen entfernt. Die täglichen Verkehrsverbindungen waren jedoch so ungünstig, so dass sie das Angebot nicht annahm. Sie konzentrierte sich darauf, eine komplette Familie zu gründen.

Wir trafen uns übers Wochenende mit unseren Freunden in Köln und auch in Leverkusen, die schon vor Jahren ihre Familien gegründet hatten und zu den Vorlesungen tagsüber mit der Bahn nach Aachen fuhren. Beide heirateten als Soldaten während eines Fronturlaubes.

Während der Besuche bei den Freunden mussten wir uns bei Übernachtungen sehr einschränken. Wir schliefen zu viert in einem Ehebett oder auf schmalen Sofas. Damals wurde jeder nicht unbedingt benötigte Raum beschlagnahmt, um den Vertriebenen aus dem Osten oder den Ausgebombten der Großstädte eine Unterkunft zur Verfügung stellen zu können. Es mussten damals etwa 15 Millionen Deutsche, die aus den ehemaligen deutschen Gebieten im Osten, infolge des Völkerhasses der Polen und Tschechen vertrieben oder geflüchtet waren, menschenwürdig untergebracht werden. Fast drei Millionen Deutsche hatten die Strapazen der Flucht, zum

Beispiel aus Ostpreußen, nicht überlebt.

Die Eltern meines Freundes Auwi (August-Wilhelm) besaßen in Leverkusen eine Sägerei. Der Vater meines Freundes Fritz besaß in Köln-Deutz ein Bauunternehmen. Mit ihm führte ich bei den Besuchen immer gute Gespräche. Die Frauen blieben unter sich, und mein Freund kümmerte sich stets intensiv um seine beiden kleinen Kinder.

Der Vater meines Freundes erzählte mir manches über den sogenannten Kölschen Klüngel und vor allem darüber, wie auch die Pfarrer, er nannte sie stets Pastöre, seiner Meinung nach darin verwickelt waren. Er konnte immer sehr interessant berichten.

Während ich bestrebt war, mein Studium schnellstmöglich abzuschließen, ließen sich meine beiden Freunde mehr Zeit. Sie beendeten ihr Studium zwei oder drei Semester später, nachdem ich Aachen schon längst verlassen hatte. Wegen der großen Entfernung bis Hamburg ergaben sich später nur noch telefonische Kontakte. Auwi Bongard ist sehr früh verstorben.

Ein Höhepunkt während meines Studiums in Aachen bildete der Öscher (Aachener) Karneval 1948/49. Wir feierten ihn mit unseren Aachener Kommilitonen und Freunden; die Kölner und Leverkusener feierten in ihrem örtlichen Kreis. Am Höhepunkt des Karnevals, am Rosenmontag, wurde nach dem offiziellen Teil in allen Räumen und Festsälen des Veranstaltungsortes getanzt und geschwoft und keiner fühlte sich an seinen Partner oder seine Partnerin gebunden. Der »schwere« Kopf kam erst am nächsten Tag.

Im April 1949 klingelte eines Tages die Mutter meiner früheren Freundin Mechthild bei uns an der Tür. Ich bat sie herein. Frau Sommer klagte mir ihr Leid und war sehr unglücklich, dass ihre Tochter ihrer Meinung nach seit einiger Zeit an einen unmöglichen Freund geraten sei. Sie bat mich um Rat.

Nach kurzer Überlegung schlugen Edith und ich vor, Mechthild zusammen mit heiratsfähigen Studienfreunden zu unserem einjährigen Hochzeitstag einzuladen.

Ich gehörte inzwischen der Deutschen Burschenschaft »Teutonia« an, die nur unter der Voraussetzung einer nichtschlagenden Verbindung von der Besatzungsmacht als studentische Vereinigung wieder zugelassen worden war.

Am 15. Mai 1949 feierten wir mit meinem Bundesbruder Albrecht Thiele, einem Kommilitonen aus Aachen, und Mechtild unseren ersten

Hochzeitstag – und es hatte zwischen Albrecht und Mechthild »gefunkt«. Sie heirateten und erfreuen sich an zwei im Leben erfolgreichen Kindern.

Später besuchten Edith und ich die Thieles in Aachen. Traude und ich trafen sie im Jahr 1989, anläßlich des 40-jährigen Gedenkens des Studienabschlusses an der Technischen Hochschule in Aachen.

*

Am 23. Juni 1949 vollzog sich das große, lang erwartete Ereignis: Unsere Tochter Martina wurde geboren. Die Entbindung fand im Nonnenkloster St. Paul, am Ende der Königstraße Richtung Innenstadt, statt. Es gab keine Komplikationen, und Edith und ich waren sehr glücklich. Unser Haushalt erweiterte sich auf drei Personen und der Tagesablauf veränderte sich.

Die Wohnung musste neu gestaltet werden und unser Lebensablauf bekam einen anderen Sinn. Meine Frau war jetzt mit der Arbeit im Haus und mit dem Kind voll ausgelastet – wie ich mit den Vorlesungen und den Prüfungsvorbereitungen.

Bei schönem Wetter wurde unsere kleine Martina in den Grünanlagen der Stadt spazieren gefahren. So trafen sich oft junge Mütter, die in der gleichen Situation waren, und freundeten sich an. Edith lernte Frau Le Marié kennen und traf sich fast täglich mit ihr. Beide stammten aus der Ostzone, aus Haldensleben und aus Hettstedt.

Das Wetter in Aachen ist sehr unbeständig, es regnet und nieselt oft, beide jungen Mütter litten darunter. Schon Napoleon soll es festgestellt haben und Aachen als das Nachtgeschirr Europas bezeichnet haben. Herr Le Marié betrieb in Aachen eine Antiquitäten-Handlung. Er war älter als ich. Wir trafen des Öfteren mit dem Ehepaar zusammen.

Meine Diplom-Hauptprüfung mit 14 Prüfungsfächern legte ich im neunten Semester ab und erhielt mit Datum vom 26. Juli 1950 mein Diplomhauptprüfungszeugnis als Bauingenieur.

Da ich, infolge einer Losentscheidung, meine Diplomarbeit nicht auf dem Fachgebiet Stahlbetonbau – wegen Überbesetzung – sondern im Stahlbau anfertigen musste, hatte ich Schwierigkeiten, im norddeutschen Raum in der Bauindustrie eine Anstellung zu finden. Trotz intensiven Bemühens blieb ich zunächst zwei Monate arbeitslos.

Wir fuhren zu unseren Eltern und führten zur allseitigen Freude unsere

Tochter vor. Auch die Reise nach Haldensleben bereitete uns keine großen Schwierigkeiten. Durch die Beziehungen meiner Schwiegereltern konnten wir jederzeit eine Aufenthaltsgenehmigung und Reisepapiere für die SBZ zu erhalten.

Das änderte sich auch nicht, als im Oktober 1949 die bestehende politische Organisation der sowjetischen Besatzungszone Deutschlands in Deutsche Demokratische Republik (DDR) umbenannt wurde.

*

In diesen Urlauben unterhielt ich mich mit meinen Schwiegereltern über ihren Werdegang und ihre beruflichen Stationen.

Franz Julius Stalla ist am 27. August 1894 in Znaim (Mähren) in Österreich-Ungarn geboren, wurde als Soldat im Ersten Weltkrieg an der Südfront gegen Italien eingesetzt. Nach dem Zerfall des Kaiserreiches Österreich-Ungarn 1918 übersiedelten seine Eltern aus der jetzt neu gegründeten Tschechoslowakei nach Wiener Neustadt in Österreich.

Am 3. Juni 1922 heiratete Franz Stalla in Alt-Haldensleben die Haustochter Agnes Margarete Ziese. Ihr Vater, Friedrich Ziese, der Böttchermeister war, verheiratet mit Anna, geb. Dominé, hatte sich hier 1889 ein großes Vier-Familienhaus mit Werkstatt und Nebengebäuden bauen lassen. Agnes Ziese wurde am 6. Mai 1896 geboren.

Agnes Ziese hatte noch eine Schwester und fünf Brüder. Drei der Brüder, namentlich bekannt sind mir nur noch Paul und Ernst, sind im Ersten Weltkrieg gefallen. Agnes erhielt in ihrer Jugend in einem Ort der damaligen Provinz Sachsen eine Ausbildung im Haushalt. Dort lernte sie ihren späteren Ehemann Franz kennen. Er besaß eine handwerkliche Ausbildung in der Keramik-Industrie.

Die Sippe der Familie Ziese hat Franz Stalla nie so richtig anerkannt. Das hatte seine Gründe. Die beiden Schwager, Karl und Fritz Ziese, waren als Lehrer tätig. Der Mann seiner Schwägerin Änne Schweer in Berlin arbeitete als Postchef im Hotel Bristol. Dort verdiente er anscheinend sehr gut, gab das Geld aber auch genauso schnell wieder aus. Man sagte, der Umgang mit Franz Stalla sei oft schwierig. Er galt in den Familien Ziese als »Schnürschuh-Schlawiner«, der angeblich stets nur jungen Mädchen nachstieg.

Das Ehepaar Stalla zog nach der Hochzeit in die Lutherstadt Wittenberg. Dort war Franz Stalla in der Keramik-Industrie tätig. Zu seiner Gesellenprüfung fertigte er einen etwa 50 Zentimeter großen Adler in Porzellan, der sich heute im Besitz unserer Familie befindet.

Am 21. Februar 1923 wurde in der Lutherstadt Wittenberg Edith Eva Maria Stalla geboren. Ihre Mutter Agnes litt aber so unter dem Heimweh, dass die Familie etwa zwei Jahre später nach Alt-Haldensleben zurückkehrte. Sie bezog eine Wohnung im elterlichen Haus. Franz Stalla erhielt in der gegenüberliegenden Tonwarenfabrik Schmelzer & Gerike eine Anstellung als Betriebsleiter.

Innerhalb seiner neuen Umgebung in der Großfamilie der Zieses verstand sich Franz Stalla am besten mit Hedwig, geb. Wiederhold, der Frau seines Schwagers Karl aus Barneberg. Ihre Vorfahren waren in Schleswig-Holstein zu Hause. Sie besaß in Barneberg seit 1945 eine geerbte Kolonialwaren-Handlung.

Hedwig Ziese erwarb schon im Februar 1929 ihren Führerschein in Magdeburg. Sie kaufte sich von ihrem Geld, das sie durch das Schreiben von heimatkundlichen Berichten in Zeitungen verdiente, einen grünen Opel P4. Josef Schweer, der durch seine Tätigkeit im Hotel Bristol in Berlin unter anderem auch Herrn von Opel kannte, vermittelte das Geschäft mit einem Vorführmodell. Da Franz Stalla sehr ehrgeizig war, kaufte er sich wenig später einen Chevrolet aus amerikanischer Produktion.

Um 1932 waren die Brücken über dem in Bau befindlichen Mittellandkanal, der Alt-Haldensleben und (Neu-) Haldensleben trennte, fertiggestellt. Als nach 1934 der wirtschaftliche Aufschwung in Deutschland einsetzte und etwa ab 1935 auch der Autoverkehr zunahm, machte sich Franz Stalla selbstständig und gründete eine Tankstelle gegenüber seinem Wohnsitz, Neuhaldensleber Straße 66. Später ergänzte er die Anlage durch ein Fässerlager für Dieselkraftstoffe, Öle usw. Das Lager lag am Kleinbahnhof, an der Strecke Haldensleben – Oebisfelde, in unmittelbarer Nähe seiner Wohnung. Die Geschäfte entwickelten sich anscheinend sehr gut.

Besondere Familienanlässe und oft auch Feiertage wurden in Alt-Haldensleben bei den Familien Stalla/Lagemann immer aufwendig gefeiert. Zu den entsprechenden Feiern traf die engere und angeheiratete Verwandtschaft zusammen.

Einen Affront gab es allerdings, als seinerzeit Fritz Ziese aus Egeln, der an der katholischen Schule tätig und Organist der Kirche war, gegen den Willen seiner Eltern ein bitterarmes, evangelisches, aber bildhübsches Mädchen heiratete. Clairchen trat zwar zum katholischen Glauben über, wurde aber von der Familie oft wenig beachtet.

Im Zweiten Weltkrieg wurde Franz Stalla zur Wehrmacht eingezogen und war beim Frankreichfeldzug eingesetzt. Seine Frau Agnes beanstandete, dass er immer nur Gewürze und niemals Kaffee nach Hause schickte, denn Kaffee gab es im Kriege in Deutschland kaum zu kaufen.

*

Am 23. Juni 1950 feierten wir in Haldensleben den ersten Geburtstag unserer Tochter Martina mit einem für damalige Verhältnisse großen Aufwand. Wegen der Zonengrenze konnte zur Taufe kein entsprechendes Familienfest stattfinden; es wurde jetzt nachgeholt.

Zur Nachfeier erschienen Ursel Remacle mit ihrem Mann Victor, Bärbel Ziese, Werner Ziese aus Berlin, Gerhard Menge sowie wir Eltern und die Großeltern Stalla.

Bärbel Ziese heiratete 1952 Kurt Kittner. Sechs Wochen vor dieser Hochzeit in Barneberg wurde am 26. Mai 1952 die Grenzregion in einer Blitzaktion zum Westen hin abgeriegelt. Es gab keine Grenzübergänge mehr. Unterschiedliche Sperrzonen mit einer Breite von 500 Metern und im Bereich von Ortschaften von fünf Kilometern wurden mit sehr eingeschränkten Lebensmöglichkeiten eingerichtet. Mehrere Familien und Einzelpersonen, sogenannte Gegner der DDR, mussten bei den »Säuberungsaktionen« binnen weniger Stunden mit ihrer Habe den Ort verlassen und wurden im Inneren der DDR angesiedelt.

Da Barneberg zu einer der betroffenen Grenzregionen gehörte, konnte die Hochzeit Ziese/Kittner somit am 6. Juli 1952 nur mit Verwandten ersten Grades gefeiert werden. Kittners wohnen heute in Schönebeck, und wir sind sehr freundschaftlich miteinander verbunden.

*

Unser Sohn Georg wurde am 21. November 1952 geboren.

Bei den Besuchen in Haldensleben lud mich mein Schwiegervater gern zu einem Glas Bier in eine Kneipe ein. Wir führten intensive Gespräche, in denen er mir oft direkt oder indirekt seine Sorgen klagte. Er wurde immer noch nicht im Ziese'schen Kreis voll anerkannt und war darüber, wie ich es empfand, deprimiert und verzweifelt.

Im Sommer 1939 hatte mein Schwiegervater seinen alten Wagen, den Chevrolet verkauft, und tauschte ihn gegen einen Opel P4 ein. Dieser Wagen wurde während des Krieges nicht von der Wehrmacht in Anspruch genommen und stand für Ausfahrten bei unseren Besuchen stets zur Verfügung.

Mein Schwiegervater fuhr ab Anfang der 50er Jahre nicht mehr selbst und stellte das Auto in der Garage ab. Wenn ich zum Besuch in Haldensleben weilte, erwartete er, dass ich ihn und seine Tochter nach Magdeburg in das Hotel Herrenkrug fuhr, um uns zum Mittag- oder Abendessen einladen zu können. Oma Agnes war stets bereit, unsere Kinder zu hüten. Als ich dann selbst über einen Wagen verfügte, verkaufte mein Schwiegervater 1956 seinen Opel P4.

Am 22. September 1950 verstarb, fast 90-jährig, mein Großvater Georg Clasen an Altersschwäche. Er war glücklich, noch erleben zu können, dass er eine Ur-Enkeltochter bekommen hatte und sein Enkel – also ich – die Berufsausbildung in seinem Traumberuf abschließen konnte.

Anfang Oktober 1950 fasste ich den Mut und fuhr nach Hamburg. Da ich 1946 in Braunschweig an der TH bei der Firma Beton & Monierbau für Aufräumungsarbeiten eingesetzt worden war, nahm ich in Hamburg zur Kontaktaufnahme das Telefonbuch, wählte die hiesige Telefonnummer dieser Firma und meldete mich bei dem Niederlassungsleiter, Dr. Buchholz, über die Sekretärin bei ihrem Chef an.

Der Termin fand drei Stunden später statt. Dr. Buchholz war zunächst über den Besuch und mein Anliegen überrascht und sagte mir, er habe leider erst vor einem Monat eine Neueinstellung vorgenommen. Damit sei der Bedarf an Neueinstellungen von Ingenieuren zunächst gedeckt.

Nach einer kurzen freundlichen Unterhaltung und einer gezielten Nachfrage, von wem ich seinen Namen erfahren hätte, und ich das Telefonbuch nannte, lachte Dr. Buchholz kurz auf, und ich verabschiedete mich. Meine schriftlichen Bewerbungsunterlagen ließ ich aber dort.

Am Abend wieder in Göddenstedt angekommen, beriet ich mit meiner Frau und meinen Eltern die augenblickliche Situation. Wir hatten unsere

Wohnung in Aachen noch nicht aufgegeben. Mein Stahlbau-Professor Herr Stein bot an, mir weiterhin bei der Stellensuche behilflich zu sein. Bisher allerdings ohne Erfolg. Ich wollte allerdings nicht im Stahlbau tätig werden, sondern meine Tätigkeit möglichst im Stahlbetonbau aufnehmen.

Drei Tage später erhielt ich eine Nachricht von der Firma Beton & Monierbau aus Hamburg, dass ich eingestellt worden sei und am Montag, den 10. Oktober 1950 meine Tätigkeit als Statiker aufnehmen könne. Das war eine große Freude für Edith und für mich und besonders auch für meine Eltern.

Am 10. Oktober trat ich meine Stelle als Statiker und Konstrukteur bei B & M an und bekam auch, nach einer Übernachtung in einem Hotel am Hauptbahnhof, über die Zimmervermietung sofort ein kleines Zimmer im Ortsteil Hamm vermittelt. Der Ehemann der Vermieterin fuhr zur See; sie war allein und auf den Nebenverdienst angewiesen.

Ich gab in zwei Zeitungen eine Wohnungs-Tausch-Anzeige für Aachen auf. Derartige Anzeigen füllten in dieser Zeit ganze Seiten der Tagespresse. Wir hatten sofort Erfolg. Eine Schauspieler-Familie mit Kind meldete sich.

Meine Frau hatte somit voll zu tun, alles zu besprechen und zu organisieren, sowohl mit der Familie in Hamburg als auch mit dem Hauswirt in Aachen. Die Hamburger Schauspieler-Familie hatte sich allerdings in Aachen eine bessere Wohnlage gewünscht, aber sie akzeptierte nach mehreren Gesprächen den Tausch.

Unsere neue Wohnung am Alsterkamp 22 gehörte ursprünglich zu einer großen Wohnung, die geteilt worden war. Die Wohungsinhaber, als Ehepaar, hatten zwei große Zimmer mit Sanitäreinrichtungen gemäß den gültigen Wohungsbewirtschaftungs-Gesetzen abtreten müssen. Die Teilwohnung besaß einen direkten Zugang zum Treppenhaus und einen großen Balkon Richtung Alster. Unser Hauptmieter war auch Diplom-Ingenieur und Leiter der Zweigniederlassung Hamburg der Philipp Holzmann AG und ebenfalls Burschenschafter.

Meine Frau veranlasste, dass ein entsprechender Möbelwagen unsere Möbel aus Aachen nach Hamburg und die Möbel unserer Wohnungstausch-Partner mit nach Aachen brachte.

Während dieser Umzugsphase wurde unsere Tochter Martina bei ihrer Großmutter in Göddenstedt gut versorgt. Ende November 1950 war der Umzug beendet – wir waren Hamburger geworden.

Mein Berufsleben hatte begonnen und damit sind die Erinnerungen an Kindheit und Jugendzeit mit den Gedankensplittern einiger Aspekte von Vergangenheit und Gegenwart abgeschlossen.

Aus meinem Berufsleben

Im Juli 1955 wechselte ich die Firma und übernahm die Leitung des Konstruktionsbüro der Baufirma Boswau & Knauer AG in Hamburg. Ich entwickelte ein patentrechlich geschütztes Spannbeton-Verfahren und verkaufte es für 9.000,00 DM an meine neue Firma.

Nachdem am 21. November 1952 unser Sohn Georg geboren worden war, zogen wir Ende März 1959 in unser neues Domizil im Stadtteil Groß Flottbek.

Bei den Wohnhäusern dieses neuen Siedlungsgebietes wurden auf meine Veranlassung als Leiter eines Konstruktionsbüros meiner Firma die Grundrisse der Wohnungen in Zusammenarbeit mit dem Architekten des Baubetreuungsunternehmens neu entworfen. Die Erstellung der Wohnanlage erfolgte größtenteils durch unser Bauunternehmen.

In den Jahren 1960 bis 1961 war ich in der Hauptverwaltung meiner Firma in Düsseldorf als Direktionsassistent tätig und reorganisierte u.a. dort die Technische Abteilung. Ich führte seitdem den Berufstitel Direktor, verbunden mit einer Gesamtprokura im Unternehmen.

Ab 1. Januar 1962 übernahm ich die Leitung der Zweigniederlassung Hamburg/Bremen der Boswau & Knauer AG in Hamburg und führte diese in die Gewinnzone.

Im August 1963 beauftragte mich der Vorstand, die Hauptniederlassung Hamburg zu gründen, mit Einbeziehung der Zweigniederlassungen Hannover und Berlin.

Nach dem Wechsel des Hauptaktionäres – die Commerzbank schied aus und die Bank für Gemeinwirtschaft übernahm deren Anteile – wurde das gesamte Unternehmen umgestaltet. Fast alle Führungskräfte wurden ausgewechselt und durch gewerkschaftlich organisierte ersetzt.

Ich war von den Führungskräften der Einzige im Unternehmen, der die Übergabe seiner bisherigen leitenden Führungsaufgaben über mehrere Jahre kontinuierlich abwickeln und ordnungsgemäß an die Nachfolger übergeben konnte.

Gleichzeitig wurde ich mit Sonderaufgaben des Vorstandes bezüglich der Bauträger des neuen Hauptaktionäres wie Neue Heimat, NH Intern., Gewerbebau GmbH usw, beauftragt, obwohl ich kein Gewerkschaftsmitglied war. Die Sonderaufgaben, einschließlich der Abwicklung einiger Großprojekte (Uni-Bauten in Göttingen, Congress-Zentrum in Hamburg, Fertigteilwerk in Berlin usw) in Verbindung mit gutachterlichen Tätigkeiten für In- und Auslandsaufträge, führte ich bis zum Ende meiner Berufstätigkeit durch. Interessant war für mich auch die bau-physikalische Beratung wegen der besonderen Klimaverhältnisse in Bagdad beim Bau des Palastes für Saddam Hussein in den Jahren 1981/82.

Mit meinem früheren Klassenkameraden Adolf Meyer traf ich mich einige Male bei den Abschlussbällen auf Fachtagungen, Fachtagungen wie die »Betontage« unter anderem in Berlin im Mai 1973. Im Sommer 2006 besuchte ich ihn auf seinem Anwesen in Leimen bei Heidelberg. Während des Zweiten Weltkrieges war Adolf Hauptmann bei der Artillerie und wurde dreimal verwundet.

Ein neuer Hauptaktionär übernahm im Februar 1983 mit mehr als 80% das Aktien-Kapital von B & K, nachdem die gemeinwirtschaftlichen Betriebe der NH-Gruppe in finanzielle Schwierigkeiten geraten waren. Der Unternehmer Ignaz Walter mit seinen Baubetrieben in Augsburg konnte die Aktienmehrheit unter sehr günstigen Bedingungen übernehmen. Der Vorstand wurde neu besetzt.

Am 31. März 1985 – ich war 65 Jahre alt – schied ich aus dem Unternehmen aus, war jedoch noch weiterhin fast zweieinhalb Jahre freiberuflich für meine Firma, heute Walter Bau AG, in der Akquisition tätig. Vor einiger Zeit musste sie leider Insolvenz anmelden.

Eine Zusammenfassung
Ideologischer und politischer Probleme in der Welt und vor allem in Europa

Der von mir als normalem Staatsbürger beschriebene Abschnitt des 20. Jahrhunderts wurde in Europa vorwiegend machtpolitisch durch zwei unterschiedliche, aufeinander prallende Weltanschauungen bestimmt

Weltanschauungen – sie bilden die Grundlagen für die Vielfalt des eigenen Lebensverständnisses – manifestieren sich sowohl in politischen Gruppen und Bewegungen als auch in der zunehmenden Säkularisierung verschiedener Religionen und stehen stets in Verbindung mit wirtschaftlichen Theorien.

Seit den 20er Jahren des 20. Jahrhunderts standen sich in Europa zwei extreme weltanschauliche Richtungen (Bewegungen) gegenüber: Der Kommunismus und die nationalen Bewegungen.

Die weltweiten macht- und wirtschaftspolitischen Auseinandersetzungen als Folge der Industrialisierung wurden überlagert von diesen ideologisch gesteuerten Weltanschauungen. Einen großen Einfluss übte in Europa Karl Marx aus. Seinem atheistischen Kommunismus stellten sich nationale Bewegungen entgegen wie in Italien, Frankreich, den Niederlanden, Deutschland usw…

Die Kommunisten hatten bereits 1917 unter Lenin und später ab 1922 in der bolschewistischen Sowjetunion die Macht übernommen. Hier wurde die Planwirtschaft verwirklicht, basierend auf der Verstaatlichung aller Produktionsstätten und Banken. Die Weltrevolution war das Ziel.

Auf der Ebene der Führungsschicht und der Funktionäre waren Juden mit einem nicht geringen zweistelligen Prozentanteil eingebunden. Ihre weltweiten Kontakte kamen dem Kommunismus und seinen Zielen sehr entgegen. Die jüdisch gläubigen Funktionäre wurden aber auch sehr schnell bei kleinsten Unstimmigkeiten wieder ihrer Posten enthoben.

Demgegenüber war mit Mussolini 1922 in Italien der Faschismus an die Macht gekommen. Mit ihm standen die nationalen Bewegungen wie die des Nationalsozialismus auf einer Ebene. Der Nationalsozialismus förderte nach 1933 eine wettbewerbsfähige Marktwirtschaft mit durch Verordnungen gesteuerten Schutzfunktionen bestimmter Wirtschaftszweige (z.B. die Preisbindung in zweiter Hand für den Einzelhandel). Mitbürger jüdischen Glaubens wurden durch Gesetze aus bestimmten Führungspositionen des Staates verdrängt.

In den 30er Jahren des vorigen Jahrhunderts wurde aus den geschilderten Gegebenheiten das über die ganze Welt verbreitete Judentum in enge Beziehungen zu den Zielen der Weltrevolution des Kommunismus gebracht.

Der Atheismus des Kommunismus hingegen unterdrückte in allen Staaten das Christentum, das auch dem Judentum konträr gegenüberstand. Obwohl Jesus versucht hatte, das Judentum zu reformieren, wurde er von den Juden nicht als der von ihnen erwartete Messias anerkannt. Er wollte alte Zöpfe abschneiden und den jüdischen Monotheismus den Realitäten anpassen. Jesus erkannte weiterhin die zehn Gebote von Moses als Basis an und präsentierte seine neue Lehre u.a. in der Bergpredigt, woraus sich auch das Glaubensbekenntnis und das Vaterunser ableiten.

Da die Inhalte seiner Lehre aber nicht der religiösen Weltanschauung des überlieferten Judentums entsprachen, sich aber seine Anhängerschaft zunehmend vergrößerte, wurde Jesus vom Jüdischen Rat in Jerusalem wegen der Abweichung vom jüdischen Ursprungsglauben als Sektierer zum Tode verurteilt. Nach den gültigen Gesetzen konnte dieses Urteil, wegen der Diskriminierung eines Glaubens, nur durch eine Steinigung vollzogen werden.

Man wandte sich an Pilatus, den römischen Prokurator der Besatzungsmacht, der sich nach langer Bedenkzeit und Zögern – seine Frau sympathisierte mit der Lehre von Jesus – gemäß einem entsprechenden römischen Urteil bereit erklärte, Jesus mit anderen Verbrechern ans Kreuz schlagen zu lassen.

Der Tod durch eine Kreuzigung tritt im Allgemeinen erst nach etwa vier Tagen ein. Vor Schmerzen fällt man in ein Koma, das in den Tod übergeht. Gemäß den Versionen*) wurde Jesus aber bereits (als Scheintoter) nach zwei Tagen vom Kreuz genommen (Ostersonntag) und wachte plötzlich wieder auf. Da er sehr geschwächt war, verstarb er wenige Wochen später. Sein Geist fuhr gen Himmel – zu Gott Vater.

Um diese Vorgänge entwickelten sich Mythen mit unterschiedlichen Schwerpunkten in den einzelnen christlichen Glaubensrichtungen. Hinzu kommt noch die Auslegung des unscharfen Textes (aus dem Ur-Text) im

*) Prager/Stemberger: »Die Bibel« und Kommentare, Band 9

Lukas-Evangelium 1.27 ff.: Geboren ist Jesus von einer gesunden jungen Frau, vereinfacht gesagt: ... von einer unbefleckten Jungfrau (= frei von Krankheiten). Der christliche Glaube, der die Nächstenliebe als Grundprinzip des sittlichen Verhaltens in den Vordergrund stellt, zählt heute etwa eine Milliarde Anhänger.

Zum Judentum bekennen sich rund 20 Millionen Menschen.

Der Islam, ebenfalls als monotheistische Religion aus dem Judentum hervorgegangen, hat heute mehr als eine Milliarde Anhänger. In der Beantwortung aller Lebensfragen zählen hier letztlich nur die Suren des Korans in Verbindung mit der Scharia. Die Zehn Gebote werden jedoch im Islam nicht als Basis anerkannt.

Das Christentum gewährt seinen Gläubigen eine weitgehende kulturelle Freiheit in allen Phasen des täglichen Lebens (Opern, Operetten, Kirchenmusik, Sport usw.), die man bei keiner anderen Religion in dieser Art und Weise ausmachen kann. Religiöse Verkrampfungen, oft durch strenge Regeln vorgegeben, lösen sich im Christentum dadurch, dass Sünden – wovon kein Mensch frei ist – über die Beichte von Gott vergeben werden können. Je nach Glaubensrichtung ist die Beichte individuell oder gemeinschaftlich. Die westliche Kultur hat damit einen hohen Standard erreicht. Man kann davon ausgehen, dass die Zehn Gebote von Moses und die Lehren Jesu (Bergpredigt) die Grundlagen für die Kulturen des Abendlandes geschaffen haben.

Bei den machtpolitischen Auseinandersetzungen vor und während des Zweiten Weltkrieges spielten, neben den religiös-nationalen Weltanschauungen, weltweit die wirtschaftlichen Fragen eine große Rolle.

Seit 1933 wurde auch in den USA der Kampf gegen die Weltwirtschaftskrise und die Massenarbeitslosigkeit ausgetragen. Hierüber berichtete am 12. Januar 1939 der polnische Botschafter in Washington, Graf Jerzi Potocki, unter dem Aktenzeichen Nr. 3/SZ-tjn-3 an den Außenminister nach Warschau: »... die Zahl der Arbeitslosen beträgt heute schon 12 Millionen.« Er berichtet ferner über Präsident Roosevelt, »... der den Hass zum Faschismus zum Ausdruck brachte« und »... vor allen vom Problem des Kampfes zwischen Kapital und Arbeit« erschüttert war. In Deutschland konnte durch die Wirtschaftspolitik Hitlers die Arbeitslosigkeit zu dieser Zeit bereits beseitigt werden.

Der Aufschwung in den USA nahm seinen Anfang, als ab Ende 1939 in

Europa die kriegerischen Auseinandersetzungen begannen. Infolge dessen ging dort in manchen Gegenden der Slogan um: »Thank you, Hitler!«

Unterschwellig führten diese religiös-weltanschaulichen und wirtschaftlich kontroversen Gegebenheiten zu nicht vorstellbaren Auswüchsen. Unter den Bedingungen eines unerbittlichen Krieges, mit den Folgen der Zerstörung unwiederbringlicher Kulturgüter und dem Tod vieler unschuldiger Frauen und Kinder, fand 1942 die Wannseekonferenz in Berlin statt. Das hier angestrebte Ergebnis sollte die Endlösung der Judenfrage sein – eine Aussiedlung nach Osteuropa. Die Teilnehmer waren, um im Sinne des israelischen Holocaust-Experten Yehuda Bauer zu sprechen, »...eine zentrale Gruppe von Nationalsozialisten«, die »extrem antisemitisch war und die deutsche Gesellschaft beherrschten.« An dieser Konferenz nahm Hitler nicht teil.

Seit 1939 lag es in Hitlers Absicht, die Aussiedlung der Juden aus Deutschland zu betreiben, sie in Reservate anzusiedeln und ihnen einen neuen Lebensraum zuzuweisen. Nach Beginn des Krieges 1939 und der Besetzung großer Teile Europas durch die deutsche Wehrmacht steigerte sich der Antisemitismus. Anfang der 40er Jahre verließen viele Juden ihr Land u.a. auf gecharterten Schiffen. In den USA durfte nur ein Schiff mit Flüchtlingen anlegen. Die übrigen Schiffe wurden abgewiesen. In gleicher Weise versuchten Flüchtlingsschiffe in Palästina anzulanden, das damals von den Engländern besetzt war. Auch dort wurden die Juden abgewiesen und konnten nicht an Land gehen. Diese katastrophalen Zustände, die sich dort abspielten, fanden später ihren Niederschlag in dem Kinofilm »Exodus«.

Unter den geschilderten Verhältnissen richtete Hitler am 17. Juni 1941 ein Schreiben an Mussolini mit dem Text: »... man könnte einen israelischen Staat auf Madagaskar errichten ...« – diese Insel ist sehr dünn besiedelt. –

Wie bereits berichtet, machte ich 1963 mit meiner Frau – nachdem Israel 1948 selbständig geworden war und die Juden nunmehr ihren eigenen Staat besaßen – eine Reise in dieses neue Land. Am Strand von Jaffa erzählte uns der Strandwärter am 21. März 1963, der sehr gut deutsch sprach, Einzelheiten über die Flüchlingsprobleme der Juden. Als im Mai 1948 das britische Mandat über Palästina erlosch und ein unabhängiger jüdischer Staat gegründet wurde, sollen auch den Arabern weitgehende Versprechungen gemacht worden sein. Der Strandwärter selbst stammte vom Balkan und konnte während der deutschen Besatzungszeit von dort nach Palästina ausreisen.

Fast täglich beschäftigten sich vor einiger Zeit die Medien mit dem geplanten Bau einer Holocaust-Gedenkstätte in Berlin, als Mahnmal für etwa sechs Millionen Juden, die von Nazi-Deutschland in Europa ermordet worden sein sollen. Mir als Deutschem gehen diese Verbrechen nahe.

In der Jerusalemer Holocaust-Gedenkstätte Yad Vashem, die ich 1999 besuchte, spricht man von 3,5 Millionen »gesicherter« Namen. Auf den Gedenkwänden in den Außenanlagen sah ich die Orte in Europa angegeben, in denen die Verbrechen geschehen sein sollen. Sie reichten von Amsterdam bis Odessa.

– Jeder Getötete ist einer zuviel!

Nachdem auch der französische Historiker Jean-Claude Pressac und andere Historiker und Forscher, wie der ehemalige Planungsoffizier im Stab des französischen Generals de Gaulle F.O. Miksche, an Hand der »Sterbebücher«, die von den Sowjets in Auschwitz erbeutet worden waren, die Gesamtzahl der Toten auf rund 0,8 Millionen schätzten, veranlassten polnische Behörden im Juli 1990 eine Änderung der Gedenktafel im Konzentrationslager Auschwitz.*) Die ursprünglich angeführte Zahl von vier Millionen Toten wurde auf 1,1 Millionen reduziert.

Zu der gleichen Feststellung kam auch der Hamburger Dr. Stäglich in seinem Buch »Der Auschwitz-Mythos – Legende und Wirklichkeit«, in dem er die Ermordung von 5,7 Millionen Juden in dieser Größenordnung als »Blödsinn« bezeichnet. Mir war Dr. Stäglich von einem Fest in unserem Tennis-Club persönlich bekannt. Stäglich war Ordonnanzoffizier im Stab einer Flakabteilung und mehrere Monate bei Auschwitz zum Schutz der Industrieanlagen sowie der Arbeits- und Konzentrationslager stationiert. Er, wie auch andere Wehrmachtsangehörige, die dort tätig waren, behaupten, dass in Auschwitz vor der Besetzung durch die Sowjet-Armee nur eine sogenannte Gasverbrennungsanlage existiert habe. Sie diente zur Einäscherung von verstorbenen Lagerinsassen, vor allem für Opfer der um sich greifenden Seuchen. Dr. Stäglich wurde als Richter am Finanzgericht Hamburg entlassen. Da er seine Behauptungen nicht zurücknahm, wurde ihm 1983 als 70-Jährigem vom Verwaltungsgericht Braunschweig (AZ. 6

---

*) Ferdinand Otto Miksche: »Das Ende der Gegenwart«

VGA 219/83) der Doktor-Titel aberkannt. Sein Buch ist in Deutschland verboten, jedoch in den USA und anderen Ländern käuflich zu erwerben.

Die Holocaust-Gedenkstätte, 2005 in Berlin eingeweiht, soll als Erinnerung an sechs Millionen in Europa ermordete Juden dienen.

Es ist nicht angebracht, stets nur den Deutschen Verbrechen an den Juden oder anderen Menschengruppen anzulasten. Erinnert werden muss in diesem Zusammenhang an die vielen ermordeten Menschen in einer zweistelligen Millionen-Größenordnung in der Sowjetunion. Ein entsprechendes Eingeständnis entglitt Stalin am 16. August 1942 in einem Gespräch Churchill gegenüber. Auch bei den Toten in der Sowjetunion waren Menschen jüdischen Glaubens dabei. Ferner muss hier auch an die fast drei Millionen Toten unter den deutschen Vertriebenen erinnert werden, die, in Anlehnung an die Benesch-Dekrete von 1938 und den Neo-Panslavismus des 20. Jahrhunderts, die Länder Osteuropas unter menschenunwürdigen Bedingungen verlassen mussten. Zu erwähnen sind auch die Leiden der Flüchtlinge, die infolge der Kriegswirren beim Vordringen der sowjetischen Armee ihre Heimat verlassen mussten, um dann im Bombenhagel der Alliierten, wie in Dresden, aus dem Leben gerissen zu werden. Festzustellen bleibt, dass Greueltaten anderer niemals als Rechtfertigung für Verbrechen Deutscher an Juden und anderen Volksangehörigen dienen dürfen.

Ich meine, dass es über Vorgänge und Ereignisse in Europa in der Phase meiner Kindheit und Jugendzeit und den Zusammenprall von zwei so konträren Weltanschauungen wie dem Kommunismus und dem national ausgerichteten Faschismus mit völlig anderen wirtschaftlichen Grundeinstellungen für die Historiker noch Vieles aufzuarbeiten gibt, um der Wahrheit näher zu kommen.

Aus heutiger rückwärtsgewandter Sicht betrachtet, liegt die Ursache des Zweiten Weltkrieges in den Folgen des in der geschichtlichen Entwicklung wirklichkeitsfremden Versailler Vertrages, bezogen auf die überlieferten kulturellen Völkergemeinschaften und deren wirtschaftliche Leistungsfähigkeit.

Die dargestellte historisch kritische Zeit führte in den 80er Jahren des letzten Jahrhunderts zu einem Historikerstreit.

Das Zweite Reich, das Kaiserreich, endete 1918; das Dritte Reich, der Führerstaat, endete am 8. Mai 1945 mit der totalen Kapitulation.

Ein Friedensvertrag wurde mit Deutschland noch nicht abgeschlossen.

Bildanhang

Der Autor
Aus der Zeit meiner ersten Erinnerungen an
»Herrn Meyer's braune Schnürsenkel«

Die politischen »Streithähne«. Die drei Brüder, links mein Vater

Borkum 1931. Von hier aus bestaunten wir die Kunstflüge von Ernst Udet
(Der Autor: zweite Reihe von oben, ganz rechts)

Unsere Nachbarin auf meinem Motorrad im Jahre 1938

Der Autor im November 1944
als Fahnenjunker
(Unteroffizier)
der Deutschen Wehrmacht

Das Brautpaar Schulz
am 15. Mai 1948
in Haldensleben

15. Mai 1948: Meine Hochzeit, Brautpaar mit Eltern und Schwiegereltern

Die Hochzeitsgesellschaft am 15. Mai 1948 in Haldensleben

Im Juni 1950 vor meinem Elternhaus in Göddenstedt

Weihnachten 1953 in Hamburg mit Eltern und Schwiegereltern

Mein Elternhaus
80ster Geburtstag meiner Mutter

Tennis-Fest 1965 im Hotel Atlantik des Bahrenfelder Tennis- und Hockey-Clubs. Von links: Edith u. Georg Clasen-Schulz, Marianne u. Horst Lang-Heinrich, Ehepaar Dr. Wilhelm Stäglich.

25. Hochzeitstag mit meiner zweiten Frau Traude

Vor dem Abschieds-Empfang auf der Queen Elizabeth 2 beim Kapitän Nick Bates, einen Tag vor dem 80. Geburtstag meiner Frau Traude

Empfang auf dem Kreuzfahrtschiff Queen Elizabeth 2. Diese Reise führte uns auch zu dem Denkmal von »Graf Spee«

Denkmal im Hafen von Montevideo mit dem Anker des Kreuzers »Graf Spee«. Die Selbstversenkung des Kreuzers nach Beginn des Zweiten Weltkrieges am 17. Dezember 1939 hat weltweit Furore gemacht. Die Bedeutung des Monuments ist rechts in spanischer Sprache erläutert.

Politikbezogene Abschnitte
(Auswahl)

Dieses Buch in seiner Darstellung entspricht nicht in allen Punkten der von den Siegermächten vorgegebenen »Political Correctness«. – Vae victis!

Literaturverzeichnis

Bernhardt, Hans: »Deutschland im Kreuzfeuer großer Mächte«, 1988, Verlag K.W. Schütz, Preußisch Oldendorf

Brockhaus Lexika: Ausgabe 1837 / 1841
Ausgabe 1937 / 1938
Ausgabe 1973 / 1975

Büscher, Hermann: »Giftgas! und wir?«, 1937, Verlag von Johann Ambrosius Barth, Leizpig. Erstausgabe 1932, am 100. Todestag Goethes

Clasen-Schulz, Georg: Tagebuchaufzeichnungen

Dahlerus, Birger: »Der letzte Versuch«, London-Berlin, 1948, Nymphenburger, München

Holle Verlag: »Das Bild der Menschheit«, 1976, Holle Verlag, Baden-Baden

Miksche, Ferdinand Otto: »Das Ende der Gegenwart«, 1992, Erstausgabe 1988, Verlag Ullstein GmbH, Berlin

Prager/Stemberger: »Die Bibel« und Kommentare, 10 Bände, 1975, Andreas Verlag, Salzburg

Ramünke, Herbert: »850 Jahre Nateln«, 1133-1983, 1983, Verlag Forstinteressenschaft Nateln, Kreis Uelzen

Stern, Fritz »Das feine Schweigen«, 1999, Verlag C.H. Beck, München

Bacque, James: »Der geplante Tod«, 1996, Verlag Ullstein GmbH, Berlin